Modalität und Modus
im gesprochenen Französisch

D1666461

ScriptOralia 7

Herausgegeben von
Paul Goetsch, Wolfgang Raible und Hans-Robert Roemer

Ralph Ludwig

Modalität und Modus im gesprochenen Französisch

 Gunter Narr Verlag Tübingen

CIP-Titelaufnahme der Deutschen Bibliothek

Ludwig, Ralph:
Modalität und Modus im gesprochenen Französisch / Ralph Ludwig. –
Tübingen : Narr, 1988
    (Script-Oralia ; 7)
    ISBN 3–87808–397–1 kart.
    ISBN 3–87808–690–3 Gb.

NE: GT

Druck und Verarbeitung: Weihert-Druck GmbH, Darmstadt
Printed in Germany

ISBN 3–87808–690–3 (geb.)
ISBN 3–87808–397–1 (kt.)

Meiner Familie gewidmet

INHALT

Wolfgang Raible:
Modus zwischen Mündlichkeit und Schriftlichkeit
Zur Arbeit von Ralph Ludwig

Die Dekade von 1960-1970 war in der Sprachwissenschaft geprägt von der Generativen Transformationsgrammatik, von einem Grammatikmodell also, das letztlich in das wissenschaftstheoretische Paradigma des Behaviorismus gehört. Charakteristisch für diesen Ansatz war u. a. der Anti-Mentalismus, d. h. die Ausblendung speziell derjenigen Prozesse, die in Sprecher und Hörer ablaufen. Charakteristisch war weiter der Umstand, daß nicht mit Texten oder Corpora gearbeitet wurde, sondern mit selbstgemachten Beispielen, die einem idealisierten Sprecher zugeschrieben wurden. Das hinter der Transformationsgrammatik stehende Modell war mathematisch (einerseits orientiert an der Automatentheorie, andererseits an einem Semi-Thue-System, mithin an der Gruppentheorie). Das Modell war vor allem syntaktisch, die Semantik spielte eine nachgeordnete und relativ unrealistische Rolle[1].

Seit Beginn der siebziger Jahre hat hier, zunächst zögernd, dann immer rascher, ein Paradigmawechsel stattgefunden, der weitgehend ein Wiederanknüpfen an die phänomenologische und gestaltpsychologische Tradition bedeutet, die Anfang der dreißiger Jahre vom Behaviorismus abgelöst worden war. In diesen Umdenkungsprozeß fällt die Wiederentdeckung der *Sprachtheorie* von Karl Bühler aus dem Jahre 1934 mit einem Zeichenmodell, das den Sprecher, den Hörer und den dargestellten Bereich der Gegenstände und Sachverhalte mit in das Zeichen einbezieht und damit zum Gegenstand der Sprachwissenschaft macht. Gegenstand der Analyse werden jetzt konkrete Äußerungen konkreter Sprecher, auch in Form von Textcorpora. Typisch ist weiterhin, daß dem idealisierten Sprachsystem die Realität der tatsächlichen Sprache mit ihren Varianten und Variationen gegenübergestellt wird. Typisch ist schließlich, daß man untersucht, wie Sprache in bestimmten Situationen und zu bestimmten Zwecken verwendet wird. Mündliches Sprechen wird ebenso zum Gegenstand der Sprachwissenschaft wie die geschriebene Sprache.

I

Die vorliegende Arbeit von Ralph Ludwig - eine Freiburger Dissertation aus dem Jahre 1985 - gehört in den Kontext des Paradigmawechsels, der sich in Deutschland seit

---

[1]Zu den ersten, die speziell die unrealistische Konzeption dieser Semantik durchleuchtet haben, zählt Hans-Martin Gauger mit seinem Beitrag "Die Semantik in der Sprachtheorie der transformationellen Grammatik", in: *Linguistische Berichte* 1 (1969), S. 1-18.

Mitte der siebziger Jahre abgezeichnet hat. In seinen Ausführungen spielen etwa Karl Bühler und Edmund Husserl eine wichtige Rolle, desgleichen der Hintergrund der Ethnomethodologie, der Gesprächsanalyse und der Sprechakttheorie. Als Arbeitsmaterial steht ein selbst aufgenommenes und transkribiertes Corpus mündlicher Texte zur Verfügung, die aus verschiedenen Verwendungsbereichen stammen[2].

Ralph Ludwigs Vorgehen hat, methodisch gesehen, vier Schritte. Im ersten dieser Schritte geht es darum zu klären, was sprachliche 'Modalität' und 'Modus' sinnvollerweise meinen können. Ausgangspunkt ist die häufig geteilte Grundannahme, Modus sage etwas über das Verhältnis zwischen dem Sprecher und dem, was in seiner sprachlichen Äußerung mitgeteilt wird. Zentral ist hier der von Klaus Heger in die Diskussion eingeführte Begriff der 'kommunikativen Regreßpflicht', die der Sprecher dem Hörer schuldet. Übernimmt der Sprecher die kommunikative Regreßpflicht, so assertiert er das, was er sagt. Er schafft damit die Voraussetzung dafür, daß man ihm widersprechen oder ihm vorwerfen kann, die Unwahrheit gesagt oder gar - falls er dies bewußt getan hat - gelogen zu haben. Der Begriff der 'kommunikativen Regreßpflicht' ist dabei, wie Ludwig zeigt, weiter als derjenige der 'Assertion'.

Ausgehend von Heger und Hegersche Überlegungen ergänzend kommt Ludwig zu folgenden Möglichkeiten des Verhältnisses zwischen dem Sprecher und seiner Regreßpflicht: Er übernimmt sie ("Richard hat die Tür geöffnet"), er überträgt sie einem anderen ("Richard soll die Tür geöffnet haben"), er appelliert an den Hörer oder eine dritte Person, oder er verpflichtet sich selbst, die Assertion durch eigenes (sprachliches oder anderes) Handeln nachzuliefern ("Hat Richard die Tür geöffnet?", "Mach die Tür auf, Richard", "Ich verspreche dir, morgen die Tür zu öffnen", "Ich wünschte mir, daß er die Tür öffnet" usw.).

Die Assertion kann jedoch nicht nur übernommen, anderen übertragen oder nachgeliefert werden. Assertion läßt sich in mehrfacher Weise skalieren - etwa zwischen positiver und negativer Gewißheit des Sprechers ("ich weiß, daß ...", "es ist nicht wahr, daß ..." usw.). Der assertierte Sachverhalt kann so dargestellt werden, daß er für eine kurze oder auch eine lange Zeitspanne, für eine oder mehrere Personen gilt. Der Sprecher kann ausdrücken, ob er positiv, neutral oder negativ zum assertiert dargestellten Sachverhalt steht ("ich freue mich, daß ...", "ich befürchte, daß ..." usw.); der Sprecher kann verschiedene Nachdrucksgrade anwenden - ein Bereich, der speziell dann, wenn es um die Nachlieferung der Assertion durch andere geht, auch mit 'Höflichkeit' oder 'Unhöflichkeit' beschrieben werden kann ("Mach die Tür auf", "Würdest du bitte die Tür aufmachen?", "Ich würde mich sehr freuen, wenn du die Tür aufmachen könntest" usw.).

---

[2]Dieses Corpus ist als Band 8 der Reihe *ScriptOralia* zugänglich, in der diese Arbeit erscheint.

Auf solche Weise kommt Ludwig im ersten Kapitel zu einem differenzierten modalen Begriffsgerüst. Bezieht man es auf das Bühlersche Zeichenmodell, so gehört die Assertion im eigentlichen Sinn in den Bereich der Darstellungsfunktion. Die Bewertung des assertierten Sachverhalts durch den Sprecher gehört in den Bereich der Ausdrucksfunktion ("expressive Modalität" im Sinne von Ludwig); speziell die Erwartung, daß die Assertion durch sprachliche oder nicht-sprachliche Handlungen nachgeliefert wird, gehört in den Bereich der Appell-Funktion ("appellative Modalität").

II

Ralph Ludwigs zweiter methodischer Schritt - das ganze Kapitel II - ist einer Erscheinung gewidmet, die sowohl in den einzelnen Sprachen wie auch bei der theoretischen Erfassung von Sprachen immer wieder Schwierigkeiten bereitet: dem Ausdruck der Nachzeitigkeit. Etwas, was bereits geschehen ist oder im Moment geschieht, kann stets assertiert und damit zugleich vom Hörer auf seine Richtigkeit überprüft werden. Eine Aussage über etwas Nachzeitiges hat dagegen, wie wir seit Aristoteles wissen, keinen "Wahrheitswert". Freilich gehe ich mit einem Satz wie "Morgen werde ich dich besuchen" eine Verpflichtung ein; und am nächsten Tag kann dann überprüft werden, ob ich als Sprecher mich an diese Verpflichtung gehalten habe. Weil der Sprecher in dieser Form auch für die Zukunft eine Verpflichtung übernehmen kann, spricht Ludwig beim Futur deshalb von 'verschobener Regreßpflicht' und von 'verschobener Assertion'. Auf diese Begriffe kann dann wieder die ganze Brandbreite der Ludwigschen Differenzierungen von 'kommunikativer Regreßpflicht' angewendet werden, also insbesondere die Gewißheitsgrade, die Nachdrucksgrade und die Sprecherbewertung. Speziell die Gewißheitsgrade spielen bei der Analyse eine wichtige Rolle.

Das Problem, das in den Einzelsprachen mit der Analyse der Kategorie 'Futur' stets verbunden ist, liegt darin, daß Verben im Futur zwar verschoben assertiert sein können, daß jedoch eine Assertion, die für den Moment des Sprechakts gilt, per definitionem nicht möglich ist. Potentiell hat damit jedes Futur das mögliche Merkmal 'nicht assertiert', es besteht mithin die Möglichkeit einer sogenannten *modalen* Bedeutung des Futurs.

Für das Französische ist hier charakteristisch, daß drei Formen des Verbs zur Bezeichnung von Nachzeitigkeit eingesetzt werden; das merkmallose Präsens (in Kontexten, die eine futurische Bedeutung ermöglichen), das *futur composé* ("il va arriver") und das *futur simple* ("il arrivera"). Ludwig präpariert anhand seines Beispielcorpus die Bedeutungskomponenten und die Verwendungskontexte dieser drei Futurformen heraus. Es zeigt sich dabei, daß das futurische Präsens ebenso wie das *futur composé* jeweils einen sehr hohen Grad verschobener Assertion bedeuten, während das *futur simple* in dieser Hinsicht merkmallos ist. (Dies bedeutet, daß es sich in dieser Hinsicht dem jeweiligen Kontext anpaßt.) Was die temporale Merkmalskomponente angeht, so kann das futurische Präsens alle Nachzeitigkeitsstufen bezeichnen, das *futur composé* vorzugsweise die nahe Zukunft, das *futur simple* vorzugsweise eine unspezifizierte oder fernere Zukunft. Unterschiedliche Verwendungsweisen, die in einzelnen Verwendungskontexten auftauchen, werden mit der Anwesenheit der Diachronie in der Synchronie erklärt. Wichtig ist, synchronisch gesehen, auch die Möglichkeit, das Nachzeitigkeitsmerkmal des Futurs im Gebrauch bis auf Null zu reduzieren - übrig bleibt dann die modale Bedeutung, nämlich das potentielle und das von Eugen Lerch so genannte "Heische-Futur". Die "Heische-Bedeutung", also die appellative Modalität, ergibt sich dadurch, daß ein Sachverhalt, der in der Skala der Sprecherbewertung positiv konnotiert ist, als gewiß eintretend dargestellt wird; damit dieser Sachverhalt eintritt, bedarf es jedoch des Handelns eines anderen.

III

Der erste methodische Schritt bestand im Entwerfen eines noematischen Gerüsts für die Behandlung von 'Modus'. Im zweiten Schritt wurde, ausgehend von diesem Hintergrund, speziell nach den Formen gefragt, mit denen im französischen Verbalsystem die Nachzeitigkeit bezeichnet werden kann. Im dritten Schritt beschäftigt sich Ludwig nun mit dem Bereich, der gewöhnlich im Zentrum steht, wenn Grammatiker über Modus sprechen: Es geht um die sogenannten Verbalmodi *Indikativ, Konjunktiv, Conditionnel* und *Imperativ*. Anders ausgedrückt: Einzelsprachliche Verbalmodi werden auf das entworfene noematische Netz abgebildet. Als Modus der Subordination mit der Anzeige einer eingeschränkten Assertion steht der Konjunktiv in untergeordneten Sätzen. Die Verben der übergeordneten Sätze - also solche, von denen konjunktivische Sätze abhängen - klassifiziert Ludwig nach den drei unter I genannten Modalitäten: Es sind entweder epistemische Ausdrücke (darstellende Modalität), Ausdrücke, die appellative Modalität thematisieren, und solche, die die expressive Modalität ausdrücken (also Verben wie "bedauern", "verstehen" usw.). Außerhalb dieser drei Gruppen von Hauptsatz-Verben, von denen Konjunktive abhängen können (oder, wie in manchen Fällen der ersten Gruppe: nach denen keine Konjunktive stehen dürfen), liefert Ludwig eine Erklärung des konzessiven Konjunktivs.

Nach dem Konjunktiv wird das Konditional behandelt, das in puncto Nicht-Assertierung dem französischen Konjunktiv vergleichbar ist. Als Verbalmodus, der auch im Hauptsatz stehen kann, übernimmt hier das *conditionnel* die Rolle des Konjunktivs. Zugleich hat es noch die Funktion des *futur du passé*. Beim Imperativ wird nicht nur die Grundbedeutung behandelt. Es geht auch um solche Imperative (und ihre Funktion), die zu Redepartikeln geworden sind ("allez", "tiens" und dergleichen).

IV

Der vierte methodische Schritt zeichnet sich z. T. schon im zweiten und vor allem im dritten Schritt ab. Ludwigs Corpus besteht aus *mündlichen* Texten - Texten jedoch, die verschiedenen Textsorten oder Verwendungskontexten zugehören. Es geht hier um das familiäre Gespräch, um verschiedene Arten der öffentlichen politischen Diskussion oder des Interviews, schließlich um den *Cours magistral de littérature*.

Wie wichtig die Differenzierung nach den verschiedenen Verwendungskontexten ist, zeigt eindrucksvoll der ganz unterschiedliche Umgang mit den Nachzeitigkeitsbezeichnungen im familiären Gespräch und in der öffentlichen Diskussion. Ebenso großes Interesse verdient die gleichermaßen unterschiedliche Entwicklung des Konjunktiv-Gebrauchs in diesen beiden Bereichen. Ludwig erklärt diese Beobachtungen aus allgemeineren Überlegungen zum Gegensatz zwischen Mündlichkeit und Schriftlichkeit. Er greift dabei auf Peter Koch und Wulf Oesterreicher zurück, die den medialen Aspekt von Mündlichkeit und Schriftlichkeit von einem konzeptionellen Aspekt unterschieden haben, den sie mit 'Sprache der Nähe' und 'Sprache der Distanz' bezeichnen. Die spezifischen Merkmale, die Koch und Oesterreicher diesen beiden konzeptionellen Polen zugeordnet haben, leitet Ludwig, über Koch und Oesterreicher hinausgehend, aus allgemeinen Überlegungen zu Mündlichkeit und Schriftlichkeit ab, die im letzten Kapitel nur angedeutet sind. Sie sind in ausführlicherer Form an anderer Stelle publiziert[3].

Bei dieser Betrachtungsweise erweist sich, daß der unterschiedliche Grad an 'konzeptioneller Schriftlichkeit' sich u. a. in dem unterschiedlichen Gebrauch manifestiert, den die Sprecher der Corpus-Texte von den sprachlichen Ausdrucksmöglichkeiten für 'Modus' machen. Wo, gestützt auf die Situation, im familiären Gespräch der Indikativ Präsens statt futurischer Formen verwendet werden kann, wird in der politischen Diskussion das explizite Futur verwendet. Wo im familiären Gespräch die lose Nebenordnung von Sätzen vorherrscht, sind Konjunktive wesentlich seltener als etwa im - wenn auch nur auf Stichwörtern beruhenden, so doch viel stärker vorgeplanten - *Cours magistral de littérature* oder in der politischen Diskussion mit ihrem starken, Distanzsprache erfordernden Öffentlichkeitscharakter.

---

[3] *Romanistisches Jahrbuch* 37 (1986).

Die Arbeit behandelt nicht nur die traditionellen Verbalmodi. Es geht vielmehr um die Ausdrucksmöglichkeiten, die Sprecher des Französischen für 'Modus' haben, also um ein wesentlich weiteres Feld. Der Gewinn der Analyse liegt jedoch darin, daß die Komplexität des weiteren Feldes erläutert, also durchsichtig und dadurch reduzierbar gemacht wird. Man erkennt so, daß ein Teil der Komplexität durch diachronische Prozesse entsteht, die offensichtlich noch nicht abgeschlossen sind; daß hingegen ein anderer, nicht unwesentlicher Teil der Komplexität eine Folge von Mündlichkeit und Schriftlichkeit des jeweiligen Diskurses ist - freilich nicht eine Folge der vordergründigen *medialen*, sondern eine Folge der *konzeptionellen* Mündlichkeit oder Schriftlichkeit. Ludwigs Untersuchung belegt so die grundlegende Bedeutung der Skala zwischen der 'Sprache der Nähe' und der 'Sprache der Distanz'.

Freiburg, 5. Oktober 1987

Vorbemerkung *post festum*

> *Da sieht man, wie es mit Worten geht, die nur einmal ausge-*
> *sprochen sind! Diese da klingen so neckisch, so albern, daß*
> *es fast unmöglich scheinen dürfte, einen vernünftigen Sinn*
> *hineinzulegen; und doch ließe sich vielleicht ein Versuch ma-*
> *chen.*
>
> Goethe, *Dichtung und Wahrheit* (II.7)

Es gibt sprachwissenschaftliche Themen, die immer wieder aufgegriffen werden; dazu gehören 'Modus' und 'Modalität'. So bin ich denn auch weit von der *superbia* entfernt, Letztgültiges zu diesem Gegenstand vermelden zu wollen. Es wird nur ein Versuch gemacht: einmal das Thema als ganzes anzugehen, also bei den sprachlichen Ausdrucksmöglichkeiten eine Reihe von funktionalen Äquivalenzen und in Bezug auf die Theorie Möglichkeiten der Vermittlung zu suchen sowie weiter, an möglichst authentischem sprachlichen Material zu arbeiten. Trotz allem Eifer finden Empirie wie Theorie so ihre Grenzen; wenn hier beispielsweise aus einer recht kleinen Zahl von Futur-Formen auf diachrone Entwicklungen rückgeschlossen wird oder auch Verbindungen von Modal- und Sprechakttheorie gesucht werden, so kann es sich nur um begründete Hypothesen und Denkmöglichkeiten handeln.

Die vorliegende Arbeit ist - in gekürzter und etwas geänderter Form - meine Dissertation (Freiburg 1985). Wolfgang Raible hat sie ebenso geneigt wie sorgfältig begleitet. Viel gewonnen habe ich aber auch durch die Aufgeschlossenheit, die Anregungen und Einwände von Hans-Martin Gauger, Jürgen Dittmann, Peter Koch und Wulf Oesterreicher. Die Überarbeitung des Ganzen wäre mir ohne die Hilfe von Susanne Michaelis um etliches erschwert worden. Bei vielen Fragen war mein erster Diskussionspartner allerdings meine Frau. Allen Genannten und manchen andern schulde ich Dank.

Ralph Ludwig, im Juli 1987

Einleitung

Die Jansenisten Antoine Arnauld und Claude Lancelot machen in ihrer *Grammaire générale et raisonnée* (1676) einige Bemerkungen, die für den hier angesprochenen Themenkreis von Interesse sind.

Das Verb, so sagen sie, ist ein Wort,

dont le principal usage est de signifier l'affirmation:
c'est à dire de marquer que le discours où ce mot est employé, est le discours d'vn homme
qui ne conçoit pas seulement les choses, mais qui en juge & qui les affirme. (1676: 95)

Außer der Affirmation kann das Verb aber auch andere *mouvemens de nostre ame* ausdrücken: solche sind etwa *désirer, prier, commander, &c.* (1676: 95). Während bei *affirmation* das Verb im Indikativ steht, implizieren die anderen *mouvemens de nostre ame* Moduswechsel (1676: 95): der Subjonctif markiert die *affirmations modifiées* (1676: 113).

In einem kurzen Abschnitt des vorletzten Kapitels bemerken die beiden Grammatiker von Port Royal schließlich, daß *interjections* wie *ha, ô, heu, helas, &c.* die Aufgabe haben, gleichfalls *les mouvemens de nostre ame* auszudrücken (1676: 153).

Die Zielrichtung dieser Untersuchung kommt den Überlegungen der beiden prominenten *solitaires* recht nahe. Das Interesse gilt allgemeinen *mouvemens de nostre ame*, modalen Akten, die der Sprecher unvermeidlich in der Kommunikation vollzieht, und den verschiedenen Möglichkeiten ihres sprachlichen Ausdrucks: ein *mouvemen de nostre ame* kann ja auch durch einen bestimmten Verbalmodus oder durch eine Interjektion ausgedrückt werden[1].

Diese Perspektive wird auf einen Textsortenvergleich ausgeweitet. Es soll gezeigt werden, daß formellere, öffentlichere, - wie letztlich (unabhängig vom phonischen Ausdrucksmedium) gesagt werden wird - "schriftlichere" Textsorten eine selbe Modalkategorie unterschiedlich ausdrücken, und daß sie umgekehrt dasselbe Ausdrucksmittel wie z. B. den Konjunktiv in je eigener Weise einsetzen.

Ein solcher Vergleich kann aber nur gelingen, wenn von einem allgemeinen *tertium comparationis* ausgegangen wird; daher wird im ersten Kapitel versucht, ein kohärentes Gefüge außereinzelsprachlicher, sprich: 'noematischer' Modalkategorien zu erstellen[2]. Das Hauptaugenmerk bei den hier genannten Beispielen richtet sich auf die

---

[1]Vgl. zur Rolle der Interjektionen in der Grammatikgeschichte, zu ihrer definitorischen und Interpretationsproblematik Burger 1980; vgl. u., bes. III.4.2.

[2]Auf die Notwendigkeit einer solchen Ausgangsbasis bei der Untersuchung z. B. von Verbalmodi weist bereits Hjelmslev (1974: 16) hin. - Die Termini 'außereinzelsprachlich' und 'noematisch' ('Noematik') entstammen der Texttheorie von Klaus Heger, vgl. Heger 1976: 3 ff.; 1981; 1983a: bes. 42. - Bei der Erstellung

nicht-grammatikalisierten Bezeichnungen. - Ein besonderer modaler Status ergibt sich im ersten Kapitel für die sprachlichen Nachzeitigkeitsbezeichnungen; Kapitel II hat dann die Untersuchung des Zusammenhangs von Modalität und Futurtempora im gesprochenen Französisch zum Gegenstand. - In Kapitel III wird die Blickrichtung endgültig semasiologisch; es wird gefragt, wie sich die "klassischen" Verbalmodi den aufgestellten modalen Kategorien zuordnen lassen. - Kapitel IV erbringt abschließend wieder eine Ausweitung der Perspektive: die herausgearbeiteten Textsortenunterschiede im Modalausdruck werden auf einem allgemeinen Parameter 'Mündlichkeit - Schriftlichkeit' eingeordnet; die unterschiedliche Sprachform der Textsorten wird funktional zurückgeführt auf die aus ihrer jeweiligen Position auf der genannten Skala entstehenden kommunikativen Aufgaben.

Die Aufnahmen und Transkriptionen der im untersuchten Korpus (Ludwig 1987) enthaltenen Texte aus dem gesprochenen Französisch habe ich zwischen 1979 und 1984 in Frankreich angefertigt. Dabei handelt es sich genauer um elf unterschiedlich lange Transkripte, die den drei Bereichen Gespräch im Familien- bzw. familiären Kreis (I, II), Mediendiskussion (III im Fernsehen und IV-VII im Rundfunk) und universitärer Diskurs (VIII-XI) entnommen sind. Im einzelnen repräsentieren die Transkripte folgende - zunächst tentativ-textextern bestimmten - Textsorten:

I-II: 'Familiäres Gespräch am Abend'; bei I wird gleichzeitig zu Abend gegessen[3].

III: 'Sozio-politische Diskussion': hier handelt es sich um eine zwischen Journalisten, Landwirten (davon einer Landwirtin) und einer Ministerin geführtes Gespräch über die Situation der *exploitante agricole*; Rahmen ist der *Salon de l'agriculture* 1980.

IV-VII: 'Politische Diskussion'; Journalisten befragen Politiker zu tagespolitischen Ereignissen.

---

dieses modalen Begriffsgerüstes wird immer wieder einer funktionalistischen Fragestellung gefolgt: welchen Notwendigkeiten gehorcht Sprache, um das Gelingen des Kommunikationsprozesses zu ermöglichen, und welche potentiellen sprachlichen Kategorien ergeben sich hieraus, die Einzelsprachen dann erfüllen (können)? (Zu Theorie und Geschichte des traditionellen Funktionalismus s. Martinet 1977 sowie zur kritischen Zuordnung Martinets selbst zum 'logischen Empirismus' Gauger 1976). Diese Sicht entspricht weiter der Problemstellung des dritten Aufgabenbereichs, den Raible 1979: 71 f. für die Textlinguistik formuliert. Wichtig ist in diesem Zusammenhang der Ansatz der Kölner Universalienforschung, vgl. hierzu Seiler 1978; Raible 1980a.
[3]Das Gespräch wird hier jeweils zwischen drei Personen geführt: R, seiner Freundin F und einem Familienangehörigen von F (letztere sind Franzosen). F ist an die Aufnahmesituation gewöhnt, für die dritte Person erfolgt die Aufnahme versteckt. Selbstverständlich werden in den Modus-Analysen die Redebeiträge von R, für den das Französische nicht Muttersprache ist, nicht berücksichtigt.

VIII: 'Cours de version allemande': dabei handelt es sich um einen Ausschnitt aus einer Übersetzungsübung vom Deutschen ins Französische an der Universität Grenoble.

IX: 'Cours de littérature': hier wurde die Einleitungsphase einer Lehrveranstaltung über das altfranzösische Rolandslied an der Universität Grenoble transkribiert[4].

X-XI: 'Cours magistral de littérature'; die Veranstaltung ist mit IX identisch, nur daß jetzt kein studentisches Referat gehalten wird, sondern der Literaturprofessor (manchmal unter Verwendung von Stichwortnotizen) vorträgt.

---

[4] In einem Passus (KIX/3/13-4/8) faßt der Seminarleiter den in den letzten Sitzungen behandelten Stoff zusammen und leitet die nun besprochene Thematik ein; dabei nimmt er deutlich Vorlesungsstil an, so daß daraus entnommene Beispiele zum 'Cours magistral de littérature' gerechnet werden. - Die Abkürzung ist wie folgt zu lesen: *Korpus - Transkript IX/Seite 3/ Zeile 13 - Seite 4/ Zeile 8.*

I
EIN NOEMATISCHES SYSTEM SPRACHLICHER MODALKATEGORIEN

> *Daher sagt und weht kein Mensch von einigem Stande mehr*
> *scharf ja oder nein, sondern er bläset (wie die Winde Nord-*
> *ostwind usw.) ja-nein-ja oder nein-ja-nein; so wie auch ei-*
> *nige deutsche Gelehrte anfangs sagen 'allerdings' - dann 'frei-*
> *lich' - dann 'indes' - dann 'insofern' - dann 'wiewohl' - dann*
> *'demungeachtet' - endlich 'vielleicht'.*
> Jean Paul, *Des Luftschiffers Giannozzo Seebuch,* Drei-
> zehnte Fahrt

1. Linguistische Bestimmungen von Modusfunktion und sprachlicher Modalität

Richtet sich der Blick auf die im zwanzigsten Jahrhundert geführte Diskussion um die Definition von Modusfunktion bzw. sprachlicher Modalität, so zeichnen sich hier nach J. Klare (1980) *grosso modo* drei Grundpositionen ab.

Im Verständnis von Martinet und seinen Schülern bedeutet 'Modalität' die *manière d'être* der Substanz (d. h. die *modalités nominales*: Genus, Numerus) sowie des Prozesses (d. h. die *modalités verbales*: Tempus, Aspekt und Verbalmodus, ferner die in engerer Beziehung zu den *modalités nominales* stehenden Modalitäten Negation, Interrogation und Exklamation)[1].

Die zweite Position ist - so Klare - die der generativen Grammatik; für die Adepten Chomskys wäre Modalität

> l'un des constituants immédiats de la phrase de base qui confère à celle-ci obligatoirement son statut spécifique, donc déclaratif, interrogatif, exclamatif, et impératif. Ce constituant de modalité représente aussi les éléments facultatifs emphase (ou neutre), négatif (ou affirmatif), passif (ou actif). (Klare 1980: 316)

Allerdings ist die Behandlung von "Modus" bzw. "Modalität" durch die generative Grammatik keine einheitliche; Klares Darstellung kann nur für einen bestimmten Entwicklungsstand der GTG gelten[2].

---

[1] S. Klare 1980: 315 - Martinet 1970 trennt ausführlich zwischen *monèmes fonctionnels* = *monèmes grammaticaux* und *déterminants grammaticaux* = *modalités* (1970: 119). Vgl. weiter Martinet 1979: 11 f. und speziell zu den *modalités verbales* 1979: 98 ff. sowie Alexandre/Bentolila/Fauchois 1983.

[2] Zur Modalität in der generativen Grammatik s. Meunier 1974: 10 f. und Parret 1976: 49-51 sowie zu den GTG-Behandlungen des (Verbal-) Modus Rentsch 1981: 121 ff.

Im sogenannten "Standardmodell"[3], d. h. Chomskys *Aspects of the Theory of Syntax* (1965) hat 'Modus' oder 'Modalität' in der Tiefenstruktur kaum einen Platz. Lediglich die Modalverben werden hier - im Rahmen der Generierung des Satzes *sincerity may frighten the boy* (1965: 63 ff.) - berücksichtigt, und zwar, wie Parret (1976: 50) zu Recht kritisiert, mehr oder weniger unmotivierterweise als Teil der Kategorie 'Aux' (*Auxiliary*) (1965: bes. 63). Die Kategorie 'Aux' und damit auch deren mögliche Ersetzung durch 'M' (*Modal*) figuriert schließlich direkt unterhalb der *predicate phrase*, ist also kein *immediate constituent* des Satzes[4].

Katz und Postal (1964) allerdings gehen im Fall von Frage und Imperativ von der Notwendigkeit einer tiefenstrukturellen Notation aus[5]. Für Fragesätze ("Q") geben Katz/Postal (1964: 115) dann folgenden *p-marker* an:

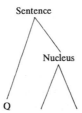

Diese Gedanken von Katz und Postal werden dann von Dubois/Dubois-Charlier (1970) ausgebaut und generalisiert[6]. Für die Tiefenstruktur jedes Satzes gilt bei ihnen die *règle de réécriture*:

$$\Sigma \rightarrow \text{Const} + \text{P}$$

('Σ' bedeutet: *phrase de base*, 'Const': *constituant de phrase* und 'P': *noyau*) (1970: 17). Während 'P' aus 'SN' (*syntagme nominal*) und 'SV' (*syntagme verbal*) besteht (1970: 18), also den propositionalen Teil des Satzes repräsentiert, gilt für 'Const' jetzt die *règle de réécriture*:

---

[3]S. hierzu Hundsnurscher 1980.

[4]Vgl. Chomskys *phrase-marker* 1965: 108; diesen Baumgraphen berücksichtigt übrigens Parret 1976: 50 nicht, wenn er lediglich Chomskys später revidierte Notation von 1965: 69 zitiert und daraus ableitet, in den *Aspects* sei 'Aux' direkt durch 'S' regiert.

[5]"We claim that special question and imperative morphemes must occur in the underlying P-markers of question and imperative sentences respectively." Katz/Postal 1964: 74.

[6]S. Meunier 1974: 11.

$$\text{Const} \rightarrow \left\{ \begin{array}{l} \text{Affir} \\ \text{Inter} \\ \text{Imp} \end{array} \right\} + \text{(Nég)} + \text{(Emph)} + \text{(Passif)}$$

(1970: 133)[7].

Im übrigen notieren Dubois/Dubois-Charlier die Modalverben in mit Chomsky (1965) vergleichbarer Weise; und zwar besteht das *syntagme verbal* - dem Chomskys *predicate phrase* entspricht (Chomsky 1965: 106) - aus *auxiliaire* ('Aux') und *groupe verbal* ('GV'). Die Ersetzung von 'Aux' enthält dann den fakultativen Konstituenten *modal* ('M'):

$$\text{Aux} \rightarrow T_{ps} + \text{(Parf)} + \text{(M)} + \text{(Parf)}$$

(1970: 93)[8].

'M' wird dann wieder ersetzt durch die Alternative zwischen *modalité* ('Mod') und *aspectuel* ('Asp') plus Infinitiv ('Inf'):

---

[7]"Cette formule signifie que le constituant de phrase Const est formé d'un élément obligatoire qui est soit Affir (abréviation de 'Affirmation'), soit Inter (abréviation de 'Interrogation') ou Imp (abréviation de 'Impératif') et de constituants facultatifs qui sont Nég (abréviation de 'Négation'), Emph (abréviation d' 'Emphase') et Passif ..." Dubois/Dubois-Charlier 1970: 133 - Vgl. allgemein zu Dubois/Dubois-Charlier 1970 sowie im besonderen zu ihrer Behandlung des Passivs Oesterreichers betreffendes Kapitel in Gauger/Oesterreicher/Windisch 1981: 203-223.

[8]"L'auxiliaire est formé d'un constituant obligatoire T_{ps} (abréviation de 'temps', 'personne', 'nombre') et de constituants facultatifs: Parf (abréviation de 'parfait') et M (abréviation de 'modal')." Dubois/Dubois-Charlier 1970: 93. Die Autoren geben hierfür den folgenden Baumgraphen an (1970: 93):

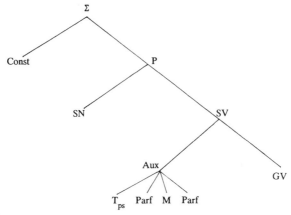

Vgl. Chomsky 1965: 106.

$$M \rightarrow \left\{ \begin{array}{c} \text{Mod} \\ \text{Asp} \end{array} \right\} + \text{Inf}$$

(1970: 105).

Unter 'Mod' fallen dann die Modalverben *pouvoir* und *devoir* (die *verbes aspectuels* sind hingegen *aller, être en train de, venir de* und *être sur le point de*) (1970: 105 ff.). Zu den resümierten Theorien ist nun folgendes zu sagen. Zunächst ist die begriffliche Fassung von 'Modalität', wie sie von der Schule Martinets gehandhabt wird, für die hier verfolgten Zwecke einerseits zu weit, da sie alle möglichen grammatischen Phänomene einbezieht, andererseits zu eng, weil sie an eine bestimmte Stufe der Satz- bzw. Texthierarchie gebunden ist. Auch ist sie ungeeignet, durch Partikeln, Modalverben etc. realisierte Modalkategorien - ein Phänomen, das zum Teil ja bereits Arnauld und Lancelot erkannten - zu erfassen. Weiterhin dürfte klar geworden sein, daß die generative Grammatik viel zu sehr in den Zwängen ihres begrifflichen und notationellen Apparates gefangen ist, um ein brauchbares Instrument für die Modus-Analyse einer gesprochenen Sprache abgeben zu können. Somit rückt die dritte Position zu 'Modalität' in Klares Resümee in den Blickpunkt des Interesses:

Cette troisième définition de la modalité linguistique met en relief l'attitude prise par le sujet parlant à l'égard du contenu sémantique de l'énoncé; elle considère les problèmes de la représentation de la phrase de la sorte qu'elle puisse rendre compte des facteurs qui traduisent l'intervention du sujet d'énonciation dans l'énoncé. (Klare 1980: 316)[9]

Als einen wichtigen Wegbereiter dieser Definition nennt Klare (1980: 316 ff.) Charles Bally; Ballys Modustheorie ist ihrerseits in vielem Ferdinand Brunot (1922) verpflichtet[10].

Eine gewisse psychologische Färbung, hinter der sich aber nichts anderes verbirgt als der Bezug logischer Elemente auf Sprechersubjekt und Kommunikationsprozeß sowie die Intention, 'Modalität' begrifflich statt äußerungsseitig zu fassen, zeigt sich bereits in der *Grammaire générale et raisonnée* von Arnauld und Lancelot (1676), wenn sie von *mouvemens de nostre ame* sprechen; sie erweist sich auch für Brunot und Bally als charakteristisch. Brunot geht in *La pensée et la langue* (1922) von den *modalités de l'idée* aus, die er in die drei großen Klassen *jugement, sentiment* und *volonté* unterteilt[11]:

Une action énoncée, renfermée, soit dans une question, soit dans une énonciation positive ou négative, se présente à notre jugement, à notre sentiment, à notre volonté, avec des ca-

---

[9]Vgl. dazu auch Klare 1978: 583.
[10]Worauf Bally selbst verweist, s. Bally 1942: 4; 1965: 36.
[11]Zu Brunots (nicht überzeugender) Trennung zwischen *réel* und *éventuel* innerhalb der *choses du jugement et du sentiment* s. 1922: 511 f.

ractères extrêmement divers. Elle est considérée comme certaine ou comme possible, on la désire ou on la redoute, on l'ordonne ou on la déconseille, etc. Ce sont là les *modalités de l'idée*. (1922: 507)

Diese *modalités de l'idée* können nach Brunot durch verschiedene Mittel ausgedrückt werden, durch Intonation, Tempora (so kann das Futur zur Markierung der Wahrscheinlichkeit dienen), modale Hilfsverben, *compléments modaux* (wie *peut-être* und *probablement*), Wortstellung und Modi (d. h. Verbalmodi) (1922: 513 f.). Die Verbalmodi sind für Brunot nur *ein*, wenngleich ein privilegiertes Ausdrucksmittel der Modalität.

Die *modalités du jugement* bezeichnen die verschiedenen Gewißheitsgrade, die ein Sprecher im Hinblick auf seine Aussage zu erkennen geben kann. Sie reichen von den *certitudes* über beispielsweise die *présomptions* bis hin zu den *invraisemblances*; zur Bezeichnung dieser letzten Stufe (der *invraisemblances*) wird häufig der *subjonctif* verwendet (1922: 539 ff.).

Für den Ausdruck der *modalités sentimentales* - z. B. *l'attente, l'espoir, le regret* und *la colère* - steht kein eigener Verbalmodus; stattdessen werden Intonation oder Ausrufe (*tiens!, oh!*) verwendet.

Bei den *volontés* unterscheidet Brunot die vier großen Gruppen der *commandements*, dann der *conseils* und *propositions*, drittens der *demandes* und schließlich der *souhaits* (1922: 558 ff.). Interessant ist seine Unterscheidung zwischen direkter und indirekter Realisierung: ein *commandement de style indirect* ist beispielsweise *il est nécessaire que tu prennes cette affaire en main* oder *je veux que tu acceptes* (1922: 558-560)[12]. Außerdem verweist Brunot auf die Möglichkeit der Verstärkung oder höflichen Dämpfung einer Aufforderung (1922: 564 f.).

Charles Ballys Definition von Modalität ist eingebunden in seine Analyse des Satzes. Der Satz ist, so eine bekannte Formel aus dem ersten Kapitel von *Linguistique générale et linguistique française* (1965, erste Fassung 1932), "la forme la plus simple possible de la communication d'une pensée" (1965: 36).

Eine *pensée* besteht nun aus einer *représentation* - d. h. einem Sachverhalt bzw. dessen psychischer Darstellung - sowie einer Haltung, die das Sprechersubjekt der *représentation* gegenüber einnimmt. Es gibt drei Typen solcher Haltungen; sie entsprechen Brunots drei Modalitäten:

Penser, c'est réagir à une représentation en la constatant, en l'appréciant ou en la désirant. C'est donc juger qu'une chose est ou n'est pas, ou estimer qu'elle est désirable ou indésirable, ou enfin désirer qu'elle soit ou ne soit pas. [...] Dans le premier cas, on énonce un

---

[12]Und zwar entspricht Brunots *commandement de style indirect* einem indirekten Sprechakt, vgl. Searle 1975.

jugement de fait, dans le second un *jugement de valeur*, dans le troisième une *volition*. (1965: 35; Hervorhebungen von R.L.)

Da der Satz das kommunikative Vehiculum der *pensée* ist, enthält er in seiner vollständigen, expliziten Form Korrelate der beiden Elemente der *pensée*: er besteht aus *modus* (der die Sprecherhaltung widerspiegelt) und *dictum* (das die *représentation* enthält).

Der 'modus' ist die *pièce maîtresse* des Satzes; er gliedert sich (in der *phrase explicite*) auf in *sujet modal*, welches meistens mit dem Sprecher identisch ist, sich aber auch auf eine andere Person wie z. B. in *Galilée affirme que la terre tourne* beziehen kann, und *verbe modal*, z. B. *croire, se réjouir, souhaiter.* - Das 'dictum' enthält das verbale Korrelat eines Prozesses; er ist zumeist in einer Substanz, der sprachlich ein Substantiv entspricht, "lokalisiert", z. B. *la terre tourne* (1965: 36 f.)[13].

Somit ist der explizite Satz folgendermaßen strukturiert[14]:

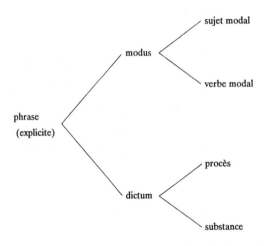

Die *représentation* ist das eigentliche Ziel des psychischen wie kommunikativen Aktes, der gegenüber der Sprecher eine bestimmte Haltung einnimmt: um dieses Verhältnis zu kennzeichnen, nennt Bally den Modus auch *thème*, das dictum auch *propos* der expliziten Äußerung (1965: 38). Im Fall der *modalité explicite* ist weiterhin das Modalverb ein transitives Verb, das dictum hat die Form eines untergeordneten Satzes, der qua *transposition* mittels des *transpositeur 'que'* die Rolle eines Substantivs einnimmt. D. h., z. B.

---

[13]Ähnlich Bally 1942: 3 f.
[14]Ballys primäre Aufgliederung des Satzes in 'modus' und 'dictum' kommt der von Dubois/Dubois-Charlier vorgenommenen Ersetzung von "Σ" (= 'Satz') durch *constituant de phrase* plus *noyau* nahe, s. o. und Meunier 1974: 9 f. Vgl. auch den neueren Begriff des 'Satzmodus' bei Meibauer 1987a.

Cet accusé est innocent wird transponiert zu *Je crois que cet accusé est innocent* (1942: 5; 1965: 39)[15].

Die Modalität ist aber in jedem Satz explizit oder implizit enthalten[16]. Folgende Beispiele stellen funktionale Äquivalente dar (1965: 41):

> *Je veux (j'exige) que vous sortiez.*
> *Je vous ordonne (je vous intime l'ordre) de sortir.*
> *Il faut que vous sortiez.*
> *Vous devez sortir.*
> *Sortez!*
> *A la porte!*
> *Ouste!*
> "Geste indiquant la porte et jeu de physionomie marquant une volonté irritée."

D. h., der Übergang von der expliziten zur impliziten Modalität ist ein gradueller. Genauer bedeutet 'implizite Modalität', daß modales Subjekt und Modalverb im Satz nicht vorkommen und der Modus am 'dictum' ausgedrückt wird: das normale Verfahren hierfür ist der Verbalmodus. - Je impliziter die lexikalischen und grammatischen Modus-Indikatoren im Satz sind, desto mehr wird deren Aufgabe von *signes musicaux* (Intonation, Pausen usw.), *interjections* (wie z. B. *Pas possible!, Allons donc!, Ah bah!, Oh!*), Mimik sowie verbalem und non-verbalem Kontext übernommen (1965: 40 ff.).

Eine ganze Reihe jüngerer Arbeiten lassen sich in diese - nach Klare dritte - Tradition der Bestimmung von 'Modalität' einreihen[17]. Die gedankliche Nähe Jakobsons hierzu ist unverkennbar:

---

[15]Ballys *transposition fonctionnelle* (s. auch 1965: 116 ff.) entspricht Tesnières *translation* (1966: 359 ff.).

[16]"[...] la modalité revêt des formes protéiques et disparates: expression distincte du dictum, incorporation dans le dictum, mode du verbe dictal, intonation. Mais la modalité n'est jamais absente de la phrase, elle en est l'âme; sans elle, l'énonciation ne correspondrait qu'à des représentations virtuelles de l'esprit, sans contact avec la réalité. C'est la modalité qui, avec le concours de l'intonation, distingue la phrase de tous les autres syntagmes, et les formes modales qu'on rencontre dans les propositions subordonnées s'expliquent par la transposition de la phrase en terme de phrase." (Bally 1942: 10 f.).

[17]Dazu gehören auch Arbeiten, in denen nicht vom Begriff der Modalität, sondern der zumeist einzelsprach-lich-morphologisch gebunden verstandenen Kategorie des 'Modus' ausgegangen wird, welche dann aber auf allgemeine modale Kategorien rückbezogen wird. Dieses terminologische Problem tritt etwa bei Jakobson auf. Zum genannten terminologischen Wirrwarr vgl. auch Jongeboer 1985. - Versteht man allerdings die Formkategorie 'Modus' durch ihren definitorischen Bezug auf modale Funktionen, so darf man dabei nicht mögliche andere, nicht-modale Funktionen eines Verbalmodus übersehen (vor Gefahr, vor der Heger 1977: 15 f. ausdrücklich warnt). Somit müßte in der Überschrift von I.1. strenggenommen von 'modaler Modusfunktion' die Rede sein. In diesem Sinne verstehen z. B. Hjelmquist/Gidlund 'Modus': "The concept 'mood' designates the different functions sentences can have. [...] We will classify mood mainly according to 'intended function'. Intended function is related to the illocutionary aspect of speech acts (Austin 1962)." (1984: 329 f.) - Gleichzeitig gebrauchen sie 'Modalität' enger im Sinne der u. untersuchten

MOOD characterizes the relation between the narrated event and its participants with reference to the participants of the speech event: in Vinogradov's formulation, this category 'reflects the speaker's view of the character of the connection between the action and the actor or the goal'. (1957: 135)[18]

Nach Karl-Ernst Sommerfeld (1973) ist ein Satz nicht nur Aussage (wobei er 'Aussage' als "gedankliche Widerspiegelung eines Sachverhaltes" begreift, 1973: 285), sondern "das Ergebnis der Auseinandersetzung des Sprechers mit der Aussage" (1973: 287), d. h. zur Aussage kommt die Modalität. - Er unterscheidet drei Arten von Modalität:

1. Die 'objektive Modalität': eine Aussage kann apodiktisch (der Prädikatsbegriff kommt dem Subjektsbegriff notwendig zu), assertorisch (der Prädikatsbegriff kommt dem Subjektsbegriff tatsächlich zu oder nicht zu) oder problematisch (der Prädikatsbegriff kommt dem Subjektsbegriff möglicherweise zu) sein.

2. Die 'subjektive Modalität': hier geht es "um den Grad der Überzeugtheit des Sprechers/Schreibers" (1973: 288); er bringt Gewißheit, Zweifel etc. zum Ausdruck. Sommerfeld scheint hierzu außerdem den Grad des Wunsches zu rechnen, mit dem der Sprecher bei Gebrauch eines Imperativs nach der Realisierung des fraglichen Sachverhalts trachtet. Die subjektive Modalität ist sprachlich nicht von der objektiven zu trennen; zum Ausdruck dieser subjektiv-objektiven Modalität dienen u. a. die Verbalmodi.

3. Manchmal tritt noch eine 'logisch-grammatische Modalität' auf, nämlich dort, wo es um "das Verhältnis des durch das Subjekt Bezeichneten zum Geschehen" geht, z. B. *Das Kind kann / darf / will ins Kino* (1973: 289). - Trotz ausdrücklicher Anlehnung an die Logik bezieht also Sommerfeld die entsprechenden Begriffe von 'Modalität' auf das Sprechersubjekt und den Kommunikationsprozeß; er kommt schließlich dahin, Modalität im Sinne seiner subjektiv-objektiven Modalität neben

---

Skala 'Sprechergewißheit' (s. u., I.3., (1)). Interessant ist in diesem Zusammenhang ein Blick auf den Modus-Begriff der antiken Grammatiker, s. dazu Kürschner 1987.

[18]Wenn sich Jakobson also hier zunächst auf 'Modus' als einzelsprachlich gebundenen Verbalmodus bezieht, so kommt er doch zu einem allgemeinen onomasiologischen oder noematischen Modalbegriff. So versteht auch Meunier 1974 Jakobson, wenn er unter Bezug auf ihn und M. A. K. Halliday zwischen *modalité d'énonciation* und *modalité d'énoncé* unterscheidet. Mit der obligatorischen Wahl der *modalité d'énonciation* definiert der Sprecher die "forme de la communication entre Locuteur et Auditeur" (1974: 13); immer muß der Satz bzw. die Äußerung eine deklarative, interrogative oder imperativische Form haben. Die *modalité d'énoncé* charakterisiert "la manière dont le sujet de l'énoncé situe la proposition de base par rapport à la vérité, la nécessité (vrai, possible, certain, nécessaire et leurs contraires, etc.) par rapport aussi à des jugements d'ordre appréciatif (utile, agréable, idiot, regrettable ...)" (1974: 14).

Redesteuerung und Emotionalität unter die 'kommunikativ-pragmatischen Komponenten' der Satzbedeutung zu subsumieren (1973: 293).

Auch Klare (1978; 1980) knüpft an jene dritte Richtung der Definition von Modalität an; dabei setzt er korrigierend hinzu, daß das Subjektive nicht überbewertet werden darf:

Pour nous, la modalité n'exprime pas seulement l'attitude prise par le locuteur à l'égard du contenu de son énoncé. Cette thèse entraîne le danger de surestimer l'attitude du sujet parlant dans la triade réalité-énoncé-locuteur. Le facteur objectif, c'est-à-dire le rapport existant objectivement entre l'énoncé et la réalité doit être pris en considération également, car le locuteur se réfère toujours à des éléments de la réalité objective qui se reflètent dans ses paroles. (1980: 318)

Im Sinne einer "Dialektik von Objektivem und Subjektivem" (1978: 584) unterscheidet Klare daher zwischen *modalité objective* und *modalité subjective*:

le rapport entre le contenu de l'énoncé et la réalité objective se reflète, médiatisé, et indirectement il est vrai, dans la modalité objective. C'est-à-dire que le sujet parlant peut indiquer, par l'organisation de son énoncé, si ce qu'il dit correspondra à la réalité objective ou non. Cette constatation est complétée par la modalité subjective qui permettra au locuteur d'exprimer son attitude mentale, personnelle, vis-à-vis des faits réels, vis-à-vis de l'action et du procès mis en cause. (1980: 319)

Ähnlich wie Klare versteht B. Wildenhahn die sprachliche Modalität:

Modalität, eine Teilfunktion jeder sprachlichen Äußerung, ist die Art und Weise, in der der Sprecher mit dem Ziel, die Glaubwürdigkeit und damit den Erfolg seiner Rede zu sichern, in jeder Äußerung jedes darin auftretende Sachverhaltsabbild:
1. präzise als objektiv 'wirklich' oder 'objektiv möglich' kennzeichnet (objektive Modalität) und gleichzeitig
2. seine eigene Informiertheit über den Sachverhalt für den Partner einschätzt, indem er die gegebene objektiv-modale Fixierung des Sachverhaltsabbilds (und weitere Elemente der Satzbedeutung) als 'gewiß' oder 'ungewiß' (mit feineren Nuancierungen) charakterisiert (subjektive Modalität). (1983: 330)[19]

---

[19]Vgl. auch Wildenhahn 1986. - Die terminologische Unterscheidung von subjektiver und objektiver Modalität ist verbreitet, womit allerdings beileibe nicht immer dasselbe gemeint ist. Für Buscha ist die subjektive Modalität epistemischer, die objektive Modalität hingegen deontischer Natur (1984: 212 f.). Bei Lyons (1977 797 ff., s. u., 3., (1)) und - im Anschluß an Lyons - Watts 1984 sind subjektive und objektive Modalität Spielarten der epistemischen Modalität. Vgl. zu diesem Begriffspaar auch Takahaši 1984 sowie - kritisch - Dieling 1983: 325.

Diese dritte Zielrichtung der Definition sprachlicher Modalität läßt sich weiter verfolgen. Zumeist wird primär an den Aspekt angeknüpft, den Brunot *jugement* und Bally *jugement intellectuel* genannt hatte[20]. Hierher gehört auch das jetzt im Anschluß an K. Heger und W. Raible entwickelte Konzept der 'Assertion' und 'kommunikativen Regreßpflicht'.

2. Die Modalkategorien der 'Assertion' und 'kommunikativen Regreßpflicht' von Klaus Heger und Wolfgang Raible: Zusammenfassung und kritische Interpretation

2.1. Resümee

In der Modal-Konzeption von Klaus Heger und Wolfgang Raible steht das Verhältnis Sprecher - Mitgeteiltes - Hörer im Zentrum der Definition:

'Modus' bedeutet: 'Haltung des Sprechers gegenüber dem Mitgeteilten' bzw., mit Heger und hörerbezogen ausgedrückt: 'Haltung des Sprechers angesichts seiner kommunikativen Regreßpflicht gegenüber dem Hörer'. Der Hörer kann im Normalfall davon ausgehen, daß der Sprecher ihm nicht bewußt die Unwahrheit sagt. (Raible 1980a: 48)[21]

---

[20]So rät Öhlschläger, "u. U. nur dann von 'modal' und 'Modalität' zu sprechen, wenn es um die Möglichkeit, Wahrscheinlichkeit, Notwendigkeit usw. des Bestehens eines Sachverhalts geht. (1984: 243) W. Bartsch: "Die Definition von 'Modalität' muß einmal berücksichtigen, daß ein dargestellter Sachverhalt hinsichtlich seiner Faktizität oder Realisierung 'modalisiert' wird [...], und zum anderen, wer - genannt oder ungenannt - diese Modalisierung vornimmt, also eine bestimmte Haltung gegenüber diesem Sachverhalt oder seiner Darstellung einnimmt." (1980: 64) Heidolph/Fläming/Motsch, ausgehend von der Bedeutung der Verbalmodi: "Die Modi (lat. 'modus', plur. 'modi', 'Art und Weise') des Verbs gehören zu den Elementen, die dem Ausdruck der Modalität einer Äußerung dienen. Darunter verstehen wir eine sprachliche Kategorie, der jene Ausdrucksmittel zugeordnet werden, die unter verschiedenen Aspekten die unterschiedliche Geltung einer Äußerung zum Ausdruck bringen und die man zu einem 'Modalfeld' zusammenfassen kann [...] Durch den Modus wird ein durch den Verbstamm ausgedrücktes Geschehen / Sein, bzw. ein durch den Satz wiedergegebener Sachverhalt im Hinblick auf seine kommunikative Geltung festgelegt." (1981: 520 f.).

[21]Wenngleich Raible hier nicht von 'Modalität', sondern von 'Modus' spricht, so meint er doch nicht nur bestimmte einzelsprachliche Morphemparadigmen, sondern auch die deren Bedeutung ausmachenden noematischen Begriffe. Der Begriff 'Modalität' wird auf Grund seiner logischen Färbung gemieden; auch Heger selbst verwendet ihn in erster Linie in Bezug auf die Varianten der modallogischen Konstante der Notwendigkeit (s. Heger 1976: 237 ff.; 1977; 1979; 1983b). Trotzdem treffen die Begriffe der Assertion und kommunikativen Regreßpflicht das Zentrum der im Sinne von Bally und vielen anderen verstandenen *sprachlichen* Modalität. Zu Kommunikations- und Hörerbezogenheit der Modalität s. Alexandrescu 1976: 19 und Pottier 1976: 39.

Der Sprecher - übernimmt er die kommunikative Regreßpflicht - assertiert seine Aussage[22]; dabei ist für Heger 'Assertion':

> eine Kommunikationsakt-bezogene Konstante, mit der erst der Sprecher so etwas wie eine
> kommunikative 'Regreßpflicht' übernimmt und deren Vorliegen die Voraussetzung dafür
> bildet, daß ihm zugestimmt oder widersprochen werden kann. (Heger 1976: 277)

Heger bringt weiterhin die Zuordnung der Assertion mit der "Zuordnung einer Satzbedeutung (Wahrheitswert) zu einem Satzsinn (Proposition)"[23] in Verbindung: hier lehnt er sich trotz des bekundeten Willens zu einem nicht-logischen Verständnis von 'Assertion' an den Logiker Gottlob Frege an[24].

Der Sprecher kann die Assertion liefern oder nicht, und liefert er sie nicht, kann er ihre Nachlieferung verlangen. Verlangt er ihre Nachlieferung, so kann er hierzu sich selbst (0E), den Hörer ($\overline{0}$E) oder am Kommunikationsereignis nicht beteiligte Dritte ($\overline{0E}$) auffordern. Weiterhin kann die Assertion in sprachlicher oder nicht-sprachlicher Form nachzuliefern sein. So ergibt sich ein Klassifikationsschema, das es erlaubt, sechs Grundtypen von Sprechakten - durchaus im Sinne von Austin (1972) und Searle (1971) - zu definieren[25]. Berücksichtigt man außerdem noch die Möglichkeit, daß der Sprecher die Regreßpflicht jemand anderem übertragen kann (Raible 1980b: 214 f.), so ergibt sich für die Möglichkeiten im Umgang mit 'Assertion' folgendes Schema[26]:

---

[22]Von der Ebene des Satzes ab, s. u. sowie Heger 1976: 292 ff.

[23]Heger 1976: 277, Anm. 211; vgl. 276 sowie seine spätere Formulierung: "Mit der Assertion übernimmt der sie liefernde Sprecher 0E eine kommunikative Regreßpflicht dafür, daß der propositionale Gehalt seiner Aussage und der diesem in einem jeweiligen Denotata-Bereich extensional entsprechende Sachverhalt übereinstimmen." Heger/Mudersbach 1984: 98.

[24]Vgl. Frege 1892; als allgemeine Zusammenfassung der Theorie Freges s. Kutschera 1975: 57 ff.

[25]Zur Problematik der Typisierung von Sprechakten s. Wunderlich 1979 sowie zur Problematik der Sprechakttheorie insgesamt Raible 1977. Zum hier entstehenden Zusammenhang von sprachlicher Modaltheorie und Sprechakttheorie s. Lyons 1977: 725 sowie Wunderlich 1983 (wo Wunderlich 'Modalität' eingeschränkter und Logik-näher versteht). Interessant ist in diesem Kontext das Verfahren der Modus-Bestimmung von Andrés Bello in seiner *Gramática castellana*, der dazu einen Satz - ähnlich wie die Sprechakttheorie zur Offenlegung eines Illokutionstyps - dem entsprechenden explizit performativen Verb unterordnet, s. Bello 1981 (erste Ausgabe 1847): 327; Austin 1972: 50 f.; Searle 1971: 49 sowie zu diesem Verfahren auch Lakoff 1969; Boyd/Thorne 1969.

[26]Außerdem erwähnt Heger den Fall der automatischen Abwesenheit des Assertions-Relators, was der Fall ist, wenn bei Verwendung der Möglichkeit der rekursiven Anwendung des Prädikators das betreffende Aktantenmodell einem anderen untergeordnet ist; im untergeordneten Aktantenmodell fehlt automatisch der Assertionsrelator, vgl. Heger 1976: 278 u. 280. Außerdem gibt es den "Fall des versehentlichen Fehlens einer Assertion in einer Parole-Aktualisierung", Heger 1976: 280. Der erstgenannte Fall ist aber ein notwendiges Resultat der definitorischen Bindung von 'Assertion' an niedrigstens Σ^8, der zweite ist - so sagt Heger selbst - belanglos; wir können somit von diesen Punkten absehen. Als Zusammenfassung von Hegers Verwendung von 'Assertion' in Bezug auf Einheiten oberhalb der Satzebene (Σ^{9E}: 'assertorisches Präsuppositionsgefüge', Σ^{10T}: 'assertiertes Präsuppositionsgefüge', Heger 1976: 296 ff. u. 320 ff.) s. Gülich/Raible 1977: 144 ff.

der Sprecher (OE)

übernimmt Assertion/kommunikative Regreßpflicht

übernimmt Assertion/kommunikative Regreßpflicht nicht

es bleibt bei der einfachen Nichtübernahme

er überträgt die kommunikative Regreßpflicht jemand anderem

er verlangt die Nachlieferung der Assertion von:

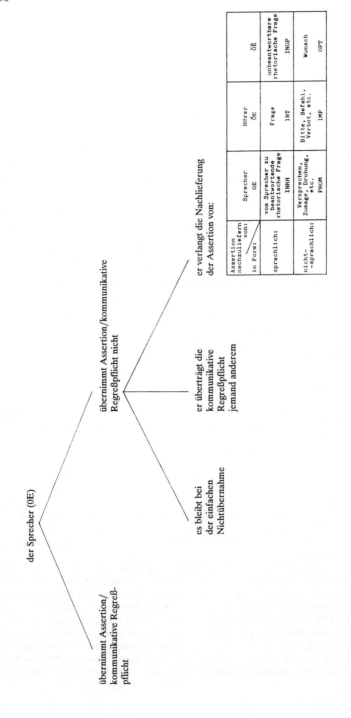

Assertion nachzuliefern von: in Form:	Sprecher OE	Hörer ÖE	ÖE
sprachlich:	vom Sprecher zu beantwortende rhetorische Frage INRH	Frage INT	unbeantwortbare rhetorische Frage INOP
nicht-sprachlich:	Versprechen, Zusage, Drohung, etc. PROM	Bitte, Befehl, Verbot, etc. IMP	Wunsch OPT

Sicherlich darf man dieses Schema nicht so mißverstehen, daß darin das illokutive Potential und damit der Sprechaktstatus von Aussagen geleugnet würde: natürlich will auch eine assertierte Sachverhaltsdarstellung geglaubt, gebilligt etc. werden. Trotzdem aber ist die Trennung zwischen assertierten und nicht-assertierten Sprechakten eine einschneidende. Im Falle der Aufforderung zur Nachlieferung der Assertion wird eine sehr viel weitreichendere Reaktion vom Empfänger verlangt, es handelt sich um einen 'manipulativen Sprechakt' im Sinne von T. Givón, dessen erste Aufgliederung der manipulativen Sprechakte sich außerdem mit den Hegerschen Begriffen deckt. In der Erwachsenensprache gibt es

> three most common speech acts: declarative, interrogative, and imperative. ... The last two speech acts are *manipulative*, that is, designed to elicit *action* on the part of the hearer. Interrogative manipulations are most commonly used to elicit *verbal action*, most specifically to obtain *information*. Imperative manipulations are most commonly used to precipitate *action*, though presumably the action could also be verbal. The declarative function, on the other hand, is used most *directly* to convey *information* ... (Givón 1979: 280)[27]

2.2. Weiterführende Überlegungen

2.2.1. Assertion als Übernahme der *kommunikativen* Regreßpflicht?

Worin liegt nun die *kommunikative* Regreßpflicht, wenn Heger 'Assertion' einerseits ausdrücklich nicht logisch definiert (1976: 276 f.), andererseits aber Bezug auf Frege nimmt?

Für Frege sind Substantive Eigennamen für Gegenstände, und: "Die Bedeutung eines Eigennamens ist der Gegenstand selbst, den wir damit bezeichnen" (1892: 44)[28]. Der 'Sinn' eines Eigennamens ist nach Frege hingegen die "Art des Gegebenseins" (1892: 41)[29]. "Abendstern" und "Morgenstern" haben somit dieselbe Bedeutung (den Pla-

---

[27]Vgl. auch die Unterscheidung zwischen 'Behauptung' und 'Aufforderung' als 'atomare Sprechhandlungen' in der Protologik von Gethmann und Grewendorf, s. Grewendorf 1982a: 97. - Eine Klassifikation der Sprechakte im Sinne Hegers und Givóns, die im Falle der Aufforderung zur Nachlieferung der Assertion bzw. beim manipulativen Sprechakt dann wieder nach dem verbalen bzw. nicht-verbalen Charakter der verlangten Handlung trennt und diese Untertypen somit parallelisiert, findet keine einhellige Zustimmung; so ergibt sich für Dittmann "eine Art Asymmetrie im Vergleich der definierenden Bedingungen für Frage- und Aufforderungshandlung", Dittmann 1984: 4. Vgl. auch Récanati 1982.

[28]Vgl. in diesem Zusammenhang auch die psycholinguistisch gewendete realistische semantische Theorie von Gauger 1970, 1983 sowie dazu Raible 1983b: 1-4.

[29]Z. B. der Schnittpunkt der Seitenhalbierenden (a, b, c) eines Dreiecks kann als "Schnittpunkt von a und b" oder etwa als "Schnittpunkt von b und c" gesehen werden: jedesmal handelt es sich um denselben Schnitt-

neten Venus), aber unterschiedlichen Sinn. Die Bedeutung eines (Aussage-) Satzes ist nun der Wahrheitswert eines Satzes, d. h. der "Umstand, daß er wahr oder daß er falsch ist" (1892: 48). Der 'Gedanke' des Satzes ist sein Sinn[30]. Nun fragt Frege, wie es um den Wahrheitswert von Nebensätzen bestellt sei, d. h. ob ihre Bedeutung ein Wahrheitswert ist oder nicht. Und zwar hat in Wendungen wie:

der Gedanke, daß ...
Kopernikus glaubte, daß die Bahnen der Planeten Kreise seien (1892: 51 f.)

der Nebensatz keinen Wahrheitswert. Ähnliches gilt für *ich meine, daß*; *es scheint mir, daß* sowie für Imperative. - In allen diesen Fällen spricht Frege von "ungerader Bedeutung": d. h. die Bedeutung ist "nicht ein Wahrheitswert, sondern ein Gedanke, ein Befehl, eine Bitte, eine Frage" (1892: 54). - Soweit die hier relevanten Überlegungen Freges.

Wie bei Frege im wesentlichen erst der Satz (der Hauptsatz, in wenigen Fällen der Nebensatz[31]) wahrheitsfunktional zu behandeln ist, so ist bei Heger die Assertion die *differentia specifica* des Satzes, worüber diese Hierarchiestufe (Σ^8) gegenüber niedrigeren Signemrängen abgegrenzt wird[32]. Bei Befehl, Frage, Bitte ist gemäß Heger die Assertion ausgesetzt, so wie die Bedeutung dieser Sprechakte nach Frege nicht ein Wahrheitswert ist. - Soweit zu den - sehr eindeutigen - Parallelen zwischen 'Wahrheitswert' als Satzbedeutung bei Frege und 'Assertion' bei Heger.

Der entscheidende Unterschied zwischen beiden Begriffen liegt nun darin, daß Heger 'Assertion' auf den Kommunikationsprozeß zwischen Sprecher und Hörer (unter Berücksichtigung der Restkategorie $\overline{OE}$) bezieht: primär ist nicht, daß die in Rede gestellte Proposition wahr ist, sondern daß sie vom Sprecher als wahr hingestellt wird. Anders gesagt, für jede Aussage, für jede Darstellung gilt im Normalfall, daß der Sprecher sie assertiert, die kommunikative Regreßpflicht für sie übernimmt[33]. Sekundär wird ihm natürlich vom Hörer in Bezug auf die Wirklichkeit, also auf die Wahrheitsfunktionalität des Ausgesagten widersprochen oder zugestimmt, bzw. auf Grund des Bildes, das sich

---

punkt, und somit ist die Bedeutung beider Ausdrücke identisch; verschieden ist hingegen die "Art des Gegebenseins", der Sinn, s. Frege 1892: 41.

[30]'Gedanke' entspricht 'Proposition', s. zu letzterem Begriff Kutschera 1975: 40 f.

[31]Vgl. insbesondere Freges Zusammenfassung 1892: 64.

[32]Vgl. zu den Prinzipien des Hegerschen Modells Gülich/Raible 1977: 136 ff.

[33]So z. B. Urmson (1952: 196) "... no one will utter a sentence of a kind which can be used to make a statement unless he is willing to claim that that statement is true, and hence one would be acting in a misleading manner if one uttered the sentence if he was not willing to make that claim." - Die Ausdrücke 'Aussage' und 'darstellender Sprechakt' ('(sprachliche) Darstellung') verwende ich (synonym) als Oberbegriff für Beschreibungen, Behauptungen, Erklärungen etc., den Terminus 'Appell (um die Nachlieferung der Assertion)' für Aufforderungen wie Befehle, Fragen, Bitten etc. (vgl. o. in I.2.1. Givóns Rede von 'manipulativen Sprechakten').

der Hörer von der Welt macht[34]. Insofern sind nun im Sinne von Heger die Sätze *X ist* und *Ich meine, daß X ist* im Unterschied zu Frege kategoriell identisch: beide sind assertiert, einmal implizit, einmal explizit[35]. - "Kommunikativ" ist an Hegers 'Assertion' bzw. 'Regreßpflicht' dann erst recht die Tatsache, daß die Nachlieferung der Assertion verlangt werden kann, sowie Hegers (o. wiedergegebene) Typendifferenzierung für die nachzuliefernde Assertion gemäß 0E, $\overline{0}$E und $\overline{0E}$ und die Alternative zwischen sprachlicher und nicht-sprachlicher Nachlieferung.

2.2.2. Kategorielle wahrheitsfunktionale Überprüfbarkeit und Nachzeitigkeit

Die erste interpretative Präzisierung zu Heger betrifft eine Bedingung für die Übernahme der kommunikativen Regreßpflicht. Und zwar kann der Sprecher die Regreßpflicht nur übernehmen, etwas ehrlich als wahr hinstellen, wenn gleichzeitig die Möglichkeit zur wahrheitsfunktionalen Überprüfung bzw. - in den Worten von Kamlah und Lorenzen (1976) - "interpersonalen Verifizierung" kategoriell gegeben ist; eine Behauptung ist erst dann berechtigt, eine Aussage erst dann wahr, "wenn sie auch durch sachkundige Nachprüfung verifiziert werden kann" (Kamlah/Lorenzen 1977: 488)[36].

Bei manchen sich auf vergangene und gegenwärtige Zustände beziehenden Aussagesätzen ist nun die Möglichkeit der wahrheitsfunktionalen Überprüfung zwar kategoriell gegeben, de facto aber kaum durchführbar, so bei Aussagen über Gemütszustände,

---

[34]D. h. ich gebrauche 'Wirklichkeit' ('Realität') ohne ontologische Implikationen; genauer meine ich daher mit 'Wirklichkeit': "Wirklichkeit, wie sie sich in der Wahrnehmung eines vernünftigen Mitglieds einer Kultur- und Sprachgemeinschaft darstellt". Eine Wiederbelebung der Kantischen Frage der synthetischen Apriori und der sich darauf beziehenden Problematik des Wiener Kreises (vgl. Stegmüller 1976: 346 ff.) ist hier somit - wenn überhaupt - nur aus einer an der ethnomethodologischen Denkweise orientierten Sicht intendiert; vgl. zur Ethnomethodologie Weingarten/Sack 1976. Zu Ontologieproblemen aus der Perspektive der Modallogik s. Hintikka 1970b. Im Zusammenhang mit der kategorialen Trennung zwischen Vergangenheits- und Gegenwartsaussagen einerseits und Zukunftsaussagen andererseits - die das Hegersche Schema nahelegt - wird allerdings dann die Möglichkeit einer ontologischen Begründung erwogen, s. u., I.2.2.2. u. I.2.4.

[35]In jüngerer Zeit spricht Heger für *X ist* von 'nicht-modifizierter Assertion', für *Ich weiß, daß X ist* von 'transferierter Assertion', 1985: 50ff. Den Standpunkt, daß im Fall von *Ich weiß, daß X ist* die im Nebensatz ausgedrückte Proposition assertiert (und nicht präsupponiert) ist, vertritt auch Hooper 1975: 116 f.

[36]Nach Kamlah/Lorenzen muß der Beurteiler der Aussage eines anderen derselben Sprachgemeinschaft wie dieser angehören, und er soll weiterhin vernünftig sein (d. h. weder übel gesonnen, noch rein emotional noch traditionsgelenkt in seinem Reden), er soll sachkundig sein, d. h. die nötige Kompetenz zur Beurteilung des in Frage stehenden Gegenstands besitzen (1977: 484). - Zur Verifizierung bzw. Falsifizierung einer Aussage nennt W. Zillig drei Nachweisverfahren: den Demonstrationsnachweis, den Indiziennachweis und den Argumentationsnachweis (1979: 94 f.).

Charaktereigenschaften, bestimmte soziale Normen, etc.[37]; in solchen Fällen hat die - hier vorhandene - Voraussetzung der Möglichkeit zur wahrheitsfunktionalen Überprüfung den Charakter einer "kontrafaktischen Annahme"[38].

Hingegen kategoriell nicht gegeben ist die Möglichkeit der wahrheitsfunktionalen Überprüfung und damit der Assertion bei darstellenden Sprechakten, die sich auf die Zukunft richten, also bei Voraussagen. Kategoriell wahrheitsfunktional überprüfbar sind zukunftsbezogene Aussagen erst zu dem per definitionem nach dem Sprechereignis liegenden Zeitpunkt, in dem der angekündigte Sachverhalt eingetroffen ist oder hätte eintreffen sollen und ausgeblieben ist. Diese Interpretation der Zukunftsaussagen - deren Problematik in der Philosophiegeschichte spätestens mit Francis Bacon ihren bedeutenden Niederschlag hat, der die Rolle des Induktionsschlusses für die Zukunftserkenntnis betont[39] - deckt sich mit der Sicht der Tempuslogik; so Martin/Nef:

> Par nature, l'avenir échappe à la certitude. Lieu des conjectures, des projections hypothé-
> tiques à partir de l'expérience acquise, il est indissolublement lié au possible. Non que le
> passé n'ait pas de son côté aucun lien avec le possible: que l'on songe aux hypothèses de
> l'historien ou, plus banalement, aux assertions modalisées que tout locuteur produit

---

[37]Vgl. zu Aussagen über Gemütszustände Kamlah/Lorenzen 1979: 493. - Zillig 1979 untersucht die Wahrheitsfähigkeit von bewertenden Äußerungen. Er trennt prinzipiell zwischen
  (a) deskriptiven Behauptungen: sie werden nach Zillig auf der 'Behauptungsstufe' angegriffen; auf der der Behauptungsstufe vorgeschalteten 'Deutungsstufe' - der Abmachung der Art der Nachweisführung - herrscht Einigkeit und
  (b) bewertenden Behauptungen: hier herrscht Uneinigkeit auf der Deutungsstufe (bezogen auf den Bewertungsuntertyp der 'Objektbehauptung').
Da bei Bewertungen Wahrnehmung einer Norm zugeordnet wird (bei einer deskriptiven Behauptung hingegen wird die Wahrnehmung einem Maßstab zugeordnet), spielt hier das Sprecherinteresse eine sehr viel größere Rolle; dieses ist für Zillig ein Hauptgrund für die letztliche Nicht-Wahrheitsfähigkeit von bewertenden Äußerungen. - Dem kann hier aus verschiedenen Gründen nicht zugestimmt werden: deskriptive Äußerungen sind nicht so einfach von Bewertungen zu trennen; außerdem trägt Zillig der phänomenologisch-ethnomethodologischen Erkenntnis, daß Interaktion auf Grund der gegenseitigen Unterstellung der Vertauschbarkeit der Standorte und der Kongruenz der Relevanzsysteme funktioniert (vgl. Schütz 1953; Garfinkel 1973), nicht Rechnung. - Die Wahrheitsfähigkeit sozialer Normen stellt auch innerhalb der deontischen Logik ein besonderes Problem dar, vgl. hierzu Kalinowski 1976: 16 ff.
[38]Vgl. hierzu Habermas, zum Anspruch der Wahrheit für die in Rede gestellte äußere Natur etwa 1976: 257, zu den Idealisierungen, auf denen der Anspruch der möglichen Wahrheitsüberprüfung beruht 1971: 123 ff. - Die hier verfolgte Perspektive ist somit ethnomethodologisch geprägt, s. dazu auch Kallmeyer/Schütze 1976, zu den Wurzeln der Ethnomethodologie in der verstehenden Soziologie und damit in der Phänomenologie s. Dittmann 1982; Schütz 1971a, 1971b. Im übrigen läßt sich für die fraglichen Idealisierungen bzw. kontrafaktischen Unterstellungen auch eine psychoanalytische Erklärung finden. Freud bemerkt: "Die sozialen Gefühle ruhen auf Identifizierungen mit anderen auf Grund des gleichen Ichideals." (1923: 304) Nach den Ergebnissen der neueren Narzißmusforschung wären die genannten Idealisierungen dann narzißtische Objektbeziehungen (die sich dadurch auszeichnen, daß die betreffende Person sich selbst im anderen identifiziert, sich selbst im Gegenüber wiederfindet, so den anderen idealisiert), vgl. Henseler 1976: 467.
[39]S. Reichenbach 1977a: 178 ff.

('Pierre est peut-être rentré'). Mais par l'irréversiblité du temps, le passé n'est jamais lié au possible que par un lien épistémique, plus précisément par l'insuffisance du savoir. L'avenir, au contraire, comme lieu de l'action - à moins que l'on ait du temps une conception strictement déterministe -, s'apparente ontologiquement au possible, c'est-à-dire par son être même." (1981: 12)

Somit eröffnet sich nach Martin/Nef zum Zeitpunkt t_0 ein theoretisch unbegrenztes Feld von Fortsetzungsmöglichkeiten, ein Bündel von 'möglichen Welten' ('m')[40]. Wohl legen die bereits vorgefallenen (und damit) vergangenen Ereignisse eine bestimmte Fortsetzung als die wahrscheinliche nahe:

> Les évènements passés, par inertie en quelque sorte, laissent apparaître une chaîne privilégiée, qui a toute chance de se réaliser et qu'on appellera le 'monde des attentes' (m*). Mais toutes sortes de possibles peuvent en entraver la réalisation. (1981: 12)

Somit ergeben sich zwei konkurrierende Darstellungsmöglichkeiten für die Zukunft, eine verzweigte, welche die Menge der möglichen Welten berücksichtigt:

sowie eine lineare, die auf der Idee basiert, daß nur eine dieser möglichen Welten realisiert werden wird:

(Martin/Nef 1981: 12)

---

[40]Vgl. zu dem mit dem Begriff der 'möglichen Welt' zusammenhängenden Terminus 'mögliches Individuum' Hintikka 1970b.

2.2.3. Kommunikative Regreßpflicht zwischen Assertion und Präsupposition

Eine weitere Überlegung wird durch Hegers (Quasi-) Gleichsetzung von kommunikativer Regreßpflicht und Assertion notwendig. Im Fall der Ergänzungsfrage[41] - z. B. *Wer hat mich gesehen?* - *Hans* (Heger 1976: 285) - sagt Heger, es gehe hier

> nicht um die Nachlieferung der Assertion dieses vom Sprecher selbst schon assertierten propositionalen Gehalts [...], sondern um die Ausfüllung einer offen gelassenen Identitäts-Relation und deren Assertion (1976: 284).

Hier entsteht insofern ein Widerspruch, als 'Assertion' auch für die Ergänzungsfrage gebraucht wird und somit an Qualität als *differentia specifica* für den Satz-Rang einbüßt. Fest steht allerdings, daß bei der Frage *Wer hat mich gesehen* die assertierte Aussage *Jemand hat mich gesehen* "mitimpliziert", besser: präsupponiert wird[42]; hierfür übernimmt der Sprecher gleichzeitig mit seiner Frage *Wer hat mich gesehen* die kommunikative Regreßpflicht. Diese Einschränkung tut übrigens Hegers sonstiger Interpretation dieses Fragetyps keinen Abbruch: der Sprecher fordert den Hörer auf, die offene Proposition zu vervollständigen und als vollständige zu assertieren.

2.3. 'Kommunikative Regreßpflicht' und 'Assertion'

Als Konsequenz der letzten Überlegung (I.2.2.3.) erweist sich der Begriff der kommunikativen Regreßpflicht gegenüber dem der Assertion als weiter gefaßt.

Jemand übernimmt die kommunikative Regreßpflicht in Form einer Assertion, wenn er so etwas wie einen deklarativen Sprechakt im Sinne Givóns vollzieht (s. o., I.2.1.), dessen Gegenstand ein vergangener oder gegenwärtiger Sachverhalt ist: diesen Sachverhalt präsentiert der Sprecher dem Hörer als wahr. Kardinalbeispiel hierfür ist der epistemisch uneingeschränkte Ausdruck einer Information in einem einfachen Aussagesatz[43]. - Eine zweite Möglichkeit der Übernahme der kommunikativen Regreßpflicht

---

[41]Zur Unterscheidung von Ergänzungsfrage und Satzfrage bzw. von *interrogation nucléaire* und *interrogation connexionnelle* s. Heger 1976: 283 ff.; Tesnière 1966: 191 ff.

[42]Zur - endgültig mit Strawson 1950 einsetzenden - Präsuppositionsdiskussion und ihren Widersprüchen s. Franck 1973.

[43]"I have been using the term ASSERTION to mean a declarative proposition or a claim to truth that, on at least one reading, may be taken as the semantically dominant proposition in the discourse context. [...] In most cases, the assertion turns out to be the main declarative clause of the sentence. In sentences with assertive verbs and sentential complements, however, the situation is more complex." Hooper 1975: 97 - Möglicherweise ließe sich bei der Assertion auch von einer rhematischen, "neuen" Übernahme der kommunikativen Regreßpflicht sprechen, im Fall der Präsupposition hingegen von einer thematischen, als be-

in Form einer Assertion verhält sich spiegelbildlich zur ersten: der Sprecher (S) will, daß sich der Hörer (H) ihm gegenüber für einen Sachverhalt (X) verbürgt, und der Hörer kommt diesem Appell nach[44]. Damit sind u. a. drei Fälle gemeint:

- die - als wahr hingestellte - Antwort auf eine 'Ergänzungsfrage' (Heger), eine *interrogation nucléaire* (Tesnière) wie z. B. *Quel livre lit Alfred?*. Hier handelt es sich um einen Fall verbaler Nachlieferung; der Hörer ist aufgefordert, die offene Proposition der Frage zu vervollständigen und als ganze zu assertieren, also etwa, mit *Le livre bleu* zu antworten.

- die - als wahr hingestellte - Antwort auf eine 'Satzfrage', eine *interrogation connexionnelle* des Typs *Alfred chante-t-il?*. Wieder handelt es sich um eine verbale Nachlieferung: H antwortet z. B. mit *Oui*.

- die als wahre Erfüllung des betreffenden Appells ausgeführte nonverbale Nachlieferung, also z. B. die Erfüllung einer Aufforderung *Ferme la fenêtre*, indem eben H das Fenster schließt. Damit wird der Sachverhalt 'H schließt das Fenster / hat das Fenster geschlossen' auch sprachlich assertierbar.

Bei dieser zweiten Möglichkeit der Übernahme der kommunikativen Regreßpflicht entsteht also immer eine Sequenz 'Appell - Nachlieferung' bzw. ein Teilganzes 'Text - Situation', worin eben respondierend[45] X von H in der erforderlichen Vollständigkeit als gewiß wahr präsentiert bzw. als wahre nicht-sprachliche Erfüllung des Appells zur Nachlieferung ausgegeben und somit als assertierter Sprechakt formulierbar[46] wird.

Die kommunikative Regreßpflicht kann aber auch für Elemente eines nicht insgesamt assertierten propositionalen Gehaltes übernommen werden bzw., allgemeiner ausgedrückt, die Regreßpflicht kann auch übernommen werden, wenn ein Assertionsmerkmal fehlt. In diesem Fall werden assertierte Aussagen vom Sprecher präsupponiert; so ist z. B. bei der durchaus als Aufforderung zur Nachlieferung der Assertion unter Vervollständigung der Proposition zu interpretierenden (Ergänzungs-) Frage *Quel livre lit Alfred?* die vom Sprecher assertierte Aussage *Alfred lit un livre* präsupponiert (deren Proposition wiederum vergangen oder gegenwärtig ist).

---

kannt vorausgesetzten Übernahme der Regreßpflicht. Allerdings ist auch die Definition von 'Thema' und 'Rhema' umstritten, vgl. etwa Mathesius 1929; Sgall 1982; Bossong 1981.

[44]Vgl. Wunderlichs Unterscheidung zwischen 'Gelingen' und 'Erfolgreichsein' eines Sprechakts, 1976: 26 f.

[45]Zu den Begriffen des initiierenden und respondierenden Akts vgl. Schwitalla 1976.

[46]Nur wenn diese virtuelle Möglichkeit aktualisiert wird, wenn also die nonverbale Nachlieferung der kommunikativen Regreßpflicht bzw. der Assertion in einen darstellenden Sprechakt umgesetzt wird, ist - wie Heger (1976: 280) betont - dieser Typ sprachwissenschaftlich analysierbar. Ein interessantes Beispiel hierfür liefert B4, s. u.

Eine klare Trennung zwischen Assertion und qua Präsupposition übernommener kommunikativer Regreßpflicht erweist sich allerdings häufig als sehr schwer etablierbar[47].

In jedem Fall kann die kommunikative Regreßpflicht nur dann übernommen werden, wenn die Möglichkeit der 'interpersonalen Verifizierung' (Kamlah/Lorenzen 1977) kategoriell gegeben ist; d. h., die kommunikative Regreßpflicht kann nur für einen vergangenen oder gegenwärtigen Sachverhalt übernommen werden.

Ein Hörer macht einen Sprecher kommunikativ regreßpflichtig, wenn er ihn in Bezug auf die Wahrheit der Sachverhalte zur Rede stellt, für die er (der Sprecher) die kommunikative Regreßpflicht übernommen hat. Dabei kommt es zumeist zum Versuch einer interpersonalen Verifizierung der Aussage von S: H wird die Aussage von S unter Verweis auf die Realität in Zweifel ziehen. H kann das auf zweierlei Weise tun: er unterstellt S entweder, daß er sich geirrt, oder aber - was für den zwischenmenschlichen Austausch[48] oder erst recht in institutionellem Kontext wie vor Gericht erheblich schwerer wiegt - daß er gelogen hat[49].

Die diskutierten Begriffe seien jetzt an einigen Beispielen veranschaulicht.

---

[47]Zur Schwierigkeit einer klaren Trennung zwischen Assertion und Präsupposition s. insbesondere Hooper 1975: 116 f.; hier wird - ähnlich wie in dieser Arbeit - für einen extensiveren Gebrauch von 'Assertion' votiert. Zur Brauchbarkeit dieser Begriffsopposition bei der Modalanalyse sowie zum Unterscheidungskriterium des Negationstests s. ferner Terrell/Hooper 1976; Klein 1977; Bell 1980; Takagaki 1984.

[48]Lévi-Strauss begreift den Austausch als gesellschaftskonstitutives Phänomen und unterscheidet dabei drei verschiedene Niveaus: "In jeder Gesellschaft geht der Austausch auf mindestens drei Ebenen vor sich: Austausch von Frauen; Austausch von Gütern und Dienstleistungen; Austausch von Mitteilungen." (1967: 322).

[49]In der altbekannten Terminologie von Watzlawick/Beavin/Jackson (1969) ausgedrückt, wird der Sprecher im ersten Fall auf der Inhaltsebene regreßpflichtig gemacht (*Du hast dich geirrt*), im zweiten Fall auf der Beziehungsebene (*Du hast gelogen*). - Interessant ist in diesem Zusammenhang auch der Vergleich mit Searles wesentlicher Regel und Aufrichtigkeitsregel für Behauptungen (1971: 100 f.) sowie mit Grice' zweiter Konversationsmaxime "Try to make your contribution one that is true" bzw. deren zwei "more specific maxims":

  1. Do not say what you believe to be false.
  2. Do not say that for which you lack adequate evidence.

(1975: 46). Zu Grice' Konversationsmaximen s. Kallmeyer/Schütze 1975, ferner Ducrot 1979. Stempel 1980 verweist auf die Unzulänglichkeit einer Grobunterscheidung 'Irrtum - Lüge'. Er zeigt am Beispiel der Erzählung eines Schachmeisters, der in einem Turnier nicht den ersten Preis gewann und sein so angeschlagenes Selbstbewußtsein per Alltagsfiktion - der gewiß eher unbewußten Hinzudichtung z. B. von Ungerechtigkeiten des Schiedsrichters - zu retten versucht. Verbleibt der Sprecher hierbei im Rahmen des Wahrscheinlichen, kann er auf Kooperation der Hörer hoffen. - Dieses Phänomen stellt jedoch keinen Widerspruch dar: der Sprecher stellt etwas z. T. Falsches auf Grund einer narzißtisch deformierten Wirklichkeitswahrnehmung als wahr hin, und da Image-Arbeit in einer Gesellschaft immer auf wechselseitiger Kooperation beruht ("respektiere mein Image, so tue ich Gleiches für dich"), wird der Sprecher nicht regreßpflichtig gemacht (zu diesem Begriff s. u.). Wäre dieses aber der Fall, so würde sich dieser Akt notgedrungen zwischen den Polen Irrtum - Lüge bewegen, sofern der Sprecher (d. h. der Schachmeister in Stempels Beispiel) weiter für geistig kompetent genommen werden soll.

Zuerst zur Übernahme der kommunikativen Regreßpflicht. In B1 unterstreicht die Sprecherin C die Assertion (also den in dieser Arbeit diskutierten Normalfall der Übernahme der Regreßpflicht) besonders mit *vraiment* und *c'est vraiment*[50] (es geht um die Situation der Bäuerin):

B1 (KIII/23/1-9)[51]

```
C [ déjà plus de vingt ans les femmes participent activement dans les

C [ groupements féminins dans lesquels elles sont très partie

C [ prenante où elles sont vraiment conscientes qu'elles ont un grand

C [ besoin de formation surtout en économie et il est même un peu

C [ regrettable que ce soit uniquement les femmes comme vous venez de

C [ le dire qui s'occupent pratiquement essentiellement de comptabilité

C [ dans les exploitations et c'est vraiment œ elles le font elles le

C [ font très bien elles se forment pour le faire elles suivent

C [ régulièrement des sessions à ce à ce sujet
```

In B2 signalisiert der Hörer in wiederholter redebegleitender Zustimmung, daß der Sprecher die Sachverhalte zu Recht assertiert: der Hörer ist einverstanden, der Sprecher wird nicht kommunikativ regreßpflichtig gemacht[52]:

---

[50]Aussagen der Art *es ist wahr, daß x*, z. B. *It is true that Smith is happy* werden nach Grice mit Bezug auf ein vorangegangenes einfaches Statement *Smith is happy* gemacht. "And supposing no one actually to have said that Smith is happy, if I say *It is true that Smith is happy* (e. g. concessively) I shall implicate that someone might say so", Grice 1978: 127. - Vgl. hierzu außerdem Strawson 1977: 248, 261 ff.; Strawson, der hier gegen Austin argumentiert, legt den Akzent sehr stark auf die pragmatischen Verwendungsfunktionen eines Ausdrucks des Typs *es ist wahr, daß p*, m. E. aber ohne letztlich zeigen zu können, daß es sich hier nicht um die Qualifikation einer sachverhaltsdarstellenden Aussage handelt, s. bes. Strawson 1977: 273, Anm. 4. In diesem Zusammenhang ist nur die Tatsache von Bedeutung, daß die kommunikative Regreßpflicht explizit übernommen wird, nicht aber, warum dies geschieht. Ohnehin gehört es zu den Grundbedingungen von sprachlicher Kommunikation, daß deren - implizite oder grammatische - Merkmale im Bedarfsfall wie bei Problematisierungen verbal explizit gemacht werden können.

[51]Zum untersuchten Korpus (Ludwig 1987) und den diesbezüglichen Zitatverweisen s. o., Einleitung. - Die wichtigsten Passagen in den Korpuszitaten sind durch Unterstreichung hervorgehoben, wobei diese tiefer stehende Markierung nicht mit der Transkriptnotation der Unterstreichung bei besonderer Betonung zu verwechseln ist.

[52]Vgl. die *requests for evidence* bei Kiparsky/Kiparsky 1970: 169.

46

B2 (KIII/10/7-18)

```
R ⌈                                                             il y a
  |
H ⌊ de cinquante ans donc depuis depuis toujours sur la terre et (    )

R ⌈ cette espèce de démarche qui fait qu'il faut avoir à faire ses

R ⌈ preuves finalement pour quelque chose qui paraît tout à fait
  |
X₁ ⌊      absolument

R ⌈ évident dans la mesure où on est né sur sa terre qu'on l'a exploitée
  |
X₁ ⌊       tout à fait évident

R ⌈ qu'on est en général fille et petite-fille d'exploitants agricoles et

R ⌈ que si quelqu'un connaît bien ces problèmes-là c'est précisément la
  |
X₁ ⌊                               oui

R ⌈ femme qui qui est née et qui travaille dans ce milieu-là
  |
X₁ ⌊      absolument              absolument
```

Die Übernahme der kommunikativen Regreßpflicht in Form einer Präsupposition zusammen mit einem Appell zur Nachlieferung, d. h. Vervollständigung der Proposition und ihrer Assertion als ganze durch den Hörer, also eine Ergänzungsfrage, zeigt B3 (präsupponiert wird die assertierte Aussage *Il existe un certain nombre de chambres d'agriculture en France*):

B3 (KIII/17/8-13)

```
R ⌈ parce que je voulais vous demander justement/ mais je voudrais poser une

R ⌈ question à Monsieur Perrin Monsieur Perrin vous êtes président des

R ⌈ chambres d'agriculture elles sont combien ces chambres d'agriculture en

R ⌈ France
  | ‾‾‾‾‾‾
L ⌊        elles sont quatre-vingt-neuf en France et quatre-vingt-treize

L ⌈ avec les chambres des départements d'outre-mer
```

Eine Nachlieferung der Assertion zeigt weiter B4. Der Appell wird als Satzfrage (genauer als Entscheidungsfrage) formuliert (*tu regardes ou tu regardes pas*). Nachzuliefern ist vor allem eine nicht-sprachliche Assertion (G soll auf die Landkarte sehen und sich hier in bestimmter Weise orientieren). Die nachgelieferte Assertion wird dann aber tatsächlich in einem darstellenden Sprechakt verbalisiert, und somit wird die kommunikative Regreßpflicht doch expressis verbis übernommen (*oui je regarde où tu vas, oui, là oui ici bon*):

B4 (KI/6/8-15)

```
F |                              ouais mais ça allait vite alors tu
  |
R ⌊ ça Fribourg Berlin                                    (

G ⌈                        oui je regarde où tu vas
  |                        ─────────────────────────
F | regardes ou tu regardes pas                    bon alors d'abord
  |
R ⌊                                          )

G ⌈               oui
  |               ───
F ⌊ regarde Grenoble     alors là c'est Bâle alors Grenoble c'est c'est là
                                                                ─────
G ⌈ là oui ici bon
    ───────────────
```

Die beiden nächsten Beispiele zeigen, wie Sprecher für ihre assertierte Aussage kommunikativ regreßpflichtig gemacht werden; dabei wird ihnen inhaltlicher Irrtum vorgeworfen. In B5 liegt der einfache Fall vor, daß F die Wahrheit von G's Aussage bestreitet (*ah non pas du tout*), worauf G dann F beipflichtet:

B5 (KI/6/19-7/12)

```
G ⌈                         et puis ensuite Fribourg est
  |
F ⌊ parents de Ralph ils habitent là (     )

G ⌈ par là                              ah c'est ah ben oui
  |                                              ────────────
F |        ah non pas du tout Fribourg c'est là
           ───────────────────
```

Auch in B6 bestreitet F die Wahrheit von G's Darstellung (daß es bereits *huit heures moins le quart* ist). Hier aber assertiert dann G erneut ihre Aussage; sie bekräftigt damit die bereits übernommene Regreßpflicht, mit dem Resultat, daß F klein beigeben muß (*x c'est grave ɛ̃*):

48

B6 (KI/2/1-8)

```
G ⌈ ⟨₁ben alors                    ben qu'est-ce que vous foutez on vous dit
  |
F ⌊          quoi ben alors

G ⌈ sept heures et demie et (vous arrivez) à huit heures moins le quart
  ─────────────────────────────────────────────────────────────────────
G ⌈                                         oh j' te demande pardon
  |
F | oh il est pas huit heures moins le quart
  |                         ────────────────────────────────
R ⌊              (        )

G ⌈ il est huit heures moins le quart                    alors quand
  |   ──────────────────────────────
F ⌊                              ⟨₂x ₂⟩ c'est grave ē
```

    ⟨₁ausrufend, zunächst
    ärgerlich, dann ver-
    söhnlicher ₁⟩

    ⟨₂lautschriftliche
    Transkription ₂⟩

Daß ein Sprecher kommunikativ regreßpflichtig gemacht wird, indem man ihn nicht nur einer sachlich falschen Darstellung, sondern darüber hinaus der Lüge bezichtigt, ist in der Alltagskommunikation selten; zu sehr gefährdet dieser Vorwurf die Beziehungsebene. Das bekommt auch Damis, etwas unbedacht-temperamentvoller Sohn von Molières Orgon, weidlich zu spüren. Als er Tartuffes Avancen gegenüber Elmire mitangehört hat, berichtet er diesen Vorfall aufgebracht seinem Vater. Orgon aber, überzeugt von der Frömmigkeit seines schmarotzenden Hausgastes, schenkt seinem Sohn keinen Glauben, macht ihn in rüder Weise auf der Beziehungsebene regreßpflichtig:

> *Ah! traître, oses-tu bien par cette fausseté*
> *Vouloir de sa vertu ternir la pureté?*[53]

---

[53]Molière, Le Tartuffe ou l'Imposteur, OEuvres complètes I, Hg. G. Couton, Gallimard 1971 (Pléiade), S. 947. - Für die Ehrlichkeit von Assertionen zeugen bekanntlich insbesondere die nonverbalen Begleitphänomene. Ein schönes Beispiel hierfür liefert Chrétien de Troyes in *Cligès*; Cligès hat Fénice erklärt, daß er sie liebt, indem er ihr gesagt hat: *Je sui toz vostres*. Fénice fragt sich nun, ob Cligès diesen Satz ehrlich gemeint hat; sie muß daran denken, daß diese Formel oft unaufrichtig gebraucht wird (V. 4388 ff.). Dann aber bedenkt sie:

> *Mes je li vi color changier*
> *Et plorer molt piteusemant.*
> *Les lermes, au mien jugemant,*
> *Et la chiere piteuse et mate*
> *Ne vindrent mie de barate,*

Einen Verteidigungsversuch seines Sohnes wehrt Orgon dann mit *Tais-toi, peste maudite* ab und jagt ihn schließlich aus dem Haus.

2.4. 'Verschobene kommunikative Regreßpflicht' und 'verschobene Assertion'

Für Zukunftsaussagen kann die kommunikative Regreßpflicht also nicht übernommen werden. Die Möglichkeit einer interpersonalen Verifizierung kann bei all ihrer Kontrafaktizität aus den von Martin/Nef genannten ontischen Gründen, die einen kategoriellen Unterschied zwischen Vergangenheits- und Gegenwartsaussagen einerseits und Zukunftsaussagen andererseits auftun (s. o., I.2.2.2.), für Darstellungen von dem Sprechereignis gegenüber nachzeitigen Sachverhalten nicht unterstellt werden (bzw. nur in ganz anderer Weise, s. u.).

Natürlich kann hier der Einwand erhoben werden, daß Sprecher X der Einzelsprache Y diese mehr oder weniger philosophisch-noematische Sicht der Zukunftsaussagen nicht zu teilen braucht. So verweist Lyons als Argument gegen den genannten Nachzeitigkeitsbegriff darauf, daß ein Sprecher - "without doing violence to the structure of English" - sagen kann: *I know that it will rain tomorrow* oder *I know that it is going to rain tomorrow* (1977: 815).

Bei diesem Stand der Überlegungen seien nun die drei folgenden Sätze verglichen:

(S1)   *Je suis certain qu'il est venu.*

(S2)   *Je suis certain que je viendrai demain.*

(S3)   *Je ne pense pas qu'il vienne demain.*

S1 und S3 stellen keinerlei Probleme. Der Begriff der Assertion (bzw. kommunikativen Regreßpflicht), wie er bis zu diesem Punkt interpretierend näher bestimmt wurde, reicht zu ihrer Erklärung aus. S1 ist explizit assertiert; daher steht im Nebensatz der Indikativ. S3 ist explizit nicht assertiert, weshalb der Hauptsatz den Konjunktiv regiert[54]. - Problematisch hingegen ist S2: assertiert im ausgeführten Sinne ist *je viendrai demain* nicht,

---

N'i ot barat ne tricherie.
Li oel ne me mantirent mie,
Don je vi les lermes cheoir.
Asez i poi sanblanz veoir
D'amor, se je neant en sai.

(Chrétien de Troyes, Cligés, Hg. A. Micha, Les romans de Chrétien de Troyes II, Paris: Champion 1978, V. 4398-4407).

[54] Zur Interpretation der Verbalmodi s. u., Kap. III.

denn die Möglichkeit zur wahrheitsfunktionalen Überprüfung besteht zum Zeitpunkt der Aussage nicht, das Versprechen bewahrheitet bzw. falsifiziert sich erst am nächsten Tag. Und doch bekräftigt der Sprecher hier offensichtlich etwas: seine aufrichtige, gewisse Absicht, das Versprechen einzulösen, sowie das notwendig damit gekoppelte Bewußtsein, das Versprechen einlösen zu können.

Für einen darstellenden Sprechakt, dessen Gegenstand ein Sachverhalt ist, der im Verhältnis zum Sprechereignis in der Zukunft liegt und dessen Eintreten der Sprecher als hochgradig gewiß präsentiert, wird jetzt gesagt: der Sprecher assertiert ihn verschoben[55].

Bedeutet also die Übernahme der kommunikativen Regreßpflicht das vom Sprecher an den Empfänger gerichtete Signal "A ist gewiß wahr", so heißt 'verschobene kommunikative Regreßpflicht': "A wird gewiß wahr werden". D. h., stützt sich der Sprecher bei der kommunikativen Regreßpflicht auf einen bestehenden, interpersonal verifizierbaren Sachverhalt, so besitzt er, wenn er für einen Sachverhalt die verschobene kommunikative Regreßpflicht übernimmt, eine hohe zukunftsbezogene 'abgeleitete Gewißheit'[56]: die bereits existenten und damit assertierbaren Fakten erlauben dem Sprecher die Projizierung eines - wie Martin/Nef (s. o., I.2.2.2.) es nennen - *monde des attentes*[57]. Daß somit das Versprechen ein privilegierter Fall der Übernahme der verschobenen Regreßpflicht ist, leuchtet ein, denn in sehr vielen Fällen scheint das Eintreten des ge-

---

[55]Vgl. den Begriff des *shifter* bzw. deutsch 'Verschieber' bei Jakobson (1957, 1974b).

[56]An dieser Stelle ergibt sich ein Zusammenhang mit den modallogischen Kategorien nec/poss; vgl. hierzu Heger 1977; Heger 1979 (hier zeigt Heger die - in seinem System gegenüber Heger 1977 notwendige - Erweiterung von 'nec P' um Kausal- und Temporalfunktoren); Heger 1983b; Lyons 1977: 164 ff. Zu den Wurzeln dieser modallogischen Kategorien bei Aristoteles s. Nef 1976: 28 f.

[57]Bekannt ist Augustinus' Beispiel aus dem 11. Buch seiner *Confessiones*: bei der Vorhersage eines Sonnenaufgangs stütze man sich auf zwei gegenwärtig wahrgenommene Dinge, zum einen die geistige Vorstellung des Sonnenaufgangs, zum anderen die bereits heraufgezogene Morgenröte. Daraus leitet er dann ab: "Futura ergo nondum sunt et si nondum sunt, non 'sunt', et si non 'sunt', videri omnino non possunt; sed praedici possunt ex praesentibus, quae iam 'sunt' et videntur." (Aurelius Augustinus, Confessiones/Bekenntnisse, München 1955, [4]1980: 640). Die Zukunft ist für Augustinus allerdings insofern mit der Vergangenheit vergleichbar, als beide Zeiten nicht sind: muß die Zukunft antizipiert werden, so ist die Vergangenheit nur in Erinnerungsbildern gegenwärtig. - Der Zusammenhang 'Zukunftsaussage - (Nicht-) Assertierbarkeit - Wahrscheinlichkeit' stellt ein zentrales Problem der empiristischen Philosophie dar. Reichenbach geht davon aus, daß "alles Wissen von der Zukunft Wahrscheinlichkeitswissen ist" (1977b: 357); Wahrscheinlichkeitswissen bedeutet eine durch ein Netz induktiver Aussagen erstellte Prognose (1977b: 354). Der Mensch, der zu seiner alltäglichen Handlungsplanung ein Wissen von der Zukunft braucht, orientiert sich mangels wahrheitsfähigen Zukunftswissens an solchen wahrscheinlichen, induktiven Prognosen als 'Setzungen'. "Eine Voraussage ist eine Setzung, und an Stelle ihrer Wahrheit kennen wir nur ihre Bewertung, die sich aus ihrer Wahrscheinlichkeit ergibt." (1977b: 352). Als Basis der Induktionsschlusses orientieren wir uns an einer gewissen relativen "Häufigkeit für eine Folge von beobachteten Ereignissen und machen die Annahme, daß ungefähr die gleiche Häufigkeit bestehen wird, wenn diese Folge fortgesetzt wird" (1977b: 353). Vgl. auch Sperber 1985: 81 f.

nannten *monde des attentes* garantierbar, wenn dessen Realisierung in das Ermessen des Sprechers gestellt ist, was für den Normalfall des Versprechens gilt[58].

Ansonsten ist der Begriff der verschobenen kommunikativen Regreßpflicht analog zu dem der kommunikativen Regreßpflicht definiert. Im Falle eines epistemisch uneingeschränkten, einen zukünftigen Sachverhalt darstellenden Sprechaktes wie *Je viendrai demain* oder *Je suis certain que je viendrai demain* liegt eine verschobene Assertion durch den Sprecher vor; dasselbe gilt für Antworten auf Appelle zur Nachlieferung der verschobenen Assertion wie *Quel livre lira Alfred?* oder *Alfred chantera-t-il?*[59] In Form einer Präsupposition ist die Übernahme der verschobenen kommunikativen Regreßpflicht etwa in *Quel livre lira Alfred?* enthalten: präsupponiert wird *Alfred lira un livre.*

Wenn jemand verschoben regreßpflichtig gemacht wird, gibt es also zwei Möglichkeiten. Dieser Akt kann unmittelbar nach der Übernahme der verschobenen Assertion durch den Sprecher erfolgen; in diesem Fall stellt der Hörer das Vorhandensein der zukunftsgerichteten abgeleiteten Gewißheit in Frage. Der Sprecher kann aber auch zu einem Zeitpunkt verschoben kommunikativ regreßpflichtig gemacht werden, wo sich die Prognose bereits verifiziert bzw. falsifiziert hat, wo sich der Hörer, der jetzt den Sprecher verschoben regreßpflichtig macht, auf assertierbares und somit kategoriell interpersonal verifizierbares Wissen stützen kann. Auch hier kann der Vorwurf wieder auf irrtümlich falsche Voraussage oder erlogene Prognose lauten.

Zu dem Einwand, wonach der Sprecher X der Einzelsprache Y die hier vertretene Sicht der Zukunftsaussagen nicht zu teilen braucht, kann jetzt weiterhin folgendes gesagt werden[60]. Der Begriff der 'verschobenen Assertion' bzw. 'verschobenen kommunikativen Regreßpflicht' sowie der damit einhergehenden 'zukunftsbezogenen abgeleiteten Gewißheit' trägt der - unbestrittenen - Tatsache, daß ein Sprecher hinsichtlich einer Zukunftsaussage eine sehr viel größere Gewißheit hegen kann, als er es vielleicht philosophischerweise dürfte, in beliebigem Ausmaß Rechnung. Sollte darüber hinaus der hier gemachte begriffliche Unterschied zwischen einem assertierten Satz *Gestern hat es geregnet* und einer verschoben assertierten Aussage *Morgen wird es regnen* im System einer Einzelsprache nicht vorhanden sein, so kann gesagt werden, daß dann die besprochene

---

[58]Interessant ist in diesem Zusammenhang eine Bemerkung von Bertrand Russell: "Es [das Bewußtsein] bringt Urteile oder Meinungen hervor; aber wenn es sie einmal hervorgebracht hat, kann das Bewußtsein sie nicht wahr oder falsch machen, außer in den Fällen, wo es um zukünftige Ereignisse geht, deren Eintreten in der Macht der urteilenden Person steht, etwa wenn es darum geht, einen Zug noch zu erreichen." (1977: 72) - Vgl. Searles Analyse des Versprechens (1971: 88 ff.).

[59]Die verschobene Assertion kann - anders als die Assertion - per definitionem nur in sprachlicher Form nachgeliefert werden: ein noch nicht existierender Sachverhalt ist nur sprachlich antizipierend darstellbar.

[60]Als einen ähnlichen Einwand kann man Glinz' auf das Deutsche bezogene Aussage verstehen: "Die Sprache gibt - mindestens in ihren Verbalkategorien, die wir hier untersuchen - *keinerlei Handhabe* für ein Urteil über die Realität oder Fiktionalität des Ausgesagten. Ein solches Urteil muß aus anderen Quellen begründet werden." (1971: 136 f.).

Dichotomie eben eine rein noematische und in dieser Einzelsprache nicht realisierte bleibt. Da aber im Fall von 'Assertion' / 'Regreßpflicht' vs. 'verschobene Assertion' / 'verschobene Regreßpflicht' die noematische Differenz u. U. auf eine - wie jedenfalls von Martin/Nef nahegelegt - ontische Differenz zurückgeht, wird sie von den meisten Sprachen berücksichtigt. - Lyons selbst bemerkt nach der Erwähnung des hier diskutierten Einwandes:

> It is nonetheless a linguistically important fact that ... we are seldom in a position to lay claim to knowledge of the future; and it is no doubt for this reason that reference to future world-states is grammaticalized in the category of mood, rather than tense, in many languages. (1977: 815)

Dieser Sachverhalt bestätigt sich mit Blick auf die Futurausdrücke in den indoeuropäischen Sprachen:

> There is a demonstrable historical connexion between reference to the future and non-factivity in too many languages for it to be regarded as a matter of accident that languages should rarely, if ever, distinguish systematically between statements of fact about the future and subjectively modalized predictions. (1977: 817)[61]

Auch hierzu einige (wenige) Beispiele[62].

In B7 assertiert M (Edmond Maire) seine Voraussage verschoben (*des militants communistes et C G T se retrouveront à nos côtés pour imposer la vérité*). Sie stützt sich auf einen hohen Grad abgeleiteter Gewißheit, die M aus der (hier nur z. T. wiedergegebenen) vorangegangenen, auf realen Fakten (*il y a une unité d'action aujourd'hui on vient de le noter*) aufbauenden Argumentation gewinnt; diese zukunftsbezogene abgeleitete Gewißheit bzw. die Übernahme der verschobenen Regreßpflicht macht M dann mit *nous sommes sûrs* explizit:

---

[61]Für die romanischen Sprachen wird dieser Zusammenhang vor allem von Coseriu (1957) nachgewiesen, s. zu dieser Diskussion u., II.2.1.2.; vgl. zum modalen Status von Futurtempora ferner Ultan 1978: 94 f., 102 ff.; Comrie 1985: 43 ff. - Interessant sind in dieser Hinsicht auch die Kreolsprachen, wo in der Regel Nachzeitigkeitsmarkierung und Merkmal der Aufhebung der Assertion (Potentialis, Irrealis) zusammenfallen, s. Bickerton 1983: bes. 112 f. Vgl. auch Gee 1985: 220 ff.

[62]Eingehend werden die französischen Nachzeitigkeitstempora dann u. in II. untersucht.

B7 (KVI/5/8-18)

```
M [ secteurs il y a une unité d'action d'aujourd'hui on vient de le
M [ noter et on le notera je l'espère avec une grande ampleur sur le
M [ problème du ticket modérateur sur les mutuelles nous pensons qu'il
M [ n'y a pas du tout d'opposition entre le fait d'empêcher le parti
M [ communiste français de nuire à l'unité d'action et le fait de
M [ réaliser une action commune avec les autres syndicats d'ailleurs dans
M [ cette affaire du procès œ du procès du mauvais procès engagé contre la
M [ C F D T à l'occasion de la guerre d'Algérie nous sommes sûrs que
M [ des militants communistes et C G T se retrouveront à nos côtés
D [                          Guy Claisses œ ‹₁le Matin ₁›
  ¦
M ¦ pour imposer la vérité

   ‹₁Tageszeitung ₁›
```

Das nächste Beispiel zeigt einen Appell um die Nachlieferung der verschobenen Assertion - in diesem Fall in Gestalt einer rhetorischen Ergänzungsfrage an den Sprecher selbst - (*qu'est-ce qu'il va leur donner comme droits ce statut*), wobei die verschoben assertierte Aussage *ce statut va leur donner certains droits* in dieser Frage bereits präsupponiert ist. P liefert die verschobene Assertion dann selbst nach:

B8 (KIII/11/7-11)

```
P [                      œ autre chose est le statut œ dont nous/
P [ que nous évoquons qu'est-ce qu'il va leur donner comme droits ce
P [ statut il va d'abord reconnaître qu'elles sont co-exploitantes qu'
P [ elles ont c'est un terme un peu barbare mais très simple qu'elles
P [ ont un mandat tacite réciproque de gestion
```

Ein komplexes Beispiel dafür, daß jemand verschoben kommunikativ regreßpflichtig gemacht wird, liegt in B9 vor. Dieses geschieht hier zum Zeitpunkt des Eintretens bzw. Ausbleibens des angekündigten, hier: versprochenen Sachverhalts, und außerdem ist die Beziehungsebene betroffen; M unterstellt den absichtlichen Bruch der getroffenen Absprache (über die Interviewthemen): *vous ne respectez pas les engagements*. M identifi-

54

ziert dabei den Interviewer mit dessen Kollegen, mit dem er die Themenvereinbarung getroffen hat, und D wehrt den Vorwurf von M ab, indem er dieser Identifizierung widerspricht (*moi j' n'ai pas pris d'engagement*):

B9 (KIV/3/5-4/15)

```
D [                                              œ Georges

D [ Marchais pourquoi votre bri/ biographie a-t-elle un trou entre mille

D [ neuf cent quarante et mille neuf cent quarante-cinq est-ce que si

D [ jamais ce trou était rempli cela ne mettrait pas fin à toutes les

D ⌠ polémiques
  │
M ⌊           bien œ je commencerai par parce que c'était l'engagement

M [ qu' j'avais pris avec vot' journaliste ici par parler des raisons

D ⌠              mais nous allons en parler Georges Marchais
  │
M ⌊ d' ma présence à Strasbourg

D ⌠ mais si vous l' voulez bien il n'y a pas        mais moi j' n'ai
  │
M ⌊      bon alors écoutez ou vous acceptez d' respecter

D ⌠ pas pris d'engagement je fais simplement mon métier d' journaliste
  │
M ⌊           bien alors je vous

D ⌠ Monsieur Marchais              bonsoir Monsieur Marchais
  │
M ⌊ je vous salue Monsieur Denoyan              parce que vous

M [ avez vraiment/ c'est incompréhensible vous avez/ je suis/ j'étais avec

M [ une délégation de mes camarades italiens . je suis obligé de lever

M [ la réunion que j'avais avec eux ⟨₁epē₁⟩ cours de repas où on discute

M [ pour venir .. œ parler et vous ne respectez pas les ⟨₂engagements₂⟩

D ⌠ mais je n'ai pris aucun engagement avec vous Monsieur Marchais
  │
M ⌊                                mais vous avez

D ⌠         mais je lui ai dit qu'il n'y avait pas d'engagement
  │
M ⌊ ici un journaliste

D [ à avoir et de toute façon nous faisions notre métier à France-Inter

D ⌠ comme ailleurs   je vous pose une question vous y répondez vous n'
  │
M ⌊           ouais
```

```
D ⌈ y répondez pas et ensuite nous parlerons effectivement de la rencontre
  |
M ⌊                                          mais

D [ de ce matin et de de votre de la raison de votre présence à

D ⌈ Strasbourg
  |
M ⌊              alors pour ce qui concerne le problème de l'Allemagne

  ⟨₁Lautschrift ₁⟩

  ⟨₂energisch, ausrufend,
  fragend ₂⟩
```

2.5. Die Übertragung der kommunikativen Regreßpflicht und verschobenen kommunikativen Regreßpflicht

Die Kategorie der 'Übertragung der kommunikativen Regreßpflicht'[63] (s. o., I.2.1.) läßt sich noch in sinnvoller Weise ausdifferenzieren.

Erstes Differenzierungskriterium sind die Personenklassen der Sprechsituation: assertiere ich einen Sachverhalt nicht selbst, sondern übertrage ich die Regreßpflicht hierfür jemand anderem, so handelt es sich hier zwangsläufig entweder um eine an der Kommunikationssituation teilhabende Person, also einen Hörer ($\overline{0E}$), oder um eine nicht anwesende bzw. unspezifizierte dritte Person ($\overline{\overline{0E}}$).

Zweitens drückt ja der Sprecher immer seine Haltung gegenüber dem Ausgesagten bzw. genauer der Regreßpflicht in Bezug auf den dargestellten Sachverhalt aus, auch dann, wenn er hier die Haltung von $\overline{0E}$ oder $\overline{\overline{0E}}$ zu einer Sachverhaltsdarstellung wiedergibt (wobei auch eine bewußt neutrale Haltung von 0E eine eigene Haltung ist). Klare (1978: 586) unterscheidet innerhalb der Einführungswörter des *discours rapporté* drei verschiedene Sprecherpositionen (wobei es sich bei diesen Einführungswörtern vor allem um solche handelt, die die Wiedergabe von Sachverhaltsdarstellungen einleiten): die 'neutrale' Position (z. B. *il dit que, il répond que)*, eine 'identifizierende Haltung' (z. B. *il avoue que, il reconnaît que)* sowie die 'distanzierende Haltung' (z. B. *il prétend que, il veut faire croire que)*. Sieht man davon ab, daß nicht alle Beispiele Klares auf diese Interpretation passen, so läßt sich sagen, daß im Fall einer neutralen Position eine einfache Übertragung der Regreßpflicht erfolgt, ohne daß der Sprecher sie bekräftigte oder er einen diesbezüglichen Dissens zu erkennen gäbe. Bei identifizierender Haltung überträgt dann der Sprecher die Regreßpflicht und markiert gleichzeitig seinen assertiven

---

[63]Vgl. Hegers Hinweis auf die Möglichkeit der Referierung von Assertionen anderer Sprecher (1985: 50 ff.). Hooper 1975 und Terrell 1976 bestimmen denselben Sachverhalt unter dem Begriff *indirect assertion*: "Assertions may also be indirect; that is, we may report the assertions of others and describe the way in which the assertion was reported to us." Terrell 1976: 224. Vgl. auch Plank 1986: 294 ff.

Konsens, zeigt also, daß er die Regreßpflicht selber übernimmt[64]. Schließlich bei distanzierender Haltung überträgt der Sprecher die Regreßpflicht jemand anderem, indem er gleichzeitig seinen Dissens signalisiert; in diesem letzten Fall übernimmt der Sprecher also die übertragene Regreßpflicht nicht nur nicht selber, sondern er bestreitet sie sogar.

Bezieht man beide für die noematische Kategorie 'Übertragung der kommunikativen Regreßpflicht' genannten Differenzierungskriterien aufeinander, so ergibt sich folgendes Schema ('R' steht für 'kommunikative Regreßpflicht'):

Übertragung der Regreßpflicht assertive auf Position von 0E	$\overline{0}E$	$\overline{0E}$
identifizierend	$+ \ R_{0E} + R_{\overline{0}E}$	$+ \ R_{0E} + R_{\overline{0E}}$
neutral	$\pm \ R_{0E} + R_{\overline{0}E}$	$\pm \ R_{0E} + R_{\overline{0E}}$
·distanzierend	$- \ R_{0E} + R_{\overline{0}E}$	$- \ R_{0E} + R_{\overline{0E}}$

Die Möglichkeit der Übertragung der Regreßpflicht auf den Hörer - bei neutraler assertiver Sprecherposition - zeigt B10. Der Hörer wird zunächst mit *vous avez présenté oe un rapport* angesprochen, und dann wird ihm die Regreßpflicht unter Verwendung des Conditionnel übertragen, wobei der Sprecher eine neutrale assertive Position einnimmt:

---

[64]Für das Englische notieren Kiparsky/Kiparsky 1970 den Unterschied zwischen identifizierender und neutraler Haltung (ohne die hier gewählten Termini zu benutzen) bei Wendungen, die die Regreßpflicht zunächst einmal jemand anderem übertragen: "For example, in saying *The UPI reported that Smith had arrived* [...] the speaker takes no stand on the truth of the report. But *That Smith had arrived was reported by the UPI* normally conveys the meaning that the speaker assumes the report to be true." (1970: 167 f.). Lakoff 1969 gibt ein lateinisches Beispiel, wo der Konjunktiv Plusquamperfekt zur Übertragung der Regreßpflicht auf einen Dritten (bei neutraler Sprecherhaltung) dient; für den Satz "Marcus Publium necavit quod uxorem suam corrupisset" gilt: "the speaker is not making the presupposition that Publius seduced Marcus' wife; he is merely reporting Marcus' reason for killing Publius." (1969: 614) Die für eine Proposition jemand anderem übertragene Regreßpflicht wäre im Anschluß an Terrell und Hooper eine - indirekte oder übertragene - Assertion, und die gleichzeitig vom Sprecher zum selben Sachverhalt (nicht) übernommene Regreßpflicht ('assertive Position') hätte, folgt man Lakoff, den Status einer Präsupposition. - Vgl. in diesem Zusammenhang Black 1958 und seine Trennung zwischen *primary assertion* und *secondary assertion*.

B10 (KIV/9/12-18)

```
D [ minutes et j' voudrais si vous l' voulez bien maintenant que nous

D [ parlions d' votre présence à Strasbourg œ qui s'est on l'a

D [ entendu tout à l'heure dans le journal un petit peu été œ perturbée

D [ au cours de la réunion vous avez présenté œ un rapport sur œ les

D [ libertés (( Schlucken )) qui seraient violées œ en Europe de l'
   ‾‾‾‾‾‾‾‾‾‾‾‾‾‾‾‾‾‾‾‾‾‾‾
D [ Ouest alors vous avez été un petit peu                    chahuté
  ┆                          --
M ⌊                                   non mais alors il faut il faut
```

Im nachfolgenden Fall überträgt der Sprecher die Regreßpflicht dritten Personen (dem *Express*, Michel Mabilon sowie Raymond Praquin), wobei er sich der übertragenen Regreßpflicht gegenüber wiederum neutral zeigt. Und zwar vermeidet es D hier, eine Position hinsichtlich der rivalisierenden Versionen von Marchais' Vergangenheit zu beziehen; Modus der Übertragung der Regreßpflicht bei neutraler assertiver Sprecherposition ist wieder das Conditionnel, einmal wird dieser Akt auch nur mit Hilfe lexikalischer Mittel vollzogen (... *témoignages ... de Raymond Praquin ... qui est certain que ...*):

58

B11 (KIV/2/5-3/5)

```
D [                    d'abord Georges Marchais si vous le voulez bien

D [ revenons quelques instants sur le document publié par l'Express qui
                                      ---
D [ pour c't hebdomadaire prouverait que vous étiez présent en Allemagne
                                      _____
D ┌ jusqu'en mai mille neuf cent quarante          attendez laissez-moi
  │
M └                    non non Gilbert Denoyan

D ┌ finir œ Georges Marchais vous répondrez à la question dans un instant
  │
M └ non

D [ ce matin le Quotidien de Paris et le Matin certifient l'authenticité

D [ de ces documents avec œ l'appui du directeur des archives de la ville

D [ d'Augsbourg deux témoignages aussi sont à verser au dossier l'un de
                                                             ____
D [ Michel Mabilon qui tendrait à accréditer votre présence en Allemagne
    _____
D [ ainsi que l'indique le document de l'Express l'autre au contraire
                                                 _____
D [ qui vient soutenir votre thèse il s'agit de celui de Raymond Praquin
    ____                                      _____
D [ qui vous a eu comme camarade de chambrée et qui est certain que vous

D [ étiez œ lui œ parti pour la France en mai mille neuf cent quarante-

D [ trois
```

Wenn in den vorangegangenen Beispielen das Conditionnel zur Übertragung der Regreßpflicht bei neutraler assertiver Position des Sprechers gedient hat, so markiert in B12 der semantische Gehalt des im Indikativ gebrauchten Verbs *confirmer* eine identifizierende assertive Haltung des Sprechers hinsichtlich der dritten Personen (darunter der *hôtelier de Mulhouse*) übertragenen Assertion für die Aussage, wonach der Sprecher (G. Marchais) im fraglichen Zeitraum in Paris war:

B12 (KIV/7/15-8/2)

```
M [ et le dernier c'est que depuis dimanche des témoignages œ viennent

M [ celui d'un ouvrier hier soir sur Europe Numéro Un celui d'un hôtelier

M [ de Mulhouse qui confirment que j'étais bien à Paris au mois de juin

M [ et œ d'autres encore œ qui vont nous permettre dans les prochains

M [ jours sinon dans les prochaines heures œ la mise au point des mises

D [                        de faire toute la lumière . très bien
  I
M [ au point qui permettront ‹₁de dégonfler le ₁›‹₂complot ₂›

   ‹₁Intonation steigend,
   betont ₁›

   ‹₂Intonation fallend ₂›
```

Eine distanzierende assertive Haltung gegenüber der - hier einer ungenannten dritten Person - übertragenen Assertion nimmt der Sprecher (P) in B13 ein, wenn er zunächst die neutrale Formel *on m'a dit* zur Einleitung der Redewiedergabe benutzt, sich dann aber per ironischem Tonfall eindeutig von der übertragenen Regreßpflicht distanziert[65] (wie aus dem Kontext hervorgeht, beinhaltet die ironisierte Auffassung die Gegenposition zu dem in der diskutierten Sache vom Sprecher vertretenen Standpunkt):

B13 (KIII/31/18-32/3)

```
P [          je voudrais la seconde condition c'est que celles

P [ qui veulent monter une exploitation qui en ont les capacités qui ont

P [ la technique nécessaire ne rencontrent pas d'obstacles on m'a dit

P [ ‹₁ce n'est sans doute pas vrai ₁› et vous allez me le démentir si

P [ ce n'est pas vrai qu'elles ont tout de même pas mal de résistances

P [ locales

   ‹₁leicht ironischer
   Tonfall ₁›
```

Auch die verschobene Regreßpflicht kann übertragen werden, und zwar analog zu den Typen der Übertragung der Regreßpflicht:

---

[65]Vgl. zur Aufhebung der Assertion durch Ironie ausführlicher u., I.3., B22.

Übertragung der verschobenen Regreßpflicht verschobene assertive auf Position von 0E	$\overline{0E}$	$\overline{\overline{0E}}$
identifizierend	$+\ R_{v0E} + R_{v\overline{0E}}$	$+\ R_{v0E} + R_{v\overline{\overline{0E}}}$
neutral	$\pm\ R_{v0E} + R_{v\overline{0E}}$	$\pm\ R_{v0E} + R_{v\overline{\overline{0E}}}$
distanzierend	$-\ R_{v0E} + R_{v\overline{0E}}$	$-\ R_{v0E} + R_{v\overline{\overline{0E}}}$

B14 zeigt eine Übertragung der verschobenen Regreßpflicht auf eine dritte Person, wobei die verschobene assertive Position des Sprechers eine neutrale ist: für die Rundfunkhörer resümiert der Interviewer die Einschätzung der Konsequenzen, die André Bergeron von einer Beibehaltung der aktuellen Wirtschaftsstrategie von seiten der Regierung erwartet:

B14 (KV/2/11-3/3)

```
Y [                    nous allons entendre maintenant s'exprimer
                       ------
Y [ l'inquiétude d'André Bergeron il vient d'écrire en effet en tant

Y [ que secrétaire général œ de Force Ouvrière au premier ministre

Y [ maintenir les choses en l'état serait une mauvaise action dont les

Y [ effets s'ajouteraient aux conséquences du tassement du pouvoir d'

Y [ achat voilà l'une des phrases employées par André Bergeron qui écrit

Y [ au premier ministre au sujet des taux d'intérêt des ‹ livrets A ›

Y [ et en particulier du maintien de six virgule cinq pour cent actuels


  ‹ bestimmte Sparbuchka-
  tegorie ›
```

3. Übernahme der kommunikativen Regreßpflicht und Assertion als graduelle Phänome

Bisher wurde nur zwischen Übernahme und Nicht-Übernahme der kommunikativen Regreßpflicht, zwischen Assertion und Nicht-Assertion unterschieden[66]. Betrachtet man nun aber die Beispielfolge: *Comme tout le monde sait, ça a toujours été comme ça - C'est peut-être comme ça - Je ne sais pas si c'est comme ça - Je ne pense pas du tout que ce soit comme ça*, so scheint es naheliegend, 'kommunikative Regreßpflicht' als graduelle Opposition, genauer als Skala zwischen den Extrempolen 'Übernahme' und 'Nicht-Übernahme' zu konzipieren[67]. Die unterschiedlichen Grade hängen dabei von einer Reihe von Faktoren ab, die ihrerseits wieder Skalencharakter haben[68].

(1)   Skala 'Sprechergewißheit'

Stellt der Sprecher einen Sachverhalt als wahr hin, übernimmt er also die kommunikative Regreßpflicht dafür, so bezeugt er in dieser Hinsicht Gewißheit: er ist sich dessen, gesetzt den Fall er ist aufrichtig, völlig gewiß. Demnach kann der Sprecher einen Sachverhalt dann nicht mehr uneingeschränkt assertieren, wenn er sich hinsichtlich dessen Existenz nicht mehr sicher zeigt, und je mehr er dessen Wahrheit bezweifelt, desto weniger kann er die Regreßpflicht dafür übernehmen.[69] Es ergibt sich eine Skala, die folgendermaßen darstellbar ist:

---

[66]Eine gradierende Sicht war allerdings andeutungsweise bereits mit der Unterscheidung einer identifizierenden, neutralen und distanzierenden (verschobenen) assertiven Position verbunden (in I.2.5.).

[67]Zu 'privative Opposition' und 'graduelle Opposition' s. Trubetzkoy 1958: 67, zu 'merkmalhaltig' und 'merkmallos' s. auch Jakobson 1974a.

[68]Vgl. zu 'Skala' und 'Gradierung' Hansjakob Seilers Begriff der 'Dimension': "A dimension is constituted by two complementary principles. This complementarity is taken to be a strong indication for linguistic operations, for 'what speakers do'." Seiler 1978: 303 - Parret verweist auf die Tatsache, daß die sprachlichen Bezeichnungen für die zwischen den modalen Polen oder Extremen gelegenen Skalenbereiche sehr viel reichhaltiger - "chaotischer" - sind als die Ausdrücke für die Pole, d. h. Extrembereiche: "On constate d'ailleurs dans toutes les sphères modales que les valeurs moins fortes se lexicalisent d'une manière plus chaotique que les valeurs fortes." (1976: 60 f.) - Zu den Zwischenbereichen 'Wahrscheinlichkeit' und 'Möglichkeit' in der epistemischen Logik s. Darrault 1976a: 6; Parret 1976: 55 f.; Lyons 1977: 793 ff., außerdem Kratzer 1981, wo aus logischer Perspektive ein feiner gradierender Ansatz formuliert wird. - S. weiter die Skala der Affirmationsgrade bei Gili Gaya 1983: 135. - Zu anderen Phänomenen sprachlicher Gradierung s. auch Fauconnier 1975.

[69]Hinweise auf die hier erstellte Skala liefert Pottiers Erwähnung eines *axe d'assertion* (1976: 43) sowie die Bemerkung von Damourette/Pichon: "Savoir est chose absolue; s'en écarter le moins du monde n'est plus savoir, mais penser, croire, supposer" (1911/1940: 165). Vgl. auch Borillo 1982; ferner Parret 1976: 52 - für Parret stellt der Ausdruck der Sprechergewißheit eine pragmatische Komponente dar - sowie Steger 1976: 20 f.; Mikame 1986.

	positive Gewißheit			Ungewißheit/ Indifferenz	je ne crois pas qu'il y ait/ait eu	negative Gewißheit
Benennungen der noematischen Pole/Skalenstellen						
Entsprechende Terminologie von Lyons[70]	*factual*			*non-factual*		*counter-factual*
Lexikalische Bezeichnungen im Französischen	*je sais qu'il y a/avait*	*je crois qu'il y a/avait*	*je suppose qu'il y a/avait*	*je ne sais pas s'il y a/avait* (= 'Ungewißheit') *Je ne dis pas qu'il y ait/ait eu* (= 'Indifferenz')	*je ne crois pas qu'il y ait/ait eu*	*Il n'est certainement pas vrai qu'il y ait/ait eu*

---

[70] S. Lyons 1977: 795.

Auf dieser Skala kann der Sprecher jede beliebige Nuance ausdrücken, d. h. sie hat keine festgeschriebene Anzahl von Positionen. Je größere positive Gewißheit der Sprecher hinsichtlich der Wahrheit einer Proposition bezeugt, desto mehr übernimmt er die Regreßpflicht (und umgekehrt).

Als Bezeichnungsmöglichkeiten einzelner Stellen auf der obigen Skala wurden *je sais que* ... und *je crois que* ... sowie deren negierte Formen angegeben: damit wird das - schwierige - Problem des Zusammenhangs von Modalität und Negation spruchreif. Z. B. für Fillmore ist die Negation generell ein modales Phänomen (1971: 32 f.). Heger (1976) aber trennt rigoros zwischen Affirmation/Negation einerseits und Assertion andererseits. D. h., ein normaler Aussagesatz mit einer negierten Proposition ist durchaus assertiert; z. B. *Il ne pleut pas* ließe sich u. U. auch ersetzen durch *Je suis sûr qu'il ne pleut pas*. Anders verhält es sich allerdings, wenn ein übergeordneter Ausdruck negiert wird, der selber modalen Inhalts ist. Dem ist etwa so im Fall der Negation eines übergeordneten epistemischen Verbs, welches - wie eben *savoir* und *croire* - in affirmativer Form metakommunikativ die (mehr oder weniger hochgradige) Übernahme der Assertion explizit macht, z. B. in *Je ne crois pas qu'il pleuve*: hier bewirkt die Negation eine Aufhebung der Assertion[71].

Ein mit der Negation verwandtes Problem ergibt sich scheinbar auch bei der Interpretation von Adverbien wie *peut-être, probablement* etc. So läßt sich der Satz

S: *Il a peut-être obtenu une bonne note à l'examen*

eventuell im Sinne von Lyons' *objective epistemic modality*[72] interpretieren, was eine Paraphrase wie:

S':   *Je sais que la possibilité a existé qu'il obtienne une bonne note à l'examen*

---

[71]Vgl. zur Negation von Verben, die die Übernahme der Regreßpflicht thematisieren, Raible 1980b: 217 f. und Borillo 1982: 43 ff. Eine gewisse Nähe zu dem hier unter Beruf auf Heger und Raible formulierten Standpunkt besitzt der von Lyons 1977. Lyons trennt zwischen *propositional negation, modal negation* (= *negation of the tropic*) und *performative negation* (= *negation of the neustic*) (1977: 768 ff.). Allerdings übernehme ich nicht Lyons' bei Hare entlehnte Trennung zwischen *tropic* (= *kind of speech act, sign of mood*) und *neustic* (= *sign of subscription*), s. Lyons 1977: 749 f. - Das Verhältnis von Negation und Modus bleibt aber ein Problem. In manchen Fällen - etwa wenn als Replik auf die Aussage *Il pleut* gegeben - läßt sich *Il ne pleut pas* nämlich auch im Sinne von *Il n'est certainement pas vrai qu'il pleuve* interpretieren, vgl. dazu Givóns Interpretation der Negation (1979: 91 ff.). - Als Überblick zur neueren Negationsforschung s. Nussbaumer/Sitta 1986.

[72]Zu *objective epistemic modality* und *subjective epistemic modality* s. Lyons 1977: 797 ff.; s. o., I.1., Anm. 19. Zur Interpretation modaler Satzadverbien wie *probablement* und *peut-être* s. auch Borillo 1976; Zifonun 1982.

ergäbe. Nach dieser Interpretation wäre der Assertionsgrad von S ein hoher, d. h. der dem Pol der 'positiven Sprechergewißheit' entsprechende. - Die alltagssprachlich normale Interpretation ist aber die einer *subjective epistemic modality* wie:

S'':   *Je suppose qu'il a obtenu une bonne note à l'examen*

Ein sehr hoher Grad der positiven Sprechergewißheit wird in B15 von F mit der Formel *j'aime autant te dire* eindringlich unterstrichen (F hatte vor diesem Gespräch am selben Tage einen sehr unangenehmen Zahnarztbesuch absolviert, von dem sie hier berichtet; dabei gibt sie zunächst die Diagnose des Zahnarztes wieder)[73]:

B15 (KI/3/19-4/3)

```
F [ oui ben c'est pas grave <₁j'serais quand même obligé de de vous

F [ la dévitaliser .. alors voilà alors j'aime autant te dire que ça a

G [              tu t'es amusée                    ah oui
  |
F [ fait mal ẽ ₁>              <₂là regarde ... là ₂>


<₁bezogen auf F's
Zahnarztbesuch /
Abtöten eines Nervs ₁>


<₂F zeigt ihren
Zahn ₂>
```

Ein gleichfalls sehr hoher positiver Gewißheitsgrad wird dann demonstriert, wenn - wie in B16 - der Sprecher expressis verbis eine besondere Kompetenz beansprucht, um eine Feststellung zu treffen; in diesem Fall erscheint seine Aussage als in besonderer Weise verbürgt[74]:

---

[73]U. wird die erste Person in Formeln wie *j'estime que* etc. als Indiz der Einschränkung des personalen Allquantors der Assertion, d. h. der Voraussetzung, daß jeder vernünftige und sachkundige Sprecher der Aussage - eventuell nach Verifizierung - zustimmt, interpretiert. Im Fall der Wendungen nun, die einen hohen Grad des positiven Sprechergewißheit und damit der Assertion thematisieren, trifft diese Deutung nicht zu, d. h. es liegt eine "regelmäßige Ausnahme" im Sinne von Raible vor (s. 1980a: 47 ff.; 1980b: 211 ff.): die normalerweise durch den Indikativ grammatisch ausgedrückte Information 'hohe Sprechergewißheit' bzw. 'hoher Assertionsgrad' wird lexikalisch ausgedrückt, muß dabei aber selbst in eine grammatische Form, eben die erste Person, eingepaßt werden, wodurch der genannte Widerspruch entsteht.

[74]Dem entspricht die Voraussetzung der Sachkunde bei jedem Beurteiler einer Aussage, d. h. bei jedem, für den die Fähigkeit zur interpersonalen Verifizierung vorausgesetzt wird, s. o., I.2.2.2., bes. Anm. 36.

B16 (KIII/20/16-21/3)

```
L [ elles sont p/ bien ǝ ǝ excusez-moi Madame mais dans la mutualité
P ⌠                                                          c'est
  ¡
L ⌊ c'est là où les femmes sont le plus représentées et je dois dire
P ⌠ vrai                              c'est vrai
  ¡
L ⌊ comme je suis administrateur de la mutualité sociale je suis même
L [ élu aux aux chambres d'agriculture au titre de la mutualité que les
P ⌠                        c'est ça mais je voudrais dire que
  ¡
L ⌊ femmes nous apportent beaucoup
```

Interessant ist die nuancenreichere Verwendung der Inanspruchnahme einer spezifischen Kompetenz zwecks Signalisierung eines besonders hohen positiven Gewißheitsgrades in B17. Hier schränkt nämlich der Sprecher zunächst einmal die Assertion seiner Aussage ein, indem er sie nicht als allgemeine Wahrheit, sondern als persönliche Meinung ausgibt: *je trouve personnellement*[75]; darüber hinaus billigt er eingangs Madame Phillipeau eine höhere Kompetenz zur Beantwortung der gestellten Frage zu. Außerdem zeigt der Sprecher das Bewußtsein an, daß die öffentliche Meinung der seinigen widerspricht. Gleichzeitig aber beansprucht er ausdrücklich eine doppelte Kompetenz (als *président d'une chambre d'agriculture* und als verheirateter Landwirt), und des weiteren verweist er auf die empirische Verbürgtheit seiner Feststellung (*je constate*), so daß seine Aussage im Endeffekt als sehr gewisse und schwerer als die öffentliche Meinung wiegende erscheint (es geht um die Frage, ob Bauersfrauen über den wissenschaftlich-technischen Fortschritt in der Landwirtschaft informiert sind):

---

[75]Für die Wendung *je trouve personnellement* gilt genauso wie für die ebenfalls noch unter I.3., (1) untersuchten Ausdrücke *je crois que, j'estime que* etc., daß hier der Assertionsgrad nicht nur semantisch durch Thematisierung des geringeren Gewißheitsgrades (*trouver, croire, estimer*) angezeigt wird, sondern auch - wie bereits in Anm. 73 angedeutet - grammatisch durch Bezug einzig auf die Person des Sprechers (*je trouve*); insofern könnten diese Beispiele auch u. unter I.3., (3) figurieren. - Vgl. zur Funktion solcher Ausdrücke als *hedges* (die sich m. E. aber aus der ersten, modalen Bedeutung ableitet) Holmes 1984.

B17 (KIII/22/2-12)

```
L ⌊                              écoutez je crois que Madame
L ⌊ Phillipeau vous répondrait mieux que moi à cette question et
B ⌈          parce qu'elle a été elle a été toujours cantonnée un
  ⎪
L ⌊ je trouve personnellement comme                          comme
B ⌈ petit peu dans les tâches mineures il me semble dans l'administration
  ⎪                                                    ---
L ⌊ président d'u/ comme président d'une chambre d'agriculture et comme
B ⌈ de l'exploitation
  ⎪
L ⌊ aussi l'époux car œ je suis aussi exploitant je constate que œ
                                                            --
L ⌊ les femmes d'exploitants contrairement à ce qu'on croit ne sont
L ⌊ pas restées en dehors de l'information technique elles ont
L ⌈ participé dans les groupements de développement
```

Der mit *j'estime que* ausgedrückte Gewißheitsgrad ist ein geringerer als in B15-B17:

B18 (KIII/24/11-15)

```
C ⌈          il faut pas oublier non plus la famille moi j'estime que
C ⌈ la femme elle a une partie œ dans l'exploitation de technique
C ⌈ mais elle a aussi son rôle de femme qu'il faut surtout pas oublier
C ⌈ parce que sinon si on ne voit plus que la femme dans les champs
C ⌈ ou autour de la ferme œ le mari non plus sera pas content
```

Eine ähnliche Funktion wie *j'estime que* haben *je pense que* (s. u., B29) und *je crois (que)*[76]:

---

[76]Vgl. Grice' Ausführungen zu *to know* (*A knows that p*) und *to believe* (in derselben Verwendung). M. E. ist es nicht sinnvoll, wenn Grice für *A knows that p* die Bedingung *A has conclusive evidence that p* stark abschwächt; verweist Grice hierbei auf einen Examenskandidaten, der das Datum der Schlacht von Waterloo unsicher und unter Zögern hervorbringt, so ehrt es Grice als gnädigen Prüfer, wenn er diese Leistung noch als Wissen anerkennt, aber der (vorher von ihm selbst gemachte) Unterschied zwischen *wissen* vs. *glauben* (und, wie man hinzufügen kann, vs. *vermuten* und *erahnen*) dürfte so kaum erfaßt werden (s. Grice 1978: 123). - Nach Benveniste (1958: 264) fungieren *je crois que* und *je suppose que* als *indicateur de subjectivité* in Bezug auf die im untergeordneten Satz ausgedrückte Proposition. - Die in Ausdrücken wie *j'estime que, je pense que* etc. gebrauchten Verben bestimmt Urmson (1952) in auch heute noch relevanter Weise als *pa-*

B19 (KIII/5/4-9)

```
P [ il l'est en ce moment au Sénat et je vous quitterai tout à l'heure

P [ pour ce fameux article treize qui est celui qui va donner aux femmes

P [ d'agriculteurs les droits qu'elles attendent je crois depuis des

R [           . alors Madame le Ministre vous revenez de Savoie vous y étiez
  ¦
P [ années

R [ je crois hier
```

Daß *je crois que* bereits eine Einschränkung von Gewißheit und damit Assertion bedeutet, zeigt sich klar am nächsten Beispiel (B20); die Assertion für die Genauigkeit der von L ohnehin nur ungefähr genannten Zahlen wird im Nachhinein noch einmal explizit aufgehoben, indem er seine diesbezügliche Ungewißheit verbalisiert (*je sais pas si les chiffres sont très exacts*)[77], womit seine Angaben insgesamt als teilassertiert gelten können:

B20 (KIII/16/3-7)

```
L [                              je crois qu'il y a à peu près

L [ huit cent mille femmes chefs d'exploitation il y a quelque chose

L [ comme cent mille femmes chefs d'exploitation seules dont au moins

L [ soixante-dix mille veuves quelque chose comme ça enfin je sais pas

L [ si les chiffres sont très exacts
```

Die Einschränkung der Sprechergewißheit wird auch - u. U. etwas stärker als mit *je pense que, je crois que* und *j'estime que* - mit *je dirais que* angezeigt:

---

renthetical verbs; diese Verben "are not part of the statement made, nor additional statements, but function with regard to a statement made rather as 'READ WITH CARE' functions in relation to a subjoined notice ..." (1952: 211). Diese Funktionsbestimmung bezieht sich hauptsächlich auf die Untergruppe der parenthetischen Verben, die (wie *know, believe, guess, suppose*) eben den *degree of reliability* des Statements ausdrücken; zu den Untergruppen der *parenthetical verbs* s. 1952: 197-199. - Hintikka 1970a diskutiert die Frage, ob Wissen (*knowledge*) und Glaube (*belief*) hinsichtlich logischer Äquivalenz bzw. Implikation invariant sind. - Zu span. *saber que* vgl. Rivero 1976.

[77]Zur Interpretation von *je ne sais pas* vs. *je ne sais* s. Damourette/Pichon 1911/1940: 166 und Lüdicke 1982: 54.

B21 (KV/8/12-16)

```
B [                 je je je me suis chamaillé avec le gouvernement bien

B [ souvent mais enfin . je dirais que en ce moment les positions

B [ patronales sont en effet très dures il souffle dans les milieux

B [ patronaux un vent de réaction on veut tout mettre en question alors

B [ œ moi je dis aux patrons faites attention
```

Die weitgehende Absenz jeglicher positiven Gewißheit (was bis zur negativen Gewißheit gehen kann) und damit die fast vollständige oder vollständige Aufhebung der Assertion kann durch ironischen Sprachgebrauch angezeigt werden[78]. Im nachfolgenden Beispiel widerlegt F zunächst per Ironie den wörtlichen Inhalt ihrer Rede und gibt so zu erkennen, daß sie von der Existenz des Jüngsten Gerichts wenig überzeugt ist (das Auflachen der Studenten (SS) zeigt, daß sie die Redeabsicht der Seminarleiterin F verstanden haben); dann macht sie den Sinn ihrer Ironiesignale mit *prétend exister* explizit (hier handelt es sich um eine *version*-Übung für französische Deutsch-Studenten):

B22 (KVIII/4/7-11)

```
F [           . (d jüng) das jüngste Gericht ça veut dire quoi . das jüngste

F [ Gericht . le jugement dernier .. ɛ̃ das jüngst/ enfin vous savez

F [ p't-être que ça existe          < prétend exister > das jüngste Gericht
  |
SS [                          (( Lachen ))

F [ ɛ̃ . donc le sens de dernier . alors . ensuite


  < lachend >
```

---

[78]Vgl. die Ausführungen zur Ironie von Grice 1975 u. 1979 - Groeben/Scheele (1981) bestimmten Ironie als "ein uneigentlich-kontrastives Sprechen", womit Ironie "über die kontrastive Dissoziation auf propositionaler Ebene (zwischen wörtlich geäußerter und implikativer Proposition)" definiert wird (1981: 22). S. ferner Brandt 1981.

(2)   Temporale Skala (und 'Einschränkung des referentiellen Gültigkeitsbereichs')

Auf der einen Seite der temporalen Skala steht die Übernahme der Regreßpflicht für einen minimal begrenzten vergangenen oder gegenwärtigen Zeitraum, auf der anderen
Seite steht der temporale Allquantor. D. h., es gibt Aussagen, die nur eine begrenzte
Gültigkeitsdauer haben, und andere Aussagen, die immer wahr sind[79]. Reduzierte Gültigkeitsdauer hat reduzierte Regreßpflicht zur Folge.

Das folgende Beispiel (B23) zeigt nun, daß normalerweise für die (temporal eben
nicht besonders eingeschränkte) Assertion von Feststellungen der temporale Allquantor
gilt. R macht hier eine Feststellung (*c'est assez difficile*), wofür er dann von D kommunikativ regreßpflichtig gemacht wird. Und zwar hebt D die Assertion für R's Feststellung
weitgehend auf, indem er den temporalen Allquantor, mit dem die Assertion von R's
Behauptung zunächst verbunden ist, sehr stark reduziert (*c'est rarement difficile*), so daß
R's Äußerung nur noch für wenige Ausnahmefälle gilt und somit praktisch falsch wird.
Dann kehrt D R's Behauptung um, indem er nun für seine Darstellung den temporalen
Allquantor leicht einschränkt (*normalement*). (Hier handelt es sich um einen Ausschnitt
aus einem Altfranzösischkurs; der Student R wird von Seminarleiter D ob R's Schwierig-
keiten mit einer metrisch korrekten Lektüre zur Rede gestellt.)

---

[79]Dabei darf natürlich nicht das Tempus des Verbums direkt auf die Gültigkeitsdauer der Assertion bezogen
werden. So gilt z. B. für eine normale alltagsweltliche Erzählung des Typs *heute passierte mir X*, daß trotz
Singularität und Vergangenheit des Ereignisses X hier der temporale Allquantor steht: X wird als vorgefal-
len und somit als für immer verbürgt dargestellt. Darüber hinaus bin ich mir des Ereignisses X unbedingt
gewiß, und ich unterstelle, daß es niemand jemals in Zweifel ziehen wird bzw. können wird, d. h. für die
Assertion steht auch ein personaler Allquantor. Vgl. zu 'personaler Allquantor' u. I.3., (3) - Mehr im Zusammenhang mit der Gültigkeitsdauer der Regreßpflicht steht allerdings das Tempus der metakommunikativen Verben, die deren Übernahme explizit thematisieren. Betrachtet man die Sätze *je ne savais pas si X*
und *je ne savais pas que X*, so ist im ersten Fall die Regreßpflicht für X auch nicht aus der Perspektive der
Gegenwart heraus übernommen; im zweiten Satz ist dieses hingegen der Fall, die Regreßpflicht ist hier
quasi nur berichtend für die Vergangenheit aufgehoben. - Vgl. zur hier relevant werdenden Thematik von
'Zeit' und 'Tempus' Bull 1963: Kap. I u. II; ferner Heger 1963.

70

B23 (KIX/5/14-6/1)

```
D  ⌐ donc ⟨₂sə un ɛskap ₂⟩                    ⟨₄vous n'avez pas le
   |
R  ⌊                    ⟨₃mɔR ɛs e kunfundus ₃⟩
D  ⌐ rythme dans la tête encore ₄⟩
   |      --
R  ⌊                        ( ) c'est assez difficile enfin (
D  ⌐   c'est rarement difficile c'est quelquefois difficile mais .
   |      ‾‾‾‾‾‾‾‾‾‾‾‾‾‾‾‾‾‾‾‾‾‾‾‾‾
R  ⌊ )
D  ⌐ normalement c'est . c'est facile

   ⟨₃leise ₃⟩
   ⟨₄ ? ₄⟩
```

Der temporale Allquantor ist also für die Assertion einer alltagsweltlichen Feststellung im Indikativ (wie auch B25 zeigt) der eigentliche Regelfall und wird insofern nicht besonders markiert. Interessant sind jetzt solche Fälle, wo es nicht ein singulärer Sachverhalt ist, der mit temporalem Allquantor assertiert wird, sondern eine allgemeinere die Gesellschaft betreffende Feststellung, die auf Grund ihres hohen Assertionsgrades (welcher hohe Gewißheit, temporalen und personalen (s. u.) Allquantor impliziert) als Basis für Problemlösungen, Argumentationen usw. benutzt werden kann (da diese Feststellung oder Regel ja als von allen anerkannt und fortlaufend gültig gesetzt wird)[80]. Insofern als die Gültigkeit solcher Problemlösungsstrategien ja auch für die Zukunft angenommen wird, sind sie gleichzeitig hochgradig verschoben assertiert. In B24 bedient sich B der Regel *on peut commencer un dossier par des chiffres* (deren kontinuierliche Gültigkeit er mit *toujours* unterstreicht), um seine nächste Sprechhandlung (die Nennung einiger relevanter Zahlen) in der Einleitungsphase der Fernsehdiskussion zu begründen:

---

[80]B24 weist Parallelen zur Struktur bestimmter Gemeinplätze auf, die Gülich (1978a) analysiert. Danach haben als Aussagesätze formulierte Gemeinplätze "zum großen Teil die logische Struktur von Allsätzen" (1978a: 6); sie reduzieren Komplexität und dienen der Erreichung bestimmter kommunikativer Ziele. Gülich kommt dann zu der Vermutung, "daß vorgeformte Sätze wie Gemeinplätze sozusagen die Artikulationsform par excellence von Alltagswissen sind bzw. daß man Gemeinplätze als ein Repertoire von auch in ihrer Formulierung standardisierten Alltagswissensbeständen ansehen kann." (1978a: 21) Vgl. auch Schütz 1953: 23 f.: Handlungsregeln verlangen die Typisierung von einzelnen Erfahrungen, die Idealisierung des "Ich kann immer wieder" (Schütz zitiert hier Husserl).

B24 (KIII/3/5-11)

```
B [                            je crois œ Eve que l'on peut aussi en
                              ---
B [ introduction rappeler que les agricultrices œ œ constituent une
                              ---        --
B [ part importante de la population agricole car œ on peut toujours
                                                        _____
B [ commencer un dossier par des chiffres alors je vais essayer de le
                            _____
B [ faire il y a en France un million six cent mille agriculteurs et
B [ quarante pour cent sont des femmes alors c'est quand même une part
B [ importante de la population française
```

In manchen Fällen kann nun, wie am nächsten Beispiel deutlich wird, die Einschränkung des temporalen Allquantors übergehen in ein verwandtes Phänomen, das man "Einschränkung des referentiellen Gültigkeitsbereichs" nennen könnte. D. h., an die Seite oder Stelle einer zeitlichen Einschränkung *es ist nicht immer der Fall, daß* tritt eine (oft nur schwer davon unterscheidbare) eher propositional-quantitative Einschränkung *es ist nicht in allen Fällen/Bereichen wahr, daß*. In B25 überträgt Y dem Gewerkschaftsführer André Bergeron (B) mit *apparemment* (auf provozierende Weise) die Assertion für die Feststellung, wonach die Regierung ein einfacherer Gesprächspartner ist als die Arbeitgeber. Darauf assertiert B diese Feststellung nur begrenzt, insofern er zunächst den temporalen Allquantor einschränkt (*c'est pas toujours*) und dann diese Restriktion mit Bezug auf die referentielle Ebene paraphrasiert (*ça dépend des sujets*):

B25 (KV/8/5-8)

```
Y [ dernière question André Bergeron ⟨₁ apparemment le gouvernement est
Y [ un interlocuteur plus facile que le patronat ₁ ⟩
    |
B [                                            écoutez c'est pas
                                               _____
B [ toujours ⟨₂ ça dépend des sujets ₂ ⟩

  ⟨₁ provozierender
  Tonfall ₁ ⟩

  ⟨₂ amüsiert ₂ ⟩
```

(Sollte sich in B25 der Journalist Y mit seiner provokativ B zugeschriebenen Aussage auch auf das künftige Verhalten der Regierung und nicht nur deren in den bisherigen Verhandlungen offenbarte Attitude beziehen, so überträgt er B hier gleichzeitig eine verschobene Assertion, deren Gültigkeit B dann ebenfalls einschränkt.) - Eine Einschränkung des referentiellen Gültigkeitsbereichs nimmt auch M in B26 vor, wenn er auf Y's Satzfrage (*est-ce que vous le ressentez en milieu rural*) nur die Assertion für eine gegenüber Y's Appell eingeschränkte Proposition nachliefert (*surtout au niveau* ...):

B26 (KV/5/6-12)

```
Y ⌠      est-ce que vous le ressentez en milieu rural Pierre Méhaignerie
  ¦
B ⌊ pas

Y ⌊ parce que les livrets de caisse d'épargne en milieu rural et les

Y ⌠ petits épargnants œ il y en a
  ¦
M ⌊                            surtout au niveau des personnes âgées

M ⌊ car l'agriculteur est plus emprunteur donc bénéficie de certains

M ⌊ taux œ que épargnant dans la situation actuelle
```

(3) Personale Skala

Der Sprecher kann die kommunikative Regreßpflicht allein übernehmen oder aber beliebig viele andere Personen miteinbeziehen. D. h., am einen Pol der Skala steht die Übernahme der Regreßpflicht ausschließlich durch den Sprecher, am andern Pol ein personaler Allquantor. Letzteres bedeutet, daß der Sprecher voraussetzt, daß ihm potentiell jeder vernünftige und sachkundige Hörer/Sprecher (derselben Sprachgemeinschaft)[81] zustimmt und ihn kein solcher regreßpflichtig macht, bzw. der Sprecher unterstellt für jeden tatsächlichen und potentiellen die genannten Voraussetzungen erfüllenden Hörer, daß er bei Verifikation der Aussage des Sprechers zum selben Resultat kommen müsse. Für die alltagssprachliche Feststellung gilt - wenn sie keinerlei modale Einschränkung enthält - der personale Allquantor[82]. Je höher die Anzahl der miteinbezogenen Personen, desto mehr wird die Regreßpflicht übernommen.

Die Einschränkung des personalen Allquantors der Assertion wird im gesprochenen Französisch oftmals mit Wendungen wie *je crois, j'estime* etc. vollzogen, d. h. mit

---

[81]S. o., I.2.2.2., bes. Anm. 36.
[82]Vgl. hierzu Garfinkel: "Wenn Interaktionspartner alter das Merkmal 'bekannt in Gemeinsamkeit mit anderen' den Beschreibungen von Interaktionspartner ego aberkennt, dann wird die logische Modalität bzw. kommunikationslogische Wertigkeit von egos Beschreibungen für alter radikal verändert: Fakten werden in Dichtung, in Mutmaßungen, in persönliche Meinungen oder ähnliches verwandelt." (1973: 194) - Habermas: "Die Bedingung für die Wahrheit von Aussagen ist die potentielle Zustimmung *aller* anderen." (1971: 124).

Formeln, die auch schon unter I.3., (1) untersucht wurden[83]. - In B27 wird der ausschließ-
liche Bezug der Assertion auf den Sprecher sehr deutlich hervorgehoben (womit aber H
gleichzeitig betont, daß sie die Regreßpflicht für ihre Äußerung - wenn auch in minde-
rem Maße - übernimmt):

B27 (KIII/9/15-17)

```
H [              moi il me semble que œ le statut de co-responsabilité

H [ paraît très important dans la mesure où ces femmes sont souvent

H [ mariées sous un régime qui ne les favorise pas
```

Wie gesagt wird mit *je trouve que* (B28) die Assertion nur auf den Sprecher bezogen sowie die Einschränkung der Sprechergewißheit angezeigt: genauso steht es mit *je pense
que* (B29).

B28 (KIII/12/13-17)

```
P [              . tout le monde va avoir ce statut et il faudra

P [ que le mari et la femme ensemble aillent dire devant notaire nous

P [ n'en voulons pas pour que il n'en soit pas ainsi je trouve que

P [ c'est un peu rigoureux parce que si le ménage s'entend plus ou moins

P [ eh bien il y aura situation de blocage
```

B29 (KIII/24/16-20)

```
C [              il y a quand même la famille qu'il faut sauvegarder et

C [ je pense que ce côté-là la femme a un grand rôle à/ encore à

R ⌈     alors justement
  |
P |              (     ) qui vous contre/ c'est pas le ministre
  |
C ⌊ à jouer
```

---

[83]Grammatisch manifestiert sich die Einschränkung des personalen Allquantors also häufig in der ersten
Person übergeordneter epistemischer Verben. Daß diese Interpretation allerdings nicht auf Verben zu-
trifft, die eine sehr hohe Sprechergewißheit ausdrücken, wurde o. in I.3., Anm. 73 gesagt.

Ein interessanter Fall der Verwendung von *je pense que* liegt in B30 vor. Zunächst stellt R eine Frage, d. h. sie verlangt die Nachlieferung der Assertion, und zwar mit *est-ce que quelque chose est fait*. Dann beantwortet sie ihre Frage selbst, aber derart, daß sie die Assertion nur teilweise nachliefert: per Verwendung von *je pense que* signalisiert sie die Beschränkung der Assertion auf ihre Person sowie eine begrenzte positive Gewißheit. Daher kann nun R's Beantwortung der selbst gestellten Frage - nämlich als teilweise Nachlieferung der Assertion - gleichzeitig als Aufforderung fungieren, und zwar als Aufforderung zur Nachlieferung der Vervollständigung der Assertion. Mit P's *oui* gelten für die Assertion der Proposition *quelque chose est fait* hohe positive Gewißheit und personaler Allquantor. Somit liegt hier mit R's Frage eine gleichzeitige Aufforderung zur Nachlieferung der Assertion an 0E und 0̄E vor[84].

B30 (KIII/10/17-20)

```
R ⌈ femme qui qui est née et qui travaille dans ce milieu-là alors est-ce
  |
X₁ ⌊           absolument              absolument


R ⌈ que quelque chose est fait je pense que que < oui >
  |
P ⌊                                              oui



   < betont, emphatisch >
```

In B31 wird bereits eine Mehrzahl von Personen als Bürge der Assertion angegeben:

---

[84]Vgl. Hegers Schema zur Gliederung von Sprechakten nach Typen der Aufforderung zur Nachlieferung der Assertion, o., I.2.1. Zur Bestätigungsfrage s. Blanken: "Die Suggestivität der Bestätigungsfrage beweist, daß sie keine 'echte Frage' ist. Es fehlt, wie Gadamer sagt, 'die Offenheit des Gefragten', das 'Nichtfestgelegtsein der Antwort'." (1983: 259).

B31 (KVI/7/20-8/5)

```
M [ bien il y a six cents francs d'écart sept cents francs d'écart avec

M [ le salaire minimum actuel est-ce qu'il suffit lorsque l'on rencontre

M [ le gouvernement de dire nous voulons tout de suite une augmentation

M [ de sept cents francs du < SMIC > nous disons on peut toujours ainsi

M [ parler s'enfermer dans une contestation impuissante un vrai syndicat

M [ qui change les choses il organise une action efficace

        < salaire minimum
        interprofessionnel
        de croissance >
```

In B32 beschränkt der Sprecher (Georges Marchais) die Assertion auf die Mitglieder des Parti Communiste Français:

B32 (IV/11/11-16)

```
M [                              pour c' qui nous concerne nous

M [ les communistes les droits de l'homme c'est naturellement les

M [ libertés individuelles et collectives mais c'est aussi le droit de

M [ vivre le droit au travail le droit à à avoir des salaires décents le

M [ droit à la culture le droit à la santé c'est ça les droits de l'

M [ homme
```

Eine weitere Möglichkeit zur Einschränkung des personalen Allquantors der Assertion stellt die Verwendung von Frageformeln dar, die die Zustimmung des Hörers erheischen; damit wird nicht von vornherein vorausgesetzt, daß er die Aussage des Sprechers potentiell gleichfalls assertiert, wenn eine Wendung wie *n'est-ce pas* dem Hörer auch dieses suggeriert[85].

---

[85]"*N'est-ce pas* und verwandte Formeln (*hein*) servent [...] à provoquer, sous une forme faussement interrogative, l'assentiment d'un interlocuteur réel ou supposé", Le Bidois 1971: 15 (§ 863). Vgl. zu diesen 'zustimmungserheischenden Wendungen' die Analyse von Settekorn 1977. Gülich zeigt die Funktion von *n'est-ce pas* und *hein* als Gliederungssignale, genauer als 'postdeterminierende Fragepartikel', s. Gülich 1970: 221 ff., Zusammenfassung 228.

B33 (KIII/14/3-6)

```
L [        le problème qui est posé il n'est pas posé simplement
L [ qu'aux femmes d'agriculteurs n'est-ce pas il est posé à un certain
L [ nombre de femmes qui ont des responsabilités dans l'entreprise de
L [ leur mari
```

B34 (KIII/11/1-2)

```
P [        œ vous évoquez une situation particulière n'est-ce pas
P [ c'est une femme qui est devenue veuve et qui avait des enfants mineurs
```

Eine ähnliche Funktion wie *n'est-ce pas* kann *si vous voulez* ausüben:

B35 (KIII/22/12-18)

```
L [ participé dans les groupements de développement et puis il y a œ
  |
X [                              certainement
L [ l'aspect je dirais le regard œ d'un autre dans l'exploitation dans
L [ les décisions importantes de la gestion de des des gros
L [ investissements œ qui œ permet si vous vous voulez à la femme qui
L [ tient les comptes de dire attention œ est-ce que tu as bien raison
L [ de changer ton tracteur œ ou au contraire de ne pas le changer
```

Was *n'est-ce pas* und *si vous voulez* auf höherem Sprachniveau leisten, erfüllt im umgangssprachlich-familiären Französisch oft die Partikel *hein* (von mir mit "ɛ̃" transkribiert)[86]:

---

[86]Zu 'Redepartikel' und 'Interjektion' s. auch u., III.4.2.

B36 (KI/5/17-19; F sucht hier ein Reiseziel auf der Landkarte)

```
F [                    ah ben c'est là  (    ) ⟨₃ah ₃⟩ tu te rends
F [ compte comme c'est loin ⟨₄(( Pfeiffen)) ₄⟩ dis donc ça fait un sacré
F [ b/ un sacré bout de chemin ε̄
                                ‒
   ⟨₃expirierend, er-
   staunt ₃⟩

   ⟨₄erstaunt ₄⟩
```

B37 (KI/8/11-15)

```
G [                              .. ça fait quand
  |
F [ ça fait trois cents kilomètres un truc comme ça

G [ même cher parce que l'Allemagne c'est pas le même prix qu'en France

G [ ε̄                                           tu crois que
  |  ‒
F [    mais c'est l'Allemagne de l'Est c'est pour ça que
                                                    ‒ ‒ ‒
```

Schließlich sei hier noch ein Punkt erwähnt, der mit den verschiedenen Regreßpflicht-graden peripherer im Zusammenhang steht und darüber hinaus nicht wie (1)-(3) in einer Skala erfaßbar ist.

Die Regreßpflicht kann für einen direkt an der Wirklichkeit verifizierbaren Sachverhalt oder aber einen abgeleiteten Sachverhalt - etwa die Schlußfolgerung aus einer Argumentation z. B. über ein politisches Tagesthema - übernommen werden. Im zweiten Fall basiert die Übernahme der kommunikativen Regreßpflicht auf einer abgeleiteten Gewißheit[87]. Dieser Akt erfordert umso mehr eine - wenn nicht explizit gegebene so doch virtuelle - kausal-argumentative Begründung, je abgeleiteter der Sachverhalt ist; umgekehrt, je unvollständiger eine (explizite oder virtuelle) kausale Begründung für einen an sich hochgradig komplex abgeleiteten bzw. abzuleitenden Sachverhalt, desto weniger kann hierfür die Regreßpflicht übernommen werden[88]. Im folgenden Beispiel leitet

---

[87]Die kommunikative Regreßpflicht kann natürlich nur für einen sich auf eine abgeleitete Gewißheit stützenden Sachverhalt übernommen werden, wenn dieser nicht in die Zukunft projiziert ist, s. o., I.2.2.2. u. I.2.4.

[88]D. h., in den o., I.2.2.2., Anm. 36 zitierten Begriffen von Zillig 1979 handelt es sich um Sachverhalte, für die ein Demonstrationsnachweis nicht geführt werden kann. - Die virtuelle Begründung ist die Voraussetzung für die Unterstellung der Möglichkeit der interpersonalen Verifizierung. So, wie diese Unterstellung kontrafaktischen Charakter haben kann, kann damit auch die virtuelle kausale Ableitung aus direkt verifizier-

der Sprecher aus unmittelbar verifizierbaren Fakten (*on s'en rend compte quand on visite ce salon*) eine Schlußfolgerung ab, für die er aber keine völlige Gewißheit in Anspruch nimmt; er schränkt seine Assertion (*prendre une décision ou prendre une décision à deux demande que les deux soient informés*) mit *je suppose que* ein:

B38 (KIII/21/8-16)

```
B ⌈              mais Louis Perrin ce qui m'effraie moi un petit peu
  ┊
P ⌊ des hommes

B ⌈ quand même c'est la complexité qu/ de cette agriculture on s'en

B ⌈ rend compte quand on visite ce salon il y a de plus en plus de œ
                                                                   --
B ⌈ de disciplines technologiques qui interviennent à l'intérieur de

B ⌈ l'agriculture que ce soit en agronomie en agro-biologie en élevage

B ⌈ les croisements génétiques et cetera donc je suppose que prendre

B ⌈ une décision ou prendre une décision à deux demande que les deux

B ⌈ soient informés
```

Zu diesem Abschnitt noch zwei Bemerkungen.

Wenn als Beleg für die noematische Kategorie 'Grade der kommunikativen Regreßpflicht' vor allem solche Beispiele herangezogen wurden, die die jeweiligen Skalenstellen lexikalisch explizit machen, so darf daraus nicht die Schlußfolgerung abgeleitet werden, daß die hochgradige Assertierung einer Aussage den Rekurs auf zusätzliche lexikalische Mittel erforderlich machte. Wenn in den vorangegangenen Abschnitten gesagt wurde, ein darstellender Sprechakt, der keinen zukünftigen Sachverhalt zum Inhalt hat, sei assertiert, so heißt dieses: hochgradig assertiert. Genauer gilt für das Französische (wie ja bereits angedeutet): Ein "normaler" Aussagesatz, d. h . ein Aussagesatz, dessen Verb im Indikativ und nicht in einem Futurtempus steht, der keinen zukünftigen Sachverhalt darstellt, der weiterhin keine (grammatische, lexikalische, intonatorische, kontextuelle) modale Abtönung enthält, ist hochgradig assertiert, d. h. die Sprechergewißheit ist eine hohe, und es stehen temporaler und personaler Allquantor.

Zweitens dürfte evident sein, daß ein Sprecher nur in dem Maße kommunikativ regreßpflichtig gemacht werden kann, wie er die kommunikative Regreßpflicht übernimmt. Verbürgt sich Sprecher Ego also nur begrenzt für den Inhalt seiner Aussage, so

---

baren Fakten auf einer kontrafaktischen Unterstellung beruhen. - Vgl. in diesem Zusammenhang Ulvestad 1984; Letnes 1986.

kann natürlich Sprecher Alter die Wahrheit des betreffenden Sachverhalts zur Diskussion stellen, aber er kann Ego nicht in dem Ausmaß eines Irrtums oder gar einer Lüge zeihen, wie es bei einer uneingeschränkten Übernahme der Regreßpflicht von seiten Egos der Fall gewesen wäre.

4. Skala 'Sprecherbewertung'

Der Hegersche Begriff der Assertion sowie die damit in Zusammenhang gebrachten Termini setzen - wie bereits gesagt - vor allem den Aspekt von 'Modalität' fort, den Ferdinand Brunot *modalités du jugement* und Charles Bally *jugement de fait* genannt hatten; mit Hegers Kategorie der 'Nachlieferung der Assertion' wird allerdings bereits eine Brücke zu Brunots *volontés* bzw. Ballys *volition* geschlagen (s. o., I.1.).

Die Jansenisten Arnauld und Lancelot nennen nun als Beispiele für *mouvemens de nostre ame* die Verben *désirer, prier* und *commander*[89]; der Vergleich dieser Lexeme etwa mit *défendre* oder *être mécontent que* legt den Rekurs auf die *modalité de l'idée* nahe, welche bei Brunot *sentiment* und bei Bally *jugement de valeur* heißt: die drei von Arnauld und Lancelot genannten Verben implizieren sämtlich eine begrüßende, positive Haltung gegenüber dem jeweiligen Sachverhalt.

Auch diese Art von Modalität stellt eine Skala zwischen zwei Polen dar: der Sprecher kann einem von ihm ausgedrückten Sachverhalt in einer stark positiven, begrüßenden, über die Bewertungsindifferenz bis hin zu einer am entgegengesetzten Pol stehenden stark negativen, ablehnenden Haltung gegenübertreten[90]. Die Verbalisierungen dieser Skala fungieren oft als Appelle an eine zweite oder dritte Person. Trotzdem entsprechen die Sprecherbewertungen zunächst einmal nur Bühlers Ausdrucksfunktion[91]. Eine Äußerung wie *Ce serait fantastique s'il faisait encore beau en Bretagne au mois de septembre* ist vorrangig eine positive Bewertung eines ausstehenden Sachverhalts; als Appell um die Nachlieferung der Assertion ließe sich dieser Satz nur mittels religiöser Implikationen interpretieren. Sehr wohl hingegen als per Ausdruck eines Wunsches formulierter Appell an eine nicht anwesende dritte Person zu interpretieren ist z. B.

---

[89]S. o., Einleitung.

[90]In engem Zusammenhang mit der Skala 'Sprecherbewertung' stehen die Verben, die auf dieser Skala dem Indifferenz-Punkt zuzuordnen sind und dabei das betreffende Ereignis als aus der Perspektive des Sprechers mehr oder weniger unerwartet klassifizieren, also z. B. *je m'étonne que ...* In einem weiteren Sinne kann eine Skala 'erwartetes - unerwartetes Ereignis' bei allen Bewertungen durch den Sprecher eine Rolle spielen und wäre dann in zweiter Linie gleichfalls unter 'expressive Modalität' (s. zu diesem Begriff u., I.6.) zu rechnen.

[91]S. Bühler 1934; vgl. u., I.6.

J'espère qu'il achètera quelque chose à manger. Häufig ist ein Wunsch, der primär eine rein sprecherbezogene positive Bewertung eines nicht vorhandenen Tatbestandes ist, die höflichere Form der Aufforderung als beispielsweise der Gebrauch eines Imperativs.

Die Skala 'Sprecherbewertung' läßt sich jetzt folgendermaßen darstellen, wobei also (wie durch die gestrichelte Linie angedeutet) die Trennung zwischen positiv/negativ bewertetem nicht assertiertem Sachverhalt und einem diesbezüglichen Nachlieferungsappell oft eine rein analytische ist, wie ja auch jederzeit ein Verb wie *souhaiter que, désirer que* oder *craindre que* zur Formulierung eines (mehr oder weniger indirekten) auffordernden Sprechakts gebraucht werden kann[92].

---

[92]Im Französischen wird die Formulierung eines Satzes *Je désire que* ..., zumal in der Anwesenheit betroffener Personen und womöglich auch noch in der Form *Je désire que vous fassiez* ..., in der Tat zumeist als Aufforderung verstanden, weshalb an anderer Stelle (u. bei der Klassifizierung dieses Ausdrucks etwa im Zusammenhang mit der Analyse des Subjonctif) der pragmatischeren Klassifikation gefolgt wird; vgl. die Analyse von B45 in I.5. - Wenngleich im folgenden Bewertungen künftiger Sachverhalte, für die der Sprecher die verschobene Regreßpflicht (nicht) übernimmt, nicht besonders berücksichtigt werden, so läßt sich das Schema doch auch leicht auf diese Kategorie übertragen.

	Stark positive Bewertung von P (+)			Bewertungs-indifferenz	Stark negative Bewertung von P (−)		
Regreßpflicht für P übernommen[93]	je suis très content que (P)	je suis content que	je suis assez content que	cela m'est égal que	cela me gêne un peu que	je suis mécontent que	je suis fâché que
Keine Regreßpflicht für P übernommen	starker Wunsch, daß P / je me languis que (P)	je souhaite que, je désire que		cela me serait égal si	je crains que		starker Wunsch, daß $\overline{P}$ / je suis effrayé à l'idée que
Appell um die Nachlieferung der Assertion	zu assertieren: P / je te prie de (P), je t'ordonne de			je te permets de			zu assertieren: $\overline{P}$[94] / je te défends de, je t'interdis de

---

[93] Gemeinhin wird die Auffassung vertreten, daß die Übernahme der Regreßpflicht für Propositionen, die in von bewertenden Verben regierten Nebensätzen ausgedrückt sind, den Status von Präsuppositionen (und nicht Assertionen) haben, vgl. o., I.2.3., s. ferner Terrell/Hooper 1974: 486; Terrell 1976: 221 ff.

[94] Hier ließe sich auch von einer Aufforderung zur Nicht-Assertion sprechen; Wunderlich nennt diesen Typ 'negative Aufforderung': "Es wird nicht zur Ausführung, sondern zur Unterlassung einer Aktion/Aktivität aufgefordert." (1976: 163).

In B39-40 liegt jeweils eine Bewertung eines Sachverhalts vor, für den der Sprecher gleichzeitig die Regreßpflicht übernimmt. Dabei ist die Einschätzung in B39 eine sehr positive, in B40 ist das Gegenteil der Fall:

B39 (KIV/9/5-9)

```
M [ Monsieur Denoyan vous voyez que comme quoi L'Express est

D ⌠                          ah mais moi j' suis content qu' vous
  ┊                                             ‾‾‾‾‾‾‾‾‾‾‾‾‾‾‾‾‾‾
M ⌊ vraiment un falsificateur

D ⌠ répondiez Georges Marchais
  ┊ ‾‾‾‾‾‾‾‾‾‾‾‾‾‾‾‾‾‾‾‾‾‾‾‾‾
M ⌊                      ouais
```

B40 (KIV/12/9-20)

```
M [ vous savez très bien et nous l'avons suffisamment dit souvent que le

M [ parti communiste n'a pas lui une attitude resprictive à l'égard des
                           ‾‾‾
M [ droits de l'homme il les défend partout dans le monde là où ils sont

M [ mis en cause et j'ai été obligé de constater c' matin que
                                                    ‾‾‾‾‾‾‾‾‾‾
M [ malheureusement ce n'était pas l'attitude des conservateurs français
    ‾‾‾‾‾‾‾‾‾‾‾‾‾‾‾
M [ britanniques et allemands et quand je dis conservateurs ça concerne

M [ chez nous ⟨ R P R ⟩ giscardiens centristes ça concerne en Grande-Bretagne

M [ les disciples de Madame Tatcher et ça concerne en République

M [ Fédérale Allemand les démocrates-chrétiens mais malheureusement il
                                                    ‾‾‾‾‾‾‾‾‾‾‾‾‾‾‾‾‾‾‾
M [ m'a fallu constater également que les partis sociaux-démocrates ne
    ‾‾‾‾‾‾‾‾‾‾
M [ se considéraient pas comme concernés par les droits de l'homme

M [ dans les pays membres de la Communauté

    ⟨ Rassemblement
    pour la République ⟩
```

In B41 wird mit *je voudrais* eine positive Bewertung des noch ausstehenden Sachverhalts (*vous nous représentez les participantes et le participant*) ausgedrückt, wobei der Grad dieser positiven Bewertung ein durchschnittlicher ist (denn denkbar wäre auch eine besondere, emphatische Verstärkung wie z. B. *je voudrais absolument* u. ä.): d. h., R wünscht die Nachlieferung der Assertion für die nicht negierte Proposition[95].

B41 (KIII/2/2-9)

```
R [                                            je vous

R [ rappelle que nous sommes en direct de ce dix-septième Salon de

R [ l'Agriculture et que T F Un avec les/ en compagnie des caméras de la

R [ < S F P > vous tiendra compagnie jusqu'à dix-huit heures et je voudrais

R [ Patrick que tout de suite vous nous représentiez les participantes

R ⌈ et le participant à ce débat
  ¦
B ⌊                              .. alors tout d'abord œ mœ Madame

B [ Monique Pelletier


    < Société française de
    production >
```

Das folgende Beispiel stellt - pragmatisch gesehen - eine Aufforderung an nicht anwesende Dritte dar, wobei die positive Bewertung der zu assertierenden nicht-negierten Proposition explizit gemacht wird:

B42 (KIII/20/2-5)

```
L [            je souhaite donc personnellement comme président

L [ de chambre départementale et comme président de l'a/ de l'assemblée

P ⌈                                      . Président œ
  ¦
L ⌊ permanente que les choses évoluent dans ce domaine
```

---

[95]Zur genaueren Interpretation von Formeln wie *je voudrais que vous fassiez* ... s. u., I.5.

5. Skala 'Nachdruckgrade'

Um die Typen der nicht gegebenen Assertion mit Aufforderung zu ihrer Nachlieferung zu differenzieren, ist noch die Einführung eines weiteren Faktors erforderlich, welcher ebenfalls als Phänomen sprachlicher Gradierung erklärbar und in einer Skala beschreibbar ist. Die Dimension dieser Skala wird deutlich, wenn jetzt in einem letzten Rückgriff auf Arnauld und Lancelot die Verben *commander* und *prier* verglichen werden, die für die beiden Jansenisten also *mouvemens de nostre ame* beschreiben und, anders ausgedrückt, metakommunikative oder explizit performative Verben[96] für Typen von Aufforderungen zur Nachlieferung der Assertion sind. Und zwar unterscheidet beide Verben der Grad der Nachdrücklichkeit, mit dem der Sprecher (in diesem Fall normalerweise den Hörer) zur Nachlieferung der Assertion auffordert. Der Appell zur Nachlieferung der Assertion kann auf die jeweils aufgeforderte Person in einer gleitenden Skala einen sehr niedrigen bis sehr hohen Nachdruck ausüben, eine sehr schwache bis sehr starke Verpflichtung des Empfängers mit diesem Appell verbalisieren. - Die Aufforderung zur Nachlieferung der Assertion knüpft zusammen mit der Skala 'Nachdruckgrade' an die Modalität an, die Brunot *volontés* und Bally *volition* genannt hatte[97].

Der mit einem Appell verbundene Nachdruck steht nun in unmittelbarem Zusammenhang mit dem jeweils ausgedrückten Maß an Höflichkeit. Eine Aufforderung stellt immer einen Einbruch in die Sphäre des anderen dar, sie engt seinen Ermessensspielraum ein. Je direkter, je nachdrücklicher diese Aufforderung ist, desto unhöflicher wird dem anderen (also dem Aufgeforderten) begegnet[98].

Jetzt lassen sich auch der Zusammenhang der Skala 'Sprecherbewertung' mit der Skala 'Nachdruckgrade' sowie das pragmatische Phänomen näher fassen, daß oft ein an sich nur Bühlers Ausdrucksfunktion zuzurechnender Wunsch, also eine positive Bewertung eines (noch) nicht bestehenden Sachverhalts ohne ausdrucksseitige Appellmerkmale, als Appell fungiert: z. B. wird ein Satz wie *Je serais content de vous voir demain chez moi* als Aufforderung an Y, sich am nächsten Tag bei X einzufinden, verwendet. Benutze ich eine Wunschformel in der genannten Weise als Appell, so überlasse ich es mit

---

[96]Vgl. als frühe Stellungnahme zu dem sprechakttheoretischen Begriff 'performatives Verb' Benveniste 1963. Zu 'Metasprache' und 'Metakommunikation' s. die Bemerkungen von Jakobson 1956: bes. 126 f.; Jakobson 1960; Weinrich 1976; Meyer-Hermann 1976, 1978a; Schwitalla 1979. Meyer-Hermann macht eine (hier nicht übernommene) Trennung zwischen einem "metakommunikativen Sprechakt 'Ankündigung'" und einer 'explizit performativen Einleitungswendung' (1978a: 129 ff.).

[97]Zum hier entstehenden Zusammenhang mit der deontischen Logik s. Kalinowski 1976, und speziell zum Zusammenhang von deontischer Logik und Pragmatik s. Parret 1976: bes. 56 f.

[98]Vgl. Brown/Levinson 1978; s. ausführlicher zu deren Theorie u., III.4.1. - Auf das Französische wird die Höflichkeitstheorie von Brown/Levinson von Roulet 1980 angewendet. S. ferner Goffman, so seine Ausführungen über "Ehrerbietung und Benehmen" (1971: 54 ff.), sowie zur Höflichkeit im Deutschen Weinrich 1986.

diesem im sprechakttheoretischen Sinne indirekten Sprechakt zumindest formal dem Adressaten, diese Äußerung als Appell zu interpretieren, ich überlasse ihm mehr Rückzugsmöglichkeiten, kurz: einen größeren Ermessensspielraum. - Allerdings kann ein hoher Grad des Wunsches auch, obschon formal der Appell ausgespart wird, einen hohen Grad an Nachdruck implizieren, vor allem dann, wenn einer der Anwesenden, also ein Hörer, als "Erfüller" des Wunsches in Frage kommt, damit de facto der Aufgeforderte ist; äußert jemand in der beschriebenen Situation z. B. *Maintenant il me faut absolument (une aspirine)*, so ist damit ein hoher Nachdruckgrad verbunden. Daher wird trotz hohen Grades der positiven Bewertung (des noch nicht bestehenden Sachverhalts) zugleich häufig der - nicht (voll) assertierende - Verbalmodus Conditionnel gewählt, wobei der starke Wunsch trotzdem formulierbar bleibt: *Maintenant il me faudrait de toute urgence ...*

Dabei unterliegt der erwachsene Mensch bei der Ausübung von Nachdruck in hohem Maße situativen sowie normativen Beschränkungen und Konventionen; je informeller die Situation und je vertrauter der Gesprächspartner, desto eher kann man ihm nachdrücklich, "ohne viel Aufhebens" gegenübertreten[99].

So ist der situative Kontext von B43 bezeichnenderweise ein familiärer; hier drängt F ausgesprochen stark auf Beantwortung ihrer Frage, was durch Wiederholung

---

[99]Raible 1987a verweist auf die unterschiedlichen Berufungskategorien von Nachdruck. Demnach üben 'flehentliche Bitte' und 'Befehl' das gleiche - hohe - Maß an Zwang aus; nur ist der Zwang im einen Falle ethischer, im anderen institutioneller Natur. - Die Liste der verschiedenen Typen und Kriterien der Ausübung von Nachdruck läßt sich noch erweitern und hierarchisieren:

Ebene der gesellschaftlichen Normen:
Ausübung von ethischem Zwang
(z. B. flehentliche Bitte)

Ebene der Institutionen:
Ausübung von institutionellem Zwang (z. B. militärischer Befehl)

Ebene der Interaktion (Folge von Kommunikationssituationen):
Ausübung interaktionellen Zwangs (z. B. Verpflichtung auf gegebene Versprechen)

Ebene der Situation:
Ausübung von situationellem Zwang (z. B. körperlicher Zwang)

desselben Appells unter Hinzufügung des recht saloppen Anrufs *hé ho* ausgedrückt wird[100]:

B43 (KI/4/7-17)

```
G ⌈ ⟨₅sans blague ₅⟩
  |
F ⌊                    ouais alors il m'a dit encore une fois pour finir

F ⌈ cette dent-là et ensuite il y en a encore deux en dessous .. à

G ⌈                                          ⟨ ça va ⟩
  |
F | soigner ... bon .. ⟨₆où est-ce qu'il est passé le gâteau ₆⟩
  |                     ‾‾‾‾‾‾‾‾‾‾‾‾‾‾‾‾‾‾‾‾‾‾‾‾‾‾‾‾‾‾‾‾‾‾‾‾‾
R ⌊                                              ça va oui

F ⌈            hé ho ⟨₆où est-ce qu'il est le gâteau ₆⟩
  |                   ‾‾‾‾‾‾‾‾‾‾‾‾‾‾‾‾‾‾‾‾‾‾‾‾‾‾‾‾‾‾‾‾‾
R ⌊ ça va bien                            œ je l'ai laissé

G ⌈        ⟨₆le quoi ₆⟩               ah oui ... mais qu'est-ce
  |
F |                    le |gâteau . de riz
  |                       └‾‾‾‾‾‾‾‾‾‾‾‾‾‾‾
R ⌊ dans la cuisine je vais aller le chercher┘


        ⟨₅erstaunter Aus-
        ruf ₅⟩

        ⟨ ? ⟩

        ⟨₆ ? ₆⟩
```

In B44 bedient sich Gilbert Denoyan eines mittleren bis höheren Grades an Nachdrücklichkeit (und damit auch an Unhöflichkeit), um von Georges Marchais das Rederecht bis zum Ende seiner geplanten Äußerung zu erhalten:

---

[100]S. die Unterscheidung von *summons-answer*-Sequenzen und *question-answer*-Sequenzen anhand des Kriteriums der *conditional relevance* von Schegloff 1968.

B44 (KIV/2/6-13)

```
D [ revenons quelques instants sur le document publié par l'Express qui
         ---
D [ pour c't hebdomadaire prouverait que vous étiez présent en Allemagne

D [ jusqu'en mai mille neuf cent quarante          attendez laissez-moi
  |                                                _____
M [                       non non Gilbert Denoyan

D [ finir œ Georges Marchais vous répondrez à la question dans un instant
  |                                                _____
M [ non

D [ ce matin le Quotidien de Paris et le Matin certifient l'authenticité

D [ de ces documents
```

Ein sehr viel geringerer Nachdruck liegt in dem in B45 formulierten Appell; R leitet ihre Frage mit der im Conditionnel stehenden Formel *je voudrais vous demander* ein. Diese Formel enthält zum einen das performative Verb *demander* - das den intendierten Appell direkt bezeichnet -, aber durch Hinzufügen von *vouloir* wird die von R gewählte Wendung zum Ausdruck ihres Wunsches transformiert, und durch die Wahl des Conditionnel als Verbalmodus der eingeschränkten oder aufgehobenen Assertion (s. u., III.3.) wird - wie gesagt - die Äußerung weiter abgedämpft, der Ermessensspielraum des Aufgeforderten vergrößert:

B45 (KIII/7/7-13)

```
R [          je voudrais vous demander si vous avez œ si v/
                                        _____
R [ forcément connaissance d'une part des problèmes que nous avons

R [ traités au cours du film et si effectivement vous êtes suffisamment

R [ attachée à votre terre et à votre exploitation agricole pour ne

R [ pas avoir envie de la < quitter ou de faire autre chose >
  |
C [                                                oui alors

C [ je suis agricultrice sur trente hectares


   < leicht lachend >
```

88

6. Resümee: Drei Modalitäten

Wenn in vielen Definitionen 'Modusfunktion' bzw. 'Modalität'[101] als 'Haltung des Sprechers gegenüber dem Mitgeteilten' begriffen wird, so zeichnen sich jetzt drei Arten solcher Sprecherhaltungen ab.

'Kommunikative Regreßpflicht' und 'Assertion' beziehen sich zunächst einmal auf das Urteil, mit dem der Sprecher die in seiner Äußerung dargestellten Sachverhalte im Hinblick auf ihr Verhältnis zur Wirklichkeit versieht.

Verlangt der Sprecher hingegen die Nachlieferung einer (in diesem Fall für ihn zunächst nicht bestehenden bzw. von ihm nicht gegebenen) Assertion, so handelt es sich hier in besonderer Weise um einen Appell[102]. Genauso spezifisch adressatenbezogen ist natürlich der Grad des Nachdrucks, mit dem der Appell um die Nachlieferung der Assertion versehen wird.

Die 'verschobene kommunikative Regreßpflicht' bzw. 'verschobene Assertion' situiert sich à cheval über Darstellungsfunktion und Appellfunktion. Ein Sprecher kann einen künftigen Sachverhalt (in einem Aussagesatz) verschoben assertiert darstellen, ohne daß es sich hier um ein Versprechen, um einen als solchen intendierten Appell handelte; die Nachlieferung der Assertion wird dann quasi unbesehen der Zukunft überlassen. Anders verhält es sich, wenn dieser angekündigte Sachverhalt einen eigenen Akt beinhaltet, zu dessen künftiger Umsetzung in die Tat man sich verpflichtet; in diesem (Sonder-) Fall, wo also die Darstellung (welche die Form eines Aussagesatzes hat) eines künftigen Sachverhalts (gleichzeitig) als Appell zu klassifizieren ist, läßt sich von der verschobenen Assertion eines (d. h. dieses) Appells sprechen. - Verlangt ein Sprecher die Nachlieferung der verschobenen Assertion, so handelt es sich dabei natürlich genauso um einen Appell wie im analogen Fall der Aufforderung zur Nachlieferung der Assertion.

Die Skala 'Sprecherbewertung' hingegen ist zunächst einmal (s. o.) Ausdruck des Sprechers, ohne daß damit prinzipiell ein besonderer Appell oder ein spezifischer Status der dargestellten Proposition im Verhältnis zur Wirklichkeit impliziert wäre (d. h. die Skala 'Sprecherbewertung' bezieht sich gleichermaßen auf assertierte Sachverhalte wie solche, für die der Sprecher die Regreßpflicht nicht übernimmt).

Damit lassen sich die hier besprochenen noematischen Modalkategorien folgendermaßen Bühlers Organon-Modell zuordnen[103]:

---

[101] Zu diesem Begriffsdilemma s. o., I.1., Anm. 17.
[102] S. o., I.2.1., Givóns 'manipulativen Sprechakt'.
[103] Ebenfalls primär Ausdruck des Sprechers wäre also die Skala 'erwartetes - unerwartetes Ereignis' (s. o., I.4., Anm. 90), die dann auch zur 'expressiven Modalität' (s. u.) zählen würde.

Gegenstände und Sachverhalte

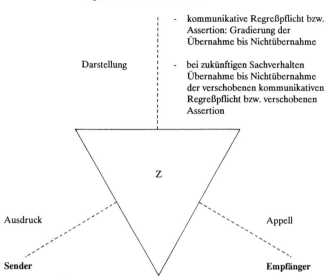

Darstellung
- kommunikative Regreßpflicht bzw. Assertion: Gradierung der Übernahme bis Nichtübernahme

- bei zukünftigen Sachverhalten Übernahme bis Nichtübernahme der verschobenen kommunikativen Regreßpflicht bzw. verschobenen Assertion

Z

Ausdruck   Appell

Sender   **Empfänger**

- Skala 'Sprecherbe-
  wertung': Gradierung
  der positiven bis
  negativen Bewertung

- Appell an 0E, 0̄E oder 0̄Ē
  um die Nachlieferung der
  Assertion und um die
  Nachlieferung der ver-
  schobenen Assertion

- Skala 'Nachdruckgrade':
  Gradierung des auf 0E,
  0̄E, 0̄Ē ausgeübten Nachdrucks

Entsprechend ihrer Zuordnung zu den drei Bühlerschen Sprachfunktionen ergeben die besprochenen Modalkategorien drei Arten von Modalitäten:

(1) Darstellende Modalität (Übernahme bis Nicht-Übernahme der kommunikativen Regreßpflicht/Assertion und der verschobenen kommunikativen Regreßpflicht/Assertion

(2) Appellative Modalität (Aufforderung zur Nachlieferung der Assertion und der verschobenen Assertion, Skala 'Nachdruckgrade')

(3) Expressive Modalität (Skala 'Sprecherbewertung').

II
Verschobene kommunikative Regresspflicht und verschobene Assertion: Die Nachzeitigkeitstempora im (gesprochenen) Französisch

1. Verschobene kommunikative Regreßpflicht: Ebenfalls ein graduelles Phänomen

Auch für Voraussagen verbürgen sich Sprecher in unterschiedlichem Ausmaß. Hängt nun der Grad der übernommenen verschobenen Regreßpflicht wie im Fall der kommunikativen Regreßpflicht *tout court* von der Skala 'Sprechergewißheit' sowie von einer personalen und temporalen Skala ab?

In erster Linie hängt der Grad der verschobenen Regreßpflicht von der Stufe ab, die der Sprecher bei seiner Voraussage auf dem Analogon zur Skala 'Sprechergewißheit' einnimmt: er kann in unterschiedlichem Maße die seine Voraussage rechtfertigende zu-kunftsbezogene abgeleitete Gewißheit hegen bzw. zum Ausdruck geben. Diese Skala reicht wieder von der positiven zukunftsbezogenen abgeleiteten Gewißheit (positive Ge-wißheit$_{az}$) über die (zukunftsbezogene) Ungewißheit/Indifferenz bis hin zur negativen zukunftsbezogenen abgeleiteten Gewißheit (negative Gewißheit$_{az}$). Wiederum gilt, daß der Sprecher desto mehr die verschobene Regreßpflicht übernimmt, je größer die bezeugte positive Gewißheit$_{az}$ ist:

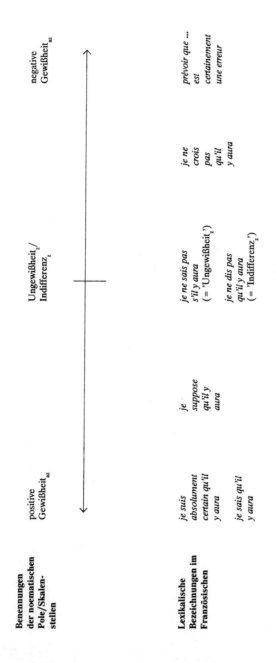

Benennungen der noematischen Pole/Skalen- stellen

positive Gewißheit$_{az}$

Ungewißheit$_z$ / Indifferenz$_z$

negative Gewißheit$_{az}$

Lexikalische Bezeichnungen im Französischen

je suis absolument certain qu'il y aura

je sais qu'il y aura

je suppose qu'il y aura

je ne sais pas s'il y aura
(= 'Ungewißheit'$_z$)

je ne dis pas qu'il y aura
(= 'Indifferenz'$_z$)

je ne crois pas qu'il y aura

prévoir que ... est certainement une erreur

Eine hohe positive Gewißheit$_{az}$ hebt der Sprecher L in B1 vermittels des Zusatzes von *bien* hervor:

B1 (KIII/29/13-16)

```
L [          nous avons l'impression qu'à l'heure actuelle on est en

L [ train un peu au Ministère de l'Agriculture de sacrifier cet eng/ cet

L [ enseignement féminin rural et nous aurons bien besoin de votre appui
                                  _____
L [ Madame
```

Analog zum Fall assertierter Aussagen bedeutet der Zusatz solcher (übergeordneten) epistemischen Verben, die ein Abrücken von der absoluten positiven Gewißheit zum Inhalt haben - gemeint sind Ausdrücke des Typs *je crois que* und *je pense que* (B2) -, eine Einschränkung der verschobenen Assertion:

B2 (KIII/30/14-17)

```
L [          c'est pour ça que nous sommes attachés si vous le voulez à cet

L [ enseignement agricole féminin rural il y a œ une certaine réticence

L [ encore je pense que dans une génération les choses s'a/ œ s'
    _____                                  __ __
L [ estomperont
    _____
```

In B3 geht es um die Sicherheit einer - relativ optimistischen - Wirtschaftsprognose für das Jahr 1984; hier enthält das übergeordnete epistemische Verb des schlußfolgernden Satzes ein fakultatives Element (*on peut considérer*), und der Ausdruck *ce un pour cent n'est pas du tout hors de portée* schränkt im Nachhinein die an sich mit der Prognose *nous prévoyons une croissance du produit intérieur brut de un pour cent* übernommene verschobene Regreßpflicht erheblich ein:

B3 (KVII/5/14-20)

```
P [                                        nous prévoyons

P [ une croissance du produit intérieur brut de un pour cent c'est une

P [ croissance qui étant donné ce que nous ferons en mille neuf cent

P [ quatre-vingt-trois et étant donné d'autre part la reprise légère sans
                                                               --
P [ doute hélas provisoire œ aux Etats-Unis en Allemagne et chez nos

P [ principaux partenaires on peut considérer que ce un pour cent n'est

P [ pas du tout hors de portée
```

Die Stufe der Indifferenz$_z$ macht der Ausdruck *je ne dis pas qu'il y aura* explizit:

B4 (KV/5/1-7)

```
B [                        c'est pourquoi je pense que

B [ le gouvernement doit prendre les mesures nécessaires sans tarder
                                                        ----
B [ car s'il ne le faisait pas je ne dis pas qu'il y aura des

B [ conséquences redoutables catastrophiques ceci ou cela mais je dis

B [ que on va faire peser une injustice sur des gens qui ne le méritent

Y [       est-ce que vous le ressentez en milieu rural Pierre Méhaignerie
  |
B | pas
```

Ist es nun sinnvoll, für Voraussagen eine entsprechende personale Skala anzunehmen? Von der Möglichkeit der interpersonalen Verifizierung durch alle bzw. - bei sukzessiver Einschränkung des personalen Allquantors - nicht alle kompetenten Sprecher/Hörer, deren z. T. kontrafaktische Unterstellung sich als konstitutiv für assertierte Aussagen erwiesen hat, kann im Fall der verschobenen Regreßpflicht nicht ausgegangen werden (s. o.). Jedoch kann ja jemand auch verschoben regreßpflichtig gemacht werden, und zwar nicht nur nach, sondern auch vor dem Zeitpunkt des Eintretens oder Nicht-Eintretens der Voraussage; somit muß es doch so etwas wie eine Überprüfbarkeit bereits zum Zeitpunkt der Voraussage geben: nicht des Inhalts der Voraussage selbst, aber der sie fundierenden abgeleiteten Gewißheit bzw. der gegenwärtigen Fakten, die die Ableitung der Voraussage erlauben (s. o.). Es wird also nicht die Überprüfbarkeit der

Proposition der Voraussage unterstellt, sondern der zwingend mit ihr verbundenen, in assertierbare Aussagesätze umwandelbaren Präsuppositionen. Also z. B. in

S: *Je suis certain que je viendrai demain*

sind Präsuppositionen folgender Art enthalten:

P': *Actuellement je ne suis pas malade et je n'ai donc pas l'obligation de garder la chambre*

P": *Je n'ai fixé aucun autre rendez-vous pour demain*

etc.

In diesem Sinne kann jetzt also von einer auf verschoben assertierte Voraussagen bezogenen personalen Skala gesprochen werden. Den einen Pol macht der personale Allquantor aus; in diesem Fall unterstellt der Sprecher, daß ihn niemand verschoben kommunikativ regreßpflichtig machen wird bzw. daß jeder vernünftige und sachkundige Sprecher/Hörer die Gewißheit$_{az}$ nachvollziehen kann. Am anderen Pol steht die gegenteilige Annahme: der Sprecher geht davon aus, daß die positive Gewißheit$_{az}$ nur ihm plausibel erscheint. Auf je mehr Personen die verschobene Regreßpflicht bezogen wird, desto hochgradiger ist sie.

Die Einschränkung des personalen Allquantors verschoben assertierter Voraussagen auf den Sprecher wird sehr häufig durch die erste Person eines übergeordneten epistemischen Verbs, welches semantisch die Einschränkung der Sprechergewißheit beinhaltet, ausgedrückt (auf den entsprechenden Zusammenhang wurde bereits bei der Behandlung assertierter Aussagen eingegangen, s. o., I.3.):

B5 (KIII/30/14-17)

```
L [          c'est pour ça que nous sommes attachés si vous le voulez à cet

L [ enseignement agricole féminin rural il y a œ une certaine réticence

L [ encore je pense que dans une génération les choses s'a/ œ s'
        _____          -- __
L [ estomperont
```

Im Falle der verschobenen Regreßpflicht generell von einer temporalen Skala zu sprechen, scheint hingegen weniger angebracht: in der Regel wird (mit mehr oder minder großer Überzeugung) von der Bewahrheitung der Voraussage in der Zukunft ausgegangen. - Trotzdem gibt es einzelne Fälle, in denen - etwa, wenn es um in die Zukunft reichende Zustände geht - diese Aussage temporal eingeschränkt wird:

B6 (KIII/5/12-15)

```
R [ agricoles <et ə comment les avez-vous trouvées ces femmes de

R [ Savoie >
  ┊
P [        oui c'était dans le Beaufortin et je vais actuellement une

P [ fois par semaine en province

  < ? , lachend >
```

2. Présent - Futur composé - Futur simple

Wie lassen sich - so ist jetzt semasiologisch zu fragen - die grammatischen Nachzeitigkeitsbezeichnungen im Französischen den erstellten noematischen Kategorien zuordnen, was bedeuten sie darüber hinaus, lassen sich ihre temporalen und modalen Bedeutungen in einen näheren Zusammenhang bringen? Dabei bleibt die Untersuchung auf *Présent* (d. h. den Indikativ Präsens in der Verwendung als Futurtempus), *Futur composé*[1] und *Futur simple* beschränkt.

2.1. Standpunkte der Literatur

Geht man ein wenig vergröbernd zu Werke, so lassen sich die von der Literatur im Rahmen der Behandlung der französischen Futurtempora verfolgten Kriterien in drei - hier sämtlich relevanten - Gesichtspunkten zusammenfassen.

2.1.1. Die Differenzierung der Futurtempora nach Stufen der Nachzeitigkeit[2]

Daß sich die neue periphrastische Futurform des Typs *je vais faire* von dem synthetischen Futur *je ferai* derart unterscheidet, daß sie eine nähere Zukunft bezeichnet, ist ein Gedanke, der sich in der Geschichte der französichen Grammatikschreibung rela-

---

[1]Wenn ich statt *Futur proche* 'Futur composé' sage, folge ich Hilty 1974 (s. u.). Mit der Rede vom 'futurischen Présent' ist natürlich das Präsens im Indikativ, das *praesens pro futuro* gemeint.
[2]Hierunter zähle ich der Einfachheit halber auch die verwandte Aspektopposition ± *futurisation proche*.

tiv früh zu Wort meldet, wobei der Terminus *futur prochain* zum ersten Mal von Abbé Antonini in seinen *Principes de la grammaire française pratique et raisonnée* (1753) erwähnt wird:

> Un Futur prochain, que les Grecs appellent *Paulo-post-futur*, s'exprime en François par le moyen du verbe *je vais*, joint à l'infinitif. Ainsi, pour marquer qu'on reviendra bientôt, on dit *je vais revenir.*[3]

Dieser Gedanke findet sich bei Gougenheim (1929) und Flydal (1943) wieder. Das Futur composé bezeichnet entweder den Näheaspekt des künftigen Geschehens (Flydal: *aspect de l'imminence*) oder - dieser zweite Typ ist der wichtigere - temporal die baldige Realisierung einer künftigen Handlung (*futurisation proche*). Gemäß Flydal ist das Futur simple hingegen zunächst einmal merkmallos im Hinblick auf eine Spezifizierung der genaueren Nachzeitigkeitsstufe, weshalb es - da das Futur composé eine nähere Nachzeitigkeit bezeichnet - den Wert eines "futur 'non prochain', c'est-à-dire: éloigné" annehmen kann (1943: 31).

Auch Imbs (1960) greift dieses Kriterium zur Differenzierung vom futurischen Présent, Futur composé und Futur simple auf, geht aber gleichzeitig darüber hinaus, indem er außerdem so etwas wie den signalisierten Grad des Vertrauens und der Verankerung des vorausgesagten Sachverhalts in der Gegenwart heranzieht:

> *Elle se marie l'an prochain.* L'avenir est attiré dans l'orbite du présent, avec lequel il forme une unité psychologique subjective. L'action prévue pour l'an prochain est au moins mentalement déjà en cours: les fiançailles appartiennent peut-être déjà au passé, et l'on attend avec *confiance* l'étape suivante, d'ores et déjà décidée.
> *Elle se mariera l'an prochain.* L'avenir est une entité psychologiquement distincte du présent. Le mariage est considéré en soi, comme un événement nouveau, dont on dit qu'il succède au présent sans qu'on suggère qu'il en procède: la phrase n'évoque ni n'exclut l'idée de fiançailles. Le tour est affectivement neutre.
> *Elle va se marier l'an prochain.* Comme dans la construction 2, l'avenir est considéré comme distinct du présent; mais à l'aide du verbe *aller* employé au présent, je construis un pont entre le présent et l'avenir (*aller* suggère le chemin qui relie les deux divisions du temps). A l'inverse de la construction 1, où l'avenir était inclus dans le présent, c'est le présent qui est ici inclus dans l'avenir, dont il est, répétons-le, comme le tremplin; de là vient que l'avenir y est facilement conçu comme une *suite logique du présent*. (1960: 56)

---

[3]Zit. nach Gougenheim 1929: 101.

98

Eine konsequente Anwendung des Zeitstufenkriteriums zur Bedeutungsbestimmung der (Futur-) Tempora stammt von Heger (1963)[4]. Heger erstellt ein kombiniertes Zeitstufen- und Aspektschema, dessen Kategorien er dann die einzelnen sprachlichen Bezeichnungen zuordnet. Die hier zur Diskussion stehenden Nachzeitigkeitstempora sind in Bezug auf die Aspektopposition 'perfektiv - imperfektiv' indifferent; entscheidend ist somit ausschließlich die Zeitstufendefinition. Einfach ausgedrückt, ergibt Hegers Analyse

-   für das Présent eine stark extensive Bedeutung: es kann (im Hinblick auf seinen Gebrauch als Futurtempus) sämtliche Stufen der Nachzeitigkeit ausdrücken;

-   für das Futur composé (*il va chanter*), daß es eine unmittelbar an die Gegenwart anschließende nachzeitige Zeitstufe ('NG' = 'Nachgegenwart') ausdrückt, während

-   das Futur simple eine Zukunft bezeichnet, die gegenüber der Gegenwart eine "Zeitlücke" aufweist (1963: 127). Dabei ist das Futur simple gegenüber dem Futur composé die extensivere Form, d. h. es deckt eine größere Anzahl von (einfach und doppelt differenzierten) Nachzeitigkeitsstufen ab[5].

Auch Halblützel (1965) zieht das Zeitstufenkriterium ('nahe Zukunft') zur Unterscheidung von Futur simple und Futur composé heran, verweist aber gleichzeitig auf die Relevanz von 'Aspektualität' ('von hier aus - nicht von hier aus') und 'Modalität' ('zum Ich gehörig - nicht zum Ich gehörig'). Ergebnis ist, daß das Futur simple ein Geschehen in zeitlicher, räumlicher und psychischer Distanz zum Sprecher ausdrückt, während umgekehrt das Futur composé dreifache Nähe bedeutet (1965: 90). Hilty 1974 stützt sich wesentlich auf Imbs (1960), spricht jetzt aber - da das periphrastische Futur wohl Kontinuität mit der Gegenwart, damit aber nicht unbedingt zeitlich nahe Zukunft ausdrückt (1974: 172) - konsequenterweise von *Futur composé*.

Eine jetzt textlinguistisch gewendete Spielart des Zeitstufenkriteriums verwendet in jüngerer Zeit Vet (1985); das Futur simple ist nach dieser Auffassung ein *temps 'anaphorique'*: es referiert auf ein Antecedens im Kontext, das seinerseits nachzeitig zur Sprechsituation liegt. Z. B. in dem Satz

---

[4]Vgl. dazu Hilty 1965: 286 ff.; Schlieben-Lange 1971: 54 ff.; s. auch Heger/Mudersbach 1984: 42 ff. - Allg. zu den Stichwörtern 'Tempus' und 'Temporaldeixis' s. Hüllen 1985 und den bibliographischen Überblick von Schulze 1985.
[5]Festgemacht an Hegers doppelt differenzierten Zeitstufen, reicht seiner Auffassung nach die temporaldeiktische Klammer des Futur composé von VNG (Vor-Nachgegenwart) bis NNG (Nach-Nachgegenwart), die des Futur simple hingegen von VVZ (Vor-Vorzukunft) bis NNZ (Nach-Nachzukunft), vgl. bes. das Heger 1963 als Beilage hinzugefügte Schema I. - Wohl erwähnt Heger die Hypothese, wonach in der neufranzösischen Umgangssprache eine Tendenz zur Ersetzung des Futur simple durch das Futur composé vorläge, meldet in dieser Hinsicht aber erhebliche Zweifel an (1963: 127, 148 ff.); s. u., II.2.1.3.

Tu sais que tu vas vivre deux mois au Canada avec Alain et que tu y seras très libre
(1985: 46)

setzt die Formulierung des dritten Redeereignisses (*événement discursif*, s. Vet 1985: 39) im Futur simple (*tu y seras très libre*) das vorerwähnte zweite Redeereignis im Futur composé (*tu vas vivre...*) als Bindeglied voraus; das Futur composé stellt anders als das Futur simple eine direkte (Nachzeitigkeits-) Beziehung zur Sprechsituation her[6].

2.1.2. Die Frage des modalen Futurs

Daß die Futurtempora im Französischen mehr oder weniger sekundäre modale Funktionen haben, wird oft angeführt[7]. Soll aber entschieden werden, inwieweit die Kategorien Nachzeitigkeitsausdruck und Modus von vornherein verwoben sind, so wird die Antwort oft als historische formuliert. Und zwar wird sie zurückgeführt auf das Problem, ob das besondere Verhältnis des Menschen zur Zukunft - welches möglicherweise ein wollendes, wünschendes, fürchtendes ist - für den Wandlungsprozeß der Futurtempora in der Romania verantwortlich ist, wobei im Zentrum der Betrachtung zunächst die frühen nachchristlichen Jahrhunderte, d. h. für das Französische die Entstehungsbedingungen des *cantaráio*-Futurs stehen[8]. Diese historische Perspektive wird vor dem Hintergrund der Tatsache besonders bedeutsam, daß heute im Französischen eventuell wiederum Ansätze eines Ersetzungsprozesses des analytischen durch das periphrastische Futur zu beobachten sind (s. u.).

---

[6]Vet parallelisiert Futur simple und Imparfait als *temps anaphoriques*; zu den französischen Vergangenheitstempora s. auch Kamp/Rohrer 1983; Gawelko 1984; Molendijk 1985. - Als textlinguistische Überwindung der klassischen tempustheoretischen Kategorien konzipiert und daher schwer einzuordnen ist die Tempustheorie von Harald Weinrich (1971). Die drei Zeitstufen Vergangenheit, Gegenwart und Zukunft würden den Rückgriff auf eine *ordo rerum* bedeuten; sie werden von Weinrich daher abgelehnt und durch die 'Sprechperspektive' ersetzt, d. h. das Futur simple bedeutet 'Vorausschau', die 'Aktzeit' liegt nach der 'Textzeit' (1971: 55 ff.). Des weiteren reiht Weinrich das Futur simple in die 'besprechenden Tempora' ein; mit dieser 'Sprechhaltung' wird vom Hörer 'Gespanntheit' als Rezeptionsmodus verlangt (1971: 33). Während Weinrich 1971 eine besondere Berücksichtigung des Futur composé ablehnt (1971: 60), behandelt er es in seiner 'Textgrammatik des Französischen' (1982) als 'Grenz-Futur': "Das Grenz-Futur ('Futur proche') ist ein sehr häufig gebrauchtes Tempus, besonders in mündlichen Sprachspielen. ... Dieses Tempus teilt mit dem Futur die Merkmale <BESPRECHEN> und <VORAUSSCHAU>, hat aber zusätzlich in seiner Bedeutung noch das Grenz-Merkmal <ANFANG>. Der Sprecher kündigt auf diese Weise einen Sachverhalt an, dessen Anfang gleich bevorsteht." (1982: 209).
[7]Vgl. Flydal 1943: 69 ff.; Imbs 1960: 49 ff.; Heger 1963: 32 f., 93 f.; Grevisse 1969: 676 ff. - Zur frühen, wichtigen Arbeit von Lerch 1919b s. u., II.2.4.2.
[8]Bekanntlich wird nfrz. *je chanterai* aus der Periphrase *cantare habeo* abgeleitet, vgl. z. B. Brunot/Bruneau 1969: 305 f.; Anderson 1979; Fleischman 1982: Kap. 3 u. 4. Eine konkurrierende Ableitung, wonach *je chanterai* aus dem lateinischen Konjunktiv Imperfekt *cantarem* entstanden wäre, schlägt Lanly 1958 vor.

Daß die Zukunft eine besonders modal-affektisch belastete Zeitstufe ist, führen bereits etwa Bally (1935: bes. 61 f.) und Spitzer (1918) zur Erklärung der Entstehung von *amare habeo* und *je vais aimer* an. Diese *explicación 'semantico estilística'* greift korrigierend Coseriu (1957) auf. Unter Berufung auf Caraballese und Heidegger behandelt er das *futuro concretamente vivido* als *necesariamente un tiempo 'modal'* (1957: 171 f.):

> La existencia humana es permanente *anticipación* del futuro, de aquello que aún no es; es un traer el futuro al presente, como intención, obligación o posibilidad; y esta anticipación es lo que lingüísticamente se expresa mediante las formas modales, yusivas e ingresivas. Por otra parte, la compresencia de los momentos del tiempo no es un mero 'hecho', sino algo que 'se hace', puesto que el ser mismo del hombre se manifiesta como *hacer*, es decir, como actividad. Pero, para que el futuro pueda constantemente 'anticiparse', hacerse 'compresente' con los otros dos momentos del tiempo, es necesario también que se aleje, que se proyecte como momento 'exterior' hacia el cual tiende la existencia; y es este alejamiento, esta 'exterioridad' del futuro, lo que se expresa mediante las formas que, de manera impropia, se han llamado 'puramente temporales'. (1957: 172)

Als Erklärung für den spezifischen Zeitpunkt der Ersetzung des lateinischen Futurs durch modale Formen (also für das Französische durch den Typ *cantare habeo*) gibt Coseriu dann bekanntermaßen und originellerweise das im Zuge des Christentums entstandene moralische Verantwortungsbewußtsein an (1957: 173 ff.).

Letztlich abgelehnt wird Coserius These von Bodo Müller (1964). Müller sieht in dem alten wie neuen Wandlungsprozeß der französischen bzw. romanischen Futurtempora ein Streben nach der Grundstruktur 'Präsensform + möglichst starres Semantem', wofür kaum modale Faktoren verantwortlich sind, sondern vor allem ein "Hang zur Bequemlichkeit der Sprache" (1964: 95). Wenn sich einst die *habeo*-Periphrase am weitgehendsten durchsetzte, so geschah dies neben Gründen der formalen Homogenität dieser Konjugationsreihe gerade deshalb, weil sie modal nicht wie etwa *cantare debeo* festgelegt war, sondern eine große "modale Spannweite" aufwies (1964: 73; 1969: 426).

Wunderli (1969) schreibt dem etymologischen Ausgangspunkt für das heutige synthetische französische Futur - der Periphrase *'habere* + Infinitiv' - den *langue*-Grundwert 'Besitz einer Virtualität' zu; aus diesem Grundwert ergeben sich auf der Ebene des *discours* dann die Nutzwerte des Ausdrucks erstens der Potentialität, zweitens des Sollens, Müssens etc. und drittens der Nachzeitigkeit (1969: 406 f.)[9].

Gedämpfte Zustimmung findet Coserius Hypothese schließlich bei S. Fleischman (1982)[10]. Auch sie geht aus von der

---

[9]Vgl. den Disput zwischen B. Müller und Wunderli in: Müller 1969; Wunderli 1970a; Müller 1970; Wunderli 1970b.

[10]Zu Fleischmans Auseinandersetzung mit Coseriu s. bes. 1982: 29 f.

cognitively more abstract, irrealis nature of future as an ontological category vis-à-vis the
more tangible and empirical past or present. (1982: 22 f.)

Das Wechselspiel zwischen ihrer temporalen und besonderen modalen Komponente
führt dann zur ständigen diachronen Umbildung der Futurformen:

... the more temporalized a given form becomes, the weaker its modal force, and vice versa.

... The continual fluctuation of the balance of modality and temporality in future forms is, in
my view, the prime factor responsible for the so-called instability of futures, that is, their
tendency to be recast periodically from modal VPs. (1982: 31)

Die erwähnte historische Perspektive, die die Erörterung einer modalen Komponente der Futurtempora annimmt, gewinnt also in Anbetracht der Tatsache an Bedeutung, daß heute im Französischen ein analoger Wandlungsprozeß der Nachzeitigkeitsausdrücke im Gange ist.

2.1.3. Die Frage der Ersetzung des Futur simple durch das Futur composé

Der Hinweis auf eine gewisse Tendenz, wonach das Futur composé gegenüber
dem Futur simple an Boden gewinnt, findet sich bereits bei Spitzer (1918) und taucht in
der Folge immer wieder auf[11]. Jedoch scheiden sich die Geister im Hinblick auf die Bedeutung, die diesem Vorgang beizumessen ist. Oft wird dieser Prozeß als solcher angezweifelt (Heger 1963), in seinem Umfang begrenzt und lediglich der leicht mit dem
Konnotat eines *bas language* einhergehenden *langue de conversation* zugeschrieben
(Gougenheim 1929, Imbs 1960) oder auch auf solche Fälle beschränkt, die mit den Bedeutungen von Futur simple wie Futur composé vereinbar sind und in denen somit ohne
weiteres die periphrastische an Stelle der einfachen Form treten kann (Flydal 1943). All
diese Einschränkungen haben zur Konsequenz, daß der Opposition 'Futur simple - Futur composé' letztlich ihr systematischer Wert unbeschadet belassen wird.

Gegen die Theorien von Flydal, Imbs und Hablützel polemisiert nun L. Söll
(1969) recht heftig; zur Beantwortung der Frage der Konkurrenz von Futur simple und
Futur composé im modernen Französisch rekurriert Söll auf eine Auszählung eines um-

---

[11]Etwa bei Gougenheim (1929: 107), Flydal (1943: 48), Imbs (1960: 57), Heger (1963: 127, 148 ff.; s. o.),
Fleischman (1982: so 143 ff.). Bei Fleischman 1982 wird die Entwicklung des romanischen Futurs vor uni-
versalgrammatischem Hintergrund gesehen: entsprach die Synthetisierung von *cantare habeo* (statt *'habeo
+ Infinitiv'*) zum Futurtempus der noch intakten OV-Stellung des Lateinischen, so folgt die Synthetisie-
rungstendenz insbesondere von *voy a dormir* (s. Anm. 12; Fleischman stützt sich hier auf Anderson 1979)
einem Wechsel von der SVO- zur VSO-Ordnung.

gangssprachlichen Transkriptkorpus' von Konversationen neunjähriger Kinder, welche folgende Resultate zeitigt[12]:

- Das Futur composé dominiert quantitativ klar gegenüber dem Futur simple.

- Eine eindeutige Zuordnung der eine nähere Zukunft bezeichnenden Temporaladverbien zum Futur composé bzw. der eine fernere Zukunft bezeichnenden Temporaladverbien zum Futur simple ist nicht zu erkennen.

- Eine gewisse Affinität zum Futur simple weist *être* auf; die Formen des Futur simple sind wesentlich häufiger negiert.

2.2. Eine Hypothese: die temporale und modale Bedeutungskomponente der drei Nachzeitigkeitstempora

Sieht man nun zunächst einmal wieder ab von Sölls gerade resümierter Kritik, so hat die Entwicklung der Diskussion um das *futur proche* gezeigt, daß eine Differenzierung nach unterschiedlichen Stufen der Nachzeitigkeit nicht von der Hand zu weisen ist[13], weiterhin aber auch, daß die Bestimmung der Futurtempora um ein weiteres Kriterium ergänzt werden muß, welches nach der hier vertretenen Auffassung ein modales ist und vor dem das Nachzeitigkeitskriterium in den Hintergrund treten oder gar neutralisiert werden kann.

Nimmt man in vereinfachter Form Hegers Zeitstufenanalyse auf, so ergeben sich folgende temporalen Bedeutungskomponenten für die drei besprochenen grammatischen Nachzeitigkeitsausdrücke (die drei unteren Linien geben die jeweils bezeichneten Nachzeitigkeitsstufen an):

---

[12]Zu tendenziell vergleichbaren, wenn auch graduell nicht so weit fortgeschrittenen Sachverhalten kommt Söll 1968 im Hinblick auf das Verhältnis von synthetischem und analytischem Futur im modernen Spanisch. Nach den Angaben von Anderson 1979 sind bestimmte südamerikanische Spanisch-Dialekte sogar innerhalb einer gesamt-romanischen Erneuerungstendenz der Futurformen am weitesten fortgeschritten, insofern als sich hier bereits eine erneut synthetisierte Form *yo vadormir* fände.

[13]Dieses ist um so weniger möglich, als die Theorie des *futur proche* durchaus an Frankreichs Schulen gelehrt wird; so bestimmt H. Bonnard in seiner *Grammaire française des lycées et collèges* den Beispielsatz *Il va déjeuner*: "L'action se produira immédiatement après le moment où se place la pensée" (1973: 99).

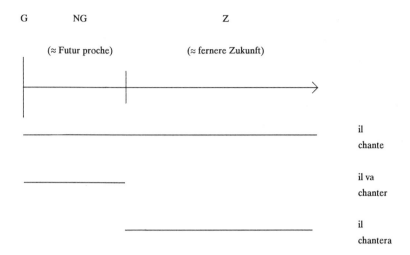

Natürlich ergibt sich die Nähe oder Ferne eines künftigen Ereignisses primär aus der subjektiven Einschätzung des Sprechers, nicht aber aus objektiven, kalendarischen Zeiteinheiten[14]: die Zeit "vergeht wie im Flug" oder etwas "dauert eine Ewigkeit". (Trotzdem kann natürlich das subjektive Verhältnis zur Zeit der objektiven Messung nahekommen.)

Die hier im Hinblick auf die modale Komponente der Futurtempora vertretene These lautet nun, daß die drei untersuchten Formen das Vorhandensein einer abgeleiteten zukunftsbezogenen Gewißheit in unterschiedlichem Grade betonen und so ein - allerdings nicht sehr großer - gradueller Unterschied in der Übernahme der verschobenen kommunikativen Regreßpflicht vorliegt; gemeint ist dabei primär der Gebrauch der Futurtempora in Aussagesätzen.

Futurisches Présent und Futur composé bedeuten bei merkmalhaltigem Gebrauch eine sehr hohe abgeleitete positive Gewißheit$_z$ und damit eine besonders hochgradige Übernahme der verschobenen kommunikativen Regreßpflicht. Der mit dem Futur simple verbundene Grad der (positiven) abgeleiteten Gewißheit$_z$ ist etwas geringer; bzw., - folgende Formulierung mag künstlich klingen, trifft aber dafür den sprachlichen Sachverhalt - das Futur simple ist merkmallos im Hinblick auf einen besonders hohen Grad der abgeleiteten Gewißheit$_z$ und damit auch der verschobenen Regreßpflicht[15].

---

[14]Vgl. Bulls *calendar tensor formulas* (1963: bes. 15) sowie in diesem Zusammenhang auch König 1985.

[15]Vgl. die oben zitierte Aussage von Imbs, das futurische Présent bedeute eine vertrauensvolle Erwartung der künftigen Zeitspanne, und das Futur composé stelle eine Brücke zwischen Gegenwart und Zukunft her. (Die Futurinterpretation von Imbs und Hilty ließe auch die Ableitung der Hypothese zu, daß zwischen diesen beiden Futurtempora und dem Futur simple eine dreifache modale Abstufung herrschte und das Futur composé dabei in puncto verschobener Regreßpflicht einen Mittelwert besäße. Für eine solche An-

Zur genannten Hypothese nun einige Argumente und Beispiele.

Das (futurische) Présent vermittelt schon deshalb einen ganz besonders hohen Grad der positiven Gewißheit$_{az}$, weil es bei nicht nachzeitigem Gebrauch die Übernahme der Assertion anzeigt. Der Wert des Indikativ Präsens als Tempus/Modus der Assertion färbt quasi bei futurischem Gebrauch auf den Grad der positiven Gewißheit$_{az}$ ab, indem so der Umstand, daß es sich um einen noch nicht eingetretenen und daher immer zumindest mit einer Nuance des Eventuellen versehenen Sachverhalt handelt, in den Hintergrund gedrängt wird.

B7 (KI/11/1-5)

```
G ⌈                 bon et si toutefois tu ne bossais pas
  |
F ⌊ ‹ oui et ben ›                               ben c'est

G ⌈                                                  je le
  |
F ⌊ évident que je dois bosser j'y vais pas pour autre chose

G ⌊ comprends mais si mettons tu ne bossais pas


    ‹ ? ›
```

(Hier geht es um einen für das darauffolgende Jahr geplanten Studienaufenthalt F's und die Bedingungen, die an das dafür erteilte Stipendium geknüpft sind.) - Der sehr hohe, mit dem nachzeitigen Présent verknüpfte positive Gewißheitsgrad$_{az}$ entspricht des weiteren dem Gebrauch des Indikativ Präsens als Tempus der temporalen Allsätze, d. h. von als bisher und in Zukunft immer gültig gesetzten generelleren Feststellungen, die somit als gleichzeitig hochgradig assertiert und hochgradig verschoben assertiert gelten kön-

---

nahme finden sich aber keine Belege im untersuchten Korpus.) Eine Abstufung von Gewißheitsgraden zeichnet nach Boyd/Thorne auch die englischen Futurtempora aus; bei der Kontrastierung der Sätze

He goes to London tomorrow und
He will go to London tomorrow

kommen sie zu dem Ergebnis "that we are more likely to say *He goes tomorrow*, that is, to make a statement, when we are certain that the person in question is going, that it has been fixed, and more likely to say *He will go tomorrow*, that is, to make a prediction, when there is still some element of uncertainty present." (1969: 63) - Deguchi geht so weit, das spanische *amaré*-Futur generell als *presumptive mood* zu behandeln: "Instead of a general view that the future may mark probability, I believe that the presumptive modal affix, semantically predictive/conjectural, can be used to indicate future events, because future time by its very nature has a quality of uncertainty." (1980: 90) - Zum spanischen Konjunktiv Futur als Modus/Tempus der Aufhebung der verschobenen Regreßpflicht s. Cathcart Roca 1980; Eberenz 1983.

nen und wo sich daher die Grenzen zwischen Vergangenheit, Gegenwart und Zukunft im Sprecher- wie Hörerbewußtsein stark verwischen[16] (vgl. o., I.3.(2), B24)

B8 (KV/6/19-7/5)

```
G [ <1est-ce que vous y croyez toujours à cette cinquième semaine qui a
B [                                              écoutez Monsieur
  I
Y L été et qui reste je crois votre cheval de bataille 1>
Y [              <2ah 2>              c'est une information
  I                                                     __|
B L Chottard m'énerve      ce n'est pas la première fois      il
B [ fait toujours des déclarations de cette sorte
  <1 ? 1>
  <2 ! 2>
```

Für einen besonders hohen Grad der positiven Gewißheit$_{az}$ und damit der verschobenen Regreßpflicht als modale Bedeutung des Futur composé spricht die Überlegung, daß einem Sprecher zumindest oft ein nahe bevorstehendes Ereignis in einem höheren Grad der Sicherheit erwart- und vorhersagbar erscheinen muß als ein ferneres[17]. Grammatisch-semantisch nimmt das Futur composé insofern eine Mittelposition ein, als der erste Teil der Periphrase das präsentische und damit quasi-assertive Element enthält, die Periphrase insgesamt aber eindeutig zum Ausdruck der Tatsache, daß die Assertion nur eine verschobene sein kann, ausreicht, also keinen kontextuellen Nachzeitigkeits-Spezifikator erfordert. Historisch gesehen deckt sich die hier vorgeschlagene Analyse der darstellend modalen Komponente von periphrastischem und synthetischem Futur (d. h. von *cantare habeo* / *je vais chanter* vs. *cantabo* / *je chanterai*) insofern durchaus mit

---

[16]Vgl. Boyd/Thorne: "Making a statement about someone's habitual behaviour and making a prediction about it is to perform almost equivalent acts." (1969: 64) Ähnlich verhält es sich - so diese Autoren - bei generellen Aussagen über Naturgesetze: "A statement of the operation of a natural law and a prediction of its operation are to all intents and purposes equivalent." (1969: 65) D. h., assertierbare Aussagen über bisherige Sachverhalte und hochgradig verschoben assertierte Voraussagen fließen ineinander, was den Charakter solcher Allsätze ausmacht. Zur Analyse von wissenschaftlichen Aussagen mit panchronischer Geltung vgl. auch Heger 1979: 390 ff.

[17]Ähnlich Weinrich 1982 über das von ihm als 'Grenz-Futur' eingestufte Futur composé (s. o., II.2.1.1., Anm. 6): "Es bleibt zwar, wie immer bei der Voraus-Perspektive, eine Ungewißheit bestehen, ob die Vorausschau auch tatsächlich von der Zukunft bestätigt wird. Aber diese Ungewißheit ist durch die Grenz-Perspektive des Anfangs vermindert. Man findet daher das Grenz-Futur besonders häufig in Verbindung mit der Sender-Rolle. Der Sprecher kann den Grenzbereich der Zukunft für seine Person meistens ziemlich sicher überschauen und die Chancen der Verwirklichung recht zuverlässig abschätzen." (1982: 209)

Coserius referierter These, als dem höheren moralischen Verantwortungsbewußtsein, welchem nach Coseriu die Verallgemeinerung des periphrastischen Futurs ihre Auslösung verdankt, die Übernahme einer höheren verschobenen Regreßpflicht entspricht. - Das nächste Beispiel macht den spezifischen temporalen Wert explizit; die nahe Zukunft wird darin besonders benannt, und der Grad der verschobenen Regreßpflicht ist sehr hoch:

B9 (KIII/3/13-18)

```
R [                                          . alors je voudrais
  |
B [ tout nouveau qu'on est en train de leur préparer

R [ œ tout de suite donc vous demander quelle est œ cette loi qu/

R [ dont on discute cet après-midi même et vous allez nous quitter assez

R [ rapidement après le débat pour retourner au Sénat je voudrais donc

R [ que nous fassions un petit point là-dessus
```

Für die modale Interpretation des Futur simple gilt das umgekehrte Argument wie für das Futur composé: ein in einer ferneren Nachzeitigkeitsstufe situierter Sachverhalt muß oft als nicht mit derselben hohen Gewißheit vorhersagbar erscheinen wie ein unmittelbar bevorstehender. Wenn hier von Merkmallosigkeit bezüglich eines besonders hohen Grades der positiven Gewißheit$_{az}$ statt von einem positiven Merkmal 'geringerer Grad der höheren positiven Gewißheit$_{az}$' ausgegangen wird, so dann, um der Tatsache Rechnung zu tragen, daß der Gebrauch eines Futur simple natürlich nicht per definitionem einen sehr hohen Grad der verschobenen Assertion ausschließt, sondern es kontextuell auch in dieser Hinsicht positiv markiert werden kann:

Je viendrai certainement te voir

Zunächst einmal gilt für das Futur simple allerdings die erwähnte Merkmallosigkeit hinsichtlich eines besonders hohen Grades der positiven Gewißheit$_{az}$. Diese modale Komponente ist es, die das Futur simple zur temporalen Bezeichnung solcher künftigen Sachverhalte werden läßt, die nicht als in derselben Weise gesichert und verbürgt gelten können, wie es bei der Verwendung von Futur composé und von futurischem Présent der Fall wäre. Dieses veranschaulicht sehr schön das nächste Beispiel (B10). Hier geht es (wieder) um eine für denselben Tag bevorstehende Parlamentssitzung, welche eine der Verabschiedungsreife entgegensehende Rechtsreform auf dem Programm hat. Einige Sachverhalte scheinen P (der damaligen Familienministerin Monique Pelletier) nun (weitgehend) vollständig gesichert: daß eine Abstimmung des Senats stattfinden wird (*cela va se passer dans quelques instants*), daß jedermann von der Rechtsreform betroffen sein wird (*tout le monde va avoir ce statut*) und daß P zusammen mit Pierre Méhaignerie eine vom bisher vorliegenden Text abweichende Formulierung vorschlagen wird (*nous allons proposer que*); in diesen Fällen verwendet P das Futur composé. Was jedoch die künftigen Sachlagen des gemeinsamen Gangs von beiden Ehepartnern zum Notar (*il faudra que le mari et la femme ensemble aillent dire*) und der *situation de blocage* anbelangt, so ist ihr Eintreten nicht so wahrscheinlich, als nicht in derselben Weise gesichert hingestellt. Und zwar hängen sie ab von der Verabschiedung des Gesetzes in einer ganz bestimmten Formulierung, und gegen genau diese Formulierung wollen P und Méhaignerie Einspruch erheben; darüber hinaus ist die *situation de blocage* an eine weitere Bedingung geknüpft und in einem *si*-Satz formuliert. Diese beiden letztgenannten, weniger gesicherten zukünftigen Propositionen stehen daher im Futur simple:

B10 (KIII/12/8-13/1)

```
P ⌈                              alors œ je ne peux pas anticiper
  |
H ⌊ voudrais savoir ce qu'il en est

P [ sur le vote du Sénat puisque cela va se passer dans quelques instants
                                 --
P [ œ vous savez moi je suis toujours pour rechercher un compromis

P [ et une solution d'équilibre l'Assemblée a proposé un texte un peu

P [ extrémiste puisque . tout le monde va avoir ce statut et il faudra
                         --
P [ que le mari et la femme ensemble aillent dire devant notaire nous

P [ n'en voulons pas pour que il n'en soit pas ainsi je trouve que

P [ c'est un peu rigoureux parce que si le ménage s'entend plus ou moins

P [ eh bien il y aura situation de blocage alors devant le Sénat et le

P [ gouvernement œ Pierre Méhaignery et moi-même nous allons proposer

P [ que ce soit ou le mari ou la femme qui puisse dire nous ne souhaitons

P [ pas ce régime de co-responsabilité nous y mettons fin et je crois

P ⌈ que c'est une formule de compromis entre l'option ou l'obligatoire
```

Die beschriebene Merkmallosigkeit in Bezug auf einen besonders hohen Grad der verschobenen Regreßpflicht macht das Futur simple gegenüber dem Futur composé und futurischen Présent zum geeigneten Nachzeitigkeitstempus für die Apodosis von *si*-Sätzen, in denen ja die verschobene Assertion für einen zukünftigen Sachverhalt an die

Einlösung einer Bedingung geknüpft und insofern eingeschränkt ist (B11, s. auch B10; zur genaueren Bestimmung von *si*-Sätzen s. u., III.3.2.2.). Weiterhin wird das Futur simple so zur adäquaten Nachzeitigkeitsform für Objektsätze, die von einem Hauptsatzverb "regiert" werden, welches die positive Gewißheit$_{az}$ und damit die verschobene Regreßpflicht mehr oder weniger reduziert (s. B2) bzw. aufhebt (B12, s. auch B4):

B11 (KIII/24/11-16)

```
C [          il faut pas oublier non plus la famille moi j'estime que

C [ la femme elle a une partie œ dans l'exploitation de technique

C [ mais elle a aussi son rôle de femme qu'il faut surtout pas oublier

C [ parce que sinon si on ne voit plus que la femme dans les champs

C [ ou autour de la ferme œ le mari non plus sera pas content

C [ parce que il y a quand même la famille qu'il faut sauvegarder
```

B12 (KIII/34/5-6)

```
R [ de votre accueil et de votre passage Madame Phillipeau j'espère que

R [ nous nous retrouverons dans le Finistère que vous me ferez découvrir
```

Es ergibt sich also für jedes der diskutierten Futurtempora eine spezifische temporale und eine primär der darstellenden Modalität anheimfallende modale Bedeutungskomponente[18]. Jede dieser Komponenten kann allerdings durch den situativen oder verbalen Kontext neutralisiert werden. Das Nachzeitigkeitsmerkmal von Futur composé und Futur simple kann dabei in zwei Stufen aufgehoben werden. In einem ersten Schritt geht das *spezifische* Nachzeitigkeitsmerkmal, also 'nahe Zukunft' für das Futur composé und 'fernere Zukunft' für das Futur simple, verloren; d. h., etwa das Futur composé bleibt Futurtempus, bezeichnet aber auch eine fernere Stufe der Nachzeitigkeit. In einem zweiten Schritt hingegen ist das Merkmal 'Nachzeitigkeit' insgesamt betroffen; "übrig" bleibt der darstellend modale Wert des Futurs, d. h. der Ausdruck der nicht die kategorielle Verbürgtheit einer assertierten Aussage vermittelnden verschobenen Assertion etwa im bekannten *futur de probabilité* (zur präziseren Interpretation dieses Typs s. u., II.2.4.1.):

---

[18]Vgl. zu einer temporalen und modalen Komponente von Tempusformen im Englischen Kress 1977: bes. 43 f.

Pourquoi donc a-t-on sonné la cloche des morts? Ah! mon Dieu ce *sera* pour Madame Rousseau (Proust, nach Imbs 1960: 53)

Die folgende textsortenspezifizierte Betrachtung bestätigt die Definition der Futurtempora in ihrer merkmalhaltigen Bedeutung, aber ihr - je nach Textsorte variierender - merkmalloserer Gebrauch wirft Licht auf die angerissene diachrone Fragestellung (II.2.1.3.).

2.3. Eine textsortendifferenzierende Perspektive

2.3.1. Tabellarischer Überblick

Jetzt sollen die Futur-Realisierungen auf zwei verschiedenen Ebenen des - gesprochenen - Französisch untersucht werden, die im benutzten Korpus durch die Textsorten 'familiäres Gespräch' und 'politische Diskussion' repräsentiert sind. Dabei steht die politische Diskussion der geschriebenen Sprache näher: die Redebeiträge sind viel stärker vorgeplant, der Grad der Öffentlichkeit ist höher, etc.[19] - Eine Auszählung sämtlicher Vorkommen der fraglichen Nachzeitigkeitstempora in den untersuchten Transkripten ergibt folgendes Bild:

---

[19]Zur Problematik der Bestimmung von Textsorten vgl. Gülich/Raible 1972, 1973; Kalverkämper 1981: 104 ff. S. die systematische Behandlung der im Korpus enthaltenen Textsorten im Zusammenhang mit einer Skala 'Mündlichkeit-Schriftlichkeit' u. in IV. - Zwei u. gesondert berücksichtigte Textsorten bleiben hier außer Acht. Die 'sozio-politische Diskussion' erweist sich gerade im Fall der Futurtempora als zu heterogen. Im 'Cours magistral de littérature' liegt eine wirkliche Nachzeitigkeitsperspektivik kaum vor.

	Familiäres Gespräch		Politische Diskussion	
	Anzahl der registrierten Vorkommen	Prozent	Anzahl der registrierten Vorkommen	Prozent
futurisches Présent	27	50,9 %	5	10,4 %
Futur composé	15	28,3 %	13	27,1 %
Futur simple	11	20,8 %	30	62,5 %
Σ	53	100 %	48	100 %

Auffällig an dieser Übersicht ist das klare Übergewicht des futurischen Présent im familiären Gespräch und die noch deutlichere Dominanz des Futur simple in der politischen Diskussion[20].

2.3.2. Familiäres Gespräch

Das futurische Présent wird in einem Großteil der Fälle merkmalhaltig entsprechend der Definition aus II.2.2. gebraucht: es ist Träger einer als besonders unumstößlich ausgegebenen abgeleiteten Gewißheit$_z$ (B13 + B14), und temporal kann die bezeichnete Nachzeitigkeitsstufe eine nahe (B13) wie eine ferne (B14) sein (in B14 geht es um einen noch sechs Monate vorausliegenden Auslandsaufenthalt):

---

[20]Die von Söll (1969) festgestellte klare Dominanz des Futur composé gegenüber dem Futur simple findet sich also allenfalls andeutungsweise im 'familiären Gespräch' wieder. - Vgl. die meinen Ergebnissen ähnliche Verteilung von Futur und *praesens pro futuro* im Deutschen, die Dittmann 1976: 233 ff. feststellt.

B13 (KII/2/11-3/7)

```
F ⌊                              alors j'ai des documents à

B ⌈                    ‹₁mhm ₁›
  ⌡
F ⌊ chercher à la bibliothèque      bon ben c'était presque le dernier

B ⌈                            ouais la bibliothèque
  ⌡
F ⌊ jour aujourd'hui puisque demain j' vais chez l' dentiste avec mes

B ⌈ fermait
  ⌡
F ⌊ anesthésies j' repars avec une tête comme ça avec une tête comme ça

B ⌈                                                      hm
  ⌡
F ⌊ puis samedi et dimanche bon ben c'est fermé puis lundi on s'en va

F ⌈ alors j' voulais y aller c't après-midi


         ‹₁bestätigend ₁›
```

B14 (KI/6/8-20)

```
F ⌈                      ouais mais ça allait vite alors tu
  ⌡
R ⌊ ça Fribourg Berlin                                  (

G ⌈                    oui je regarde où tu vas
  ⌡
F ⌈ regardes ou tu regardes pas                bon alors d'abord
  ⌡
R ⌊                                  )

G ⌈            oui
  ⌡
F ⌊ regarde Grenoble      alors là c'est Bâle alors Grenoble c'est c'est là

G ⌈ là oui ici bon            ben com/‹₁par quel moyen que tu y vas ₁› par
  ⌡
F ⌊            je vais là

G ⌈ le train évidemment
  ⌡
F ⌊      alors ça j'en sais rien alors . alors tu vois je vais là et les

G ⌈                        et puis ensuite Fribourg
  ⌡
F ⌊ parents de Ralph ils habitent là (    )


      ‹₁ ? ₁›
```

Neben dieser merkmalhaltigen Verwendung kennt diese Textsorte auch in einer nicht zu verachtenden Anzahl von Fällen einen merkmallosen Gebrauch des futurischen Présent, in welchem es die Funktion annimmt, die in II.2.2. dem Futur simple zugewiesen wurde[21]. Die von Sprecher B in B15 gemachten Voraussagen sind mit der Nuance des Unbestimmten, Eventuellen versehen, wobei die Substituierbarkeit des Présent für das Futur simple hier eindeutig darin zum Ausdruck kommt, daß der zweite Teil der ersten Bedingung-Folge-Sequenz hier im Futur simple steht (*elle le fera*), hingegen die Apodosis der beiden anschließenden analogen Sequenzen im futurischen Présent:

B15 (KII/9/7-16)

```
B [ quand ça lui prend et tout bon ça lui prend elle le fera comme j'

B [ lui dis bon ben d'accord j' peux toujours lui amener ɛ̃        puis
  i
R l                                                          ouais

B [ 1' jour où ça lui dit ben elle le fait quoi      1' jour où ça lui
  i
R l                                            ouais

B [ dit pas ben elle le fait pas mais si j' l'amène chez moi simplement

B [ pour lui faire repailler une chaise .            ça ça devient
  i
F i                                    (( Lachen ))
  i
R l                                    (( Lachen ))

B [ complètement dingue
```

Nicht einheitlich ist auch die Verwendung des Futur composé. Ein *futur proche* im eigentlichen Sinne liegt - allerdings recht eindeutig - in etwa 10 (von 15) Fällen vor. In fast allen diesen Fällen - hier handelt es sich insbesondere um Ankündigungen unmittelbar nachfolgender Handlungen desselben Sprechers - bedeutet die Verwendung des Futur composé (im Aussagesatz) einen Grad der verschobenen Regreßpflicht, der über dem des Futur simple bzw. dem des merkmallos gebrauchten futurischen Présent liegt. Der Gewißheitsgrad hinsichtlich einer Handlung, deren Ausführung der Sprecher unmittelbar darauf selbst beabsichtigt, muß ein sehr hoher sein (s. o., II.2.2., Anm. 17):

---

[21]Zum merkmallosen Präsens als Erbe des indoeuropäischen Injunktiv vgl. Kiparsky 1968.

B16 (KI/14/12-17)

```
G ⌠ c' que c'est                       tu l'aurais p't-être jeté
  |
R ⌊           exactement la même couleur ɛ̃
G ⌠ toi c' truc-là  j' vais t' montrer c' que c'est rien que par
  |                  ─────────────────────
F ⌊           un p'tit bout de
                            --
G ⌠ curiosité
  |
F ⌊           un p'tit reste de de deux centimètres (( 6 s ))
                                                     .........
```

B17 (KII/2/1-2)

```
B ⌠ bon attends j' vais finir ça ɛ̃
  |              ───────────────
F ⌊                       eh ben eh ben nous et c't après-midi ɛ̃
```

B18 (KI/18/6-8)

```
F |        (        )                    (( 5 s )) moi je vais défaire
  |                                      .........   ─────────────────
R ⌊                    non il marche pas
F ⌠ mon ⟨₁nœud ₁⟩ .. (  ) (( 5 s )) il me tient trop chaud .
                             .........
```

```
⟨₁gemeint ist der
Knoten bzw. die
Schleife, die F's
Bluse am Hals ver-
schließt ₁⟩
```

114

B19 (KI/19/12-20/2)

```
G ┌                                      ben    non    pas encore tout à fait
  ┊
F └ ‹ alors là t' es pas en famille ›    ah     ah                    ah (

G ┌ parce que   pas encore tout à fait c'est vrai ē                    j' vais
  ┊             ---
F ┊      )  (  )                                      (( Lachen ))
  ┊
R └                                                   (( Lachen ))

G ┌ vous dire quelque chose pour l'instant j'ai une impression que vous

G ┌ êtes comme fiancés    mais je n'ai pas l'impression (( 4 s )) que
  ┊                                                      .........
R └             hm

G ┌ vous êtes mariés                      c'est vrai ē
  ┊
F └             .. bon t' as (   )

          ‹ herausfordernd ›
```

Jedoch weist diese Textsorte auch eine Reihe von merkmalloseren Futur composé-Vorkommen auf, in denen die temporale und (darstellend) modale Bedeutungskomponente dieses Tempus so weit neutralisiert ist, daß es zumindest der Tendenz nach denselben modalen und temporalen Bedeutungsbereich abdeckt wie das Futur simple. In den nachfolgenden Beispielen ist die Zeitstufe der künftigen Handlung eher eine fernere (es geht wieder um den geplanten Studienaufenthalt in der DDR), und von einer besonderen Insistenz auf der positiven Gewißheit$_{az}$ kann nicht die Rede sein; im Gegenteil haftet B20 und B21 etwas Zögerndes an, und B21 ist zudem leicht ironisch:

B20 (KI/6/1-5)

```
F ┌ quoi ›                      tu te rends compte
  ┊
R └      oh ça doit faire œ                mille cinq cents kilomètres

F ┌                 oh je vais pas me taper ça en train quand
  ┊
R └ ... ouais à peu près ē

F ┌ même
```

B21 (KI/10/8-16)

```
G ⌈                                    alors on te fait un cadeau d'
  ┊
F ⌊ ben non c'est eux qui me nourrissent mais

G ⌈ cinq cents marks
  ┊
F ⌊                 oui . enfin on m' fait un cadeau ils vont me

G ⌈                                                    ɛ̄
  ┊
F ⌊ faire ils vont me faire bosser ils vont pas me faire œ    ils

F ⌈ vont pas me faire regarder œ le bleu du ciel œ pendant pendant
                                                     ⁻⁻
G ⌈                 peu importe si ça te plaît d' pas bosser une fois
  ┊
F ⌊ quatre semaines
```

Söll (1969) konstatiert, wie erwähnt, (noch) eine gewisse Affinität des Futur simple zur Negation; wenngleich hier die Negation auf propositionaler Ebene nicht als ein modales Phänomen gewertet wird (anders verhält es sich, wenn ein übergeordnetes epistemisches Verb negiert wird, s. o., I.3.), so könnte Sölls Feststellung, bezieht man sie auf die hier vertretene Futurtempus-Theorie, darauf hindeuten, daß sich das gesprochene Französisch offensichtlich nicht bemüßigt fühlt, auf die verschobene Assertion negierter Voraussagen einen besonderen Akzent zu legen. Jedenfalls handelt es sich hier um einen weiteren Beleg für das Vorrücken des Futur composé gegenüber dem Futur simple (im familiären Gespräch), denn in den vorliegenden Beispielen wird das Futur composé häufig und mühelos negiert.

Für den - in dieser Textsorte relativ geringen - Gebrauch des Futur simple gelten die unter II.2.2. getroffenen Feststellungen; deutlich ist die Nähe des Futur simple zur Apodosis von Konditionalsätzen:

B22 (KI/7/4-13)

```
G [ Grenoble      je pensais plus à Gre/ je pensais plus à Grenoble
  |
F |        alors si si œ si ils me laissent sortir de là p't-être que
  |                    --
R [        (( Pfeiffen ))

G [                                                        ⟨₁si si
  |
F | l'on/ que je pourrai aller là-bas si
  |       ‾‾‾‾‾‾‾‾‾‾‾‾‾‾‾‾‾‾‾‾‾‾‾‾‾‾
R [                          c'est pas (    ) je crois

G [ ils te laissent sortir de là ₁⟩ pourquoi
  |
F [                    (ah ben) c'est pas sûr qu'ils me laissent

G [                                                        ⟨₂ah
  |
F [ sortir de l'Allemagne de l'Est une fois que j'y serai rentrée ē


⟨₁erstaunt ₁⟩
```

Das Futur simple kann in dieser Textsorte aber auch merkmallos in Bezug auf die temporale Opposition 'nahe Zukunft vs. ferne Zukunft' gebraucht werden (statt sich positiv durch das Merkmal 'fernere Zukunft' auszuzeichnen).

2.3.3. Politische Diskussion

Das futurische Présent kommt in dieser Textsorte praktisch nicht vor; in die in der Tabelle angegebene Zahl gingen nämlich auch solche Fälle wie B23 mit ein, in denen die Nachzeitigkeitsmarkierung eigentlich von der Semantik des verwendeten Verbausdrucks geleistet wird:

B23 (KV/7/4-7)

```
B [                                                        il
B [ fait toujours des déclarations de cette sorte alors pourquoi a-t-il
B [ fait cette déclaration parce que on est à la veille peut-être de
  |                                   ‾‾‾‾‾‾‾‾‾‾‾‾‾‾‾‾‾‾‾‾‾‾‾
B [ recommencer la négociation sur la durée du travail
  |  ‾‾‾‾‾‾‾‾‾‾‾‾‾‾‾‾‾‾‾‾‾‾‾‾‾‾‾‾‾‾‾‾‾
```

Der Gebrauch des Futur composé in der politischen Diskussion ist insgesamt gesehen eindeutig ein merkmalhaltiger: temporal wird eine nahe Zukunft, modal eine besonders hohe positive Gewißheit$_{az}$ angezeigt, wobei im Bedarfsfall eines dieser Merkmale neutralisiert werden kann (denn eine nahe Zukunft muß ja nicht unbedingt sehr hohe positive Gewißheit$_{zz}$ bedeuten, wenn dieses auch häufig der Fall ist, und umgekehrt ist eine sehr hohe positive Gewißheit$_{az}$ ja nicht per definitionem auf die nahe Zukunft beschränkt). Wurde im familiären Gespräch eine Reihe von Verneinungen des Futur composé konstatiert und als Signal für einen merkmalloseren Gebrauch dieser Periphrase gewertet, so entspricht dem dominant merkmalhaltigen Gebrauch des Futur composé in der politischen Diskussion die Absenz von Negationen des fraglichen Tempus. - In B24 und B25 sind temporale und modale Komponenten realisiert. Um das Rederecht zu bekommen, sichert der Interviewer D (Gilbert Denoyan) in B24 dem vehement agierenden M (Georges Marchais) für die unmittelbare Zukunft zu, daß er die Möglichkeit zur Antwort haben werde (D geht es hier darum, seiner Zusicherung ein Maximum an Nachhaltigkeit zu verleihen, so daß das Futur composé gewählt wird, obschon die Ausführung dieser Proposition von einer recht unsicheren Vorbedingung, nämlich M's Einverständnis, abhängt). In B25 verspricht D wieder seines Rederechts wegen, daß M sogleich die Kooperativität der beabsichtigten Frage erkennen werde:

B24 (KIV/7/5-15)

```
D ⌈ là vous faites une déclaration Georges Marchais j' voudrais quand
  |
M ⌊      troisième

D ⌈ même . simplement vous poser une question vous allez pouvoir y
  |                                            _____
M ⌊      troisième      troisième

D ⌈ répondre vous avez dit    bon        on . on n' peut pas vous poser
  |          _____
M ⌊      troisième enseignement Denoyan troisième enseignement ..

D ⌈ des questions voilà            ben alors laissez-moi poser une
  |
M ⌊      troi/ si vous pouvez

D ⌈ question puis vous allez y répondre tout de suite
  |              _____
M ⌊      troisième                troisième enseignement

M ⌈ et le dernier c'est que depuis dimanche des témoignages œ viennent
```

B25 (KIV/8/3-4)

```
D [ Georges Marchais juste une petite question qui va tout à fait dans

D [ votre sens vous allez le voir œ
           ‾‾‾‾‾‾‾‾‾‾‾‾‾‾‾‾‾‾
```

Das Futur composé kann - wie gesagt - auch zur Übernahme einer besonders hochgradigen verschobenen Regreßpflicht für einen in der ferneren Zukunft situierten oder jedenfalls bezüglich der präziseren Nachzeitigkeitsstufe unspezifizierten Sachverhalt dienen (eine solche Spezifizierung ist im folgenden Beispiel nicht zu erkennen); der besonders hohe Gewißheitsgrad$_{az}$ kommt in B26 außerdem durch den Zusatz *vous savez* zum Ausdruck:

B26 (KVI/3/11-17)

```
M [ par exemple œ je peux vous annoncer quelque chose concernant le

M [ l'action contre le ticket modérateur à l'opposé sur les remboursements

M [ des mutuelles vous savez cette décision du gouvernement qui va faire
                                                        ‾‾‾‾‾‾‾‾‾‾‾‾‾‾‾‾
M [ en sorte que œ et/ on va empêcher les salariés de se garantir comme
                 ‾‾‾           ‾‾‾‾‾‾‾
M [ ils le souhaitent même en payant leurs cotisations contre les

M [ dépenses d'assurance maladie les dépenses de maladie ou les dépenses

M [ d'hospitalisation
```

Umgekehrt wird in B27 die spezifische modale Komponente des Futur composé zugunsten seiner temporalen Bedeutung 'nahe Zukunft' neutralisiert, d. h. die verschobene Assertion wird mittels *peut-être* eingeschränkt:

B27 (KVII/6/1-6)

```
P [                                               à travers ces

P [ hypothèses on peut vérifier si sont plausibles par exemple des

P [ variables comme la hausse des prix on vient d'en parler comme le
                                                                   --
P [ déficit budgétaire on va peut-être en parler et tout ce qui concerne
    ─────────────────────────────────────────────────────
P [ ces œ grandes variables stratégiques qui sont au cœur de notre action

P [ économique et au cœur du débat économique national
```

Der in dieser Textsorte häufigste Fall ist aber die gleichzeitig temporal und modal merkmalhaltige Verwendung des Futur composé wie in B28, wobei die Übernahme einer sehr hohen verschobenen kommunikativen Regreßpflicht hier mit einer durch den Kausalfunktor *en effet* angeschlossenen Begründung gerechtfertigt wird[22]:

B28 (KV/2/9-14)

```
Y ⌈                                               eh bien puisque
  |
M ⌊ production conséquence des pris élevés de l'énergie

Y [ vous parlez d'inquiétude nous allons entendre maintenant s'exprimer
    ───────────────────────
Y [ l'inquiétude d'André Bergeron il vient d'écrire en effet en tant
                                                ──────────────
Y [ que secrétaire général œ de Force Ouvrière au premier ministre

Y [ maintenir les choses en l'état serait une mauvaise action
```

Das Futur simple ist nun auch in seiner merkmalhaltigsten Form (s. o.) merkmalloser als das Futur composé: diese bereits der Ausgangsbedeutung anhaftende relativ große Extensionalität prädestiniert das Futur simple (in dieser Textsorte) zu einem noch merkmalloseren Gebrauch, zu einer fortschreitenden Extensionalität. Wenn das Futur simple modal also zunächst immerhin Träger einer gewissen höheren verschobenen Regreßpflicht ist und sämtliche künftigen Zeitstufen außer der nahen Zukunft bezeichnet, so bietet es sich auch als Tempus für den Ausdruck geringer oder nicht mehr verschoben assertierter Sachverhalte wie ferner besonders hochgradig verschoben assertierter Propositionen an (dieser letztgenannte, über eine zusätzliche Spezifizierung erzielte Gebrauch ist aber seltener, da hierfür das Futur composé zur Verfügung steht). Des weite-

---

[22]Zu *en effet* vgl. etwa Henschelmann 1977: 175 ff.

ren erbietet sich das Futur simple so zur Anzeige von Merkmallosigkeit im Hinblick auf die Opposition 'nahe Zukunft vs. fernere Zukunft' bzw. zur Bezeichnung ausnahmslos sämtlicher Stufen der Nachzeitigkeit[23]. Der Grundwert 'Ausdruck von Merkmallosigkeit im Hinblick auf eine besonders hohe verschobene Regreßpflicht' ermöglicht dem Futur simple also bei (noch) merkmalloserem Gebrauch eine große modale Bandbreite. Das zeigt B29. Dem Sprecher V geht es hier prinzipiell um die Unzuverlässigkeit von Wirtschaftsprognosen, so daß über allen Voraussagen hier ein leichter Zweifel schwebt; dabei reicht die Skala von einer trotzdem noch relativ uneingeschränkt verschoben assertierten Voraussage (*finalement ce sera plus près de neuf*) bis zur expliziten Angabe von Ungewißheit (*on ne sait pas du tout ce qu'il en sera*), wobei in einigen Fällen hier (unter Anmeldung von Gegenbeweisen bzw. erheblichem Zweifel) Übertragungen der verschobenen Regreßpflicht vorgenommen werden:

B29 (KVII/4/3-18)

```
D |                        Philippe Vasseur
  |
V |                                            mais alors les

V [ hypothèses économiques il y a pas que celles sur les prix œ on avait

V [ effectivement parlé de huit pour cent cette année ensuite on a dit

V [ ben ce sera pas huit ce sera huit quatre finalement ce sera plus près

V [ de neuf pour la croissance c'est à peu près la même chose on fait

V [ les hypothèses de croissance tous les ans œ en quatre-vingt-un on

V [ disait on fera trois trois en quatre-vingt-deux puis finalement

V [ on a fait deux en quatre-vingt-deux on dit œ on fera œ deux pour

V [ cent en quatre-vingt-trois puis finalement on fera zéro vous dites

V [ maintenant pour quatre-vingt-un on fera un pour cent on sait pas

V [ du tout ce qu'il en sera quelle est la valeur de de ces hypothèses

V [ économiques à quoi servent-elles finalement vous faites des prévisions

V [ qui ne se confirment pas et cela vous amène nécessairement à poser
                                             --
P [                                     alors des prévisions qui
  |
V |  œ au bout du compte le problème des impôts
```

---

[23]Nur in einem Fall konnte allerdings die Verwendung des Futur simple für einen eindeutig in der nahen Zukunft situierten Sachverhalt konstatiert werden, s. KIV/3/10. Dieses Beispiel ist recht untypisch, weil der Sprecher stark zögert.

Die bereits oben als Argument für die modale Deutung des Futur simple herangezogene Affinität dieses Tempus zur Apodosis von Bedingungssätzen bestätigt sich auch hier:

B30 (KV/7/19-8/4)

```
B [                    c'est la mission de Monsieur Chottard de montrer

B [ les difficultés même si elles sont moindres que ce qu'il dit mais

B [ enfin il faut que/ là non plus il faut pas en rajouter ou alors

B [ faudra pas pleurer demain si on est en face d'une situation sociale

Y [                                                         alors une
  [
B [ dégradée avec toutes les conséquences que ça comporte
```

Den temporal merkmalhaltigen Gebrauch des Futur simple zeigen B31 und B32, an denen wieder deutlich wird, daß die Bemessung von Stufen der Nachzeitigkeit (sowie von Zeitstufen allgemein) zunächst eine subjektive ist und es also falsch wäre, Zeitangaben wie *dans un instant* und *tout à l'heure* von vornherein einhellig die Bedeutung 'Indikatoren für nahe Zukunft' zuzusprechen (wenn diese Interpretation auch sehr häufig richtig ist). Hier tun nämlich die beiden Ausdrücke gerade eine Zeitlücke auf, innerhalb derer dann der im Verhältnis zur Gegenwart als'nah situierte Sachverhalt steht und diesbezüglich mit *mais d'abord* bzw. *mais tout de suite* ausgewiesen wird:

B31 (KIV/2/1-5)

```
D [ (      )s êtes à Strasbourg où vous avez tout à l'heure présenté un
          ---                                                      --
D [ projet de défense des droits de l'homme en Europe de l'Ouest et j'

D [ vous demanderai dans un instant pourquoi seulement l'Europe de l'Ouest

D [ est-ce que cela signifie que les droits de l'homme sont totalement
                                                              ---
D [ respectés à l'Est mais d'abord Georges Marchais si vous le voulez bien
```

B32 (KV/2/1-3)

```
Y [ alors une dernière question tout à l'heure nous parlerons ce de l'

Y [ opération ce des bourses mais ce des mille bourses mais tout de

Y [ suite ce un mot ce à l'occasion de toute cette actualité agricole
```

2.4. Abgeleitete Funktionen

2.4.1. Neutralisierung des Merkmals 'Nachzeitigkeit' insgesamt

Wie erwähnt, können nicht nur die spezifischen Nachzeitigkeitsmerkmale der Futurtempora ('nahe Zukunft' - 'fernere Zukunft') neutralisiert werden, sondern auch das Merkmal 'Nachzeitigkeit' insgesamt. In diesem Fall nehmen Futur simple und Futur composé einen präsentischen temporalen Wert an und bezeichnen kategoriell assertierbare Sachverhalte. 'Verschobene Assertion' bedeutet das Vorhandensein bzw. den Ausdruck einer abgeleiteten, in die Zukunft projizierten Gewißheit, wobei der fragliche Sachverhalt deshalb kategoriell nicht verifizierbar ist; der bei Annahme präsentischer Bedeutung erzielte modale Effekt ist der Ausdruck einer abgeleiteten Gewißheit für einen kategoriell zwar verifizierbaren, aber vom Sprecher nicht überprüften, sondern eben nur unsicher abgeleiteten, vermuteten Sachverhalt, für den er daher nur eine eingeschränkte kommunikative Regreßpflicht übernimmt[24]:

---

[24]Vgl. zu dieser Verwendung des Futurs insbesondere im Englischen Lakoff 1970: bes. 840 f.; im Deutschen Dittmann 1976: 204 ff.; im Spanischen Cartagena 1981. - Einen interessanten, wenngleich hier letztlich nicht gebilligten Vorschlag zur Bestimmung abgeleiteter Tempusbedeutungen wie des präsentischen (präsumtiven) Futurs macht Grewendorf 1982b, wobei Grewendorf sich auf den Tempusgebrauch im Deutschen bezieht, seine Theorie aber auf das Französische übertragbar ist. Grewendorf geht aus von einer konventionellen und damit semantisch zu bestimmenden Grundbedeutung der Tempora; im Falle des Futurs ist dieses die nachzeitige Bedeutung. Das präsentische Futur hingegen ist nach Grewendorf kein semantisches, sondern ein pragmatisches Phänomen, dessen Bedeutung der Hörer aus der "wörtlichen" Grundbedeutung "herausarbeitet", und als Modell für diese Ableitung zieht Grewendorf Grice' Konversationsmaximen sowie konversationellen (und damit ausdrücklich nicht-konventionellen) Implikaturen heran. Erhält also jemand auf seine Frage *Wo sind die Schlüssel?* die Antwort *Sie werden auf dem Tisch liegen*, so verstößt der Antwortgeber mit der nachzeitigen Grundbedeutung des Futurs formal gegen die Relevanz-Maxime; da aber kein Grund zur Annahme besteht, daß der Antwortgeber sich nicht an das übergeordnete Kooperationsprinzip hält, muß dieser etwas anderes gemeint haben, und so gelangt der Hörer (der Fragesteller) - unter Berücksichtigung der Tatsache, daß "Aussagen über die Zukunft ... generell hypothetischen Charakter" haben (1982b: 225) schließlich zur vom Antwortgeber intendierten Bedeutung, d. h. der präsumtiven Futurverwendung. - Berücksichtigt man aber, daß im Kontext immer bestimmte Bedeutungs-

Ce sera le bonhomme de frère pris de somnambulisme (Musset, zit. nach Brunot 1922: 532)

Notre ami est absent; il présidera quelque réunion (Grammaire Larousse 1964: 352)

Setzt der Sprecher ein dem Inhalt der Aussage übergeordnetes metakommunikatives, im weiteren Sinne epistemisches Verb im (präsentischen) Futur, so ist es lediglich die der verschobenen Assertion eignende Unverbürgtheit (die der Nicht-Verifizierbarkeit entspricht), die in dieser Verwendung zum Marker der Einschränkung der Assertion wird und eine Nuance Distanzierung des Sprechers zur Aussage übermittelt:

> *J'avouerai que l'architecture gothique est pour moi comme le son de l'harmonica* (Stendhal, zit. nach Grammaire Larousse 1964: 352)

Analog dazu kann das Futur für einen metakommunikativen epistemischen Verbalausdruck verwendet werden, der eine Voraussage "regiert", womit dann eine deutliche Einschränkung der übernommenen verschobenen Regreßpflicht erzielt wird (natürlich ist auch in diesem Fall die Verwendung des Futurs keine nachzeitige, sondern eine präsentische). In B33 - hier geht es um die Verläßlichkeit von Wirtschaftsprognosen in Vergangenheit und Zukunft - verteidigt P gegenüber seinem Vorredner trotz der inzwischen falsifizierten optimistischen Voraussage für den vergangenen und gegenwärtigen Zeitraum eine relativ optimistische Vorausbestimmung des wirtschaftlichen Trends im nächsten Jahr (1984), macht jedoch in diesem Statement durch die Verwendung des Futur simple eine leichte Einschränkung:

B33 (KVII/5/12-14)

```
P [              cette croissance n'était pas au rendez-vous nous

P [ sommes donc obligés de constater les faits pour mille neuf cent quatre-

P [ vingt-quatre je serai beaucoup moins sévère que vous
       ‾‾‾‾‾‾‾‾
```

---

merkmale sprachlicher Elemente neutralisiert werden und es somit immer merkmalhaltige sowie mehr oder weniger merkmallose Verwendungen gibt, so scheint es unnötig, im vorliegenden Futur-Fall eine lange und relativ komplizierte Grice'sche Implikatur zu befleißigen, zumal diese auf einer riskanten und m. E. falschen privativen Oppositionsbildung 'konventionell vs. nicht-konventionell' beruht. Mit dem *Modified Occam's Razor* (s. Grice 1978: 118 f.) kommt die vertretene Theorie trotzdem nicht in Konflikt, da hier bruchlos eine sekundäre aus einer primären Bedeutung abgeleitet wird. Kritisch zu diesem Ansatz von Grewendorf s. Lenerz 1986.

2.4.2. Futur und appellative Modalität

Anders als das präsentische, präsumtive Futur wird das Futur in appellativer Funktion häufig im gesprochenen Französisch und insbesondere im familiären Gespräch gebraucht: gemeint sind damit Fälle wie das biblische Gebot *Tu ne tueras pas*, die Lerch (1919b) als 'Heische-Futurum' beschreibt; hier übernimmt das Futur die Funktion des Imperativs[25].

Imperativ und Futur haben von vornherein gemein, daß sie den ausgedrückten Sachverhalt nicht assertieren, und zwar entsprechend dem Pol 'negative Gewißheit' (d. h. die Sprecher wissen, daß die fragliche Proposition nicht assertierbar weil - noch - nicht existent ist). Dieses ist die strukturelle Grundvoraussetzung für die Formulierung eines Appells um die Nachlieferung der Assertion. Während dieser Appell nun mit dem Imperativ direkt gekoppelt ist, kommt er im Fall des Futurs sekundär durch eine Personenverschiebung zustande, und zwar dadurch, daß der Sprecher einen von ihm positiv bewerteten Sachverhalt als gewiß eintretenden hinstellt, der zu seiner Realisierung der Tätigkeit oder Mithilfe des Hörers bedarf. Wird das indirekte Element, d. h. die formale Aussparung des Appellsignals, mittels Tonfall und/oder anderer Abdämpfung in den Vordergrund gespielt, so ist der Nachdruckgrad des Heischefuturs möglicherweise ein niedrigerer als der eines nicht abgetönten Imperativs. Umgekehrt ist er aber sehr hoch, wenn der Akzent auf der (hohen) verschobenen Assertion liegt: je größere Gewißheit der Sprecher hinsichtlich des Eintretens des künftigen Geschehens an den Tag legt, desto unausweichlicher wird die dazu erforderliche Tätigkeit des Hörers, desto geringer ist der Ermessensspielraum, den der Sprecher dem Hörer läßt, desto unhöflicher ist er.

Will ein Sprecher also futurisch einen besonders nachdrücklichen Appell formulieren, so scheint dazu ein Nachzeitigkeitstempus am besten geeignet, das einen ganz besonders hohen Grad der verschobenen Assertion vermittelt. Nicht gerade ein Musterbeispiel von höflichen Umgangsformen liegt in B34 vor:

---

[25]"Unser imperativisches oder Heische-Futurum bezeichnet ... zweierlei: 1. ein Wollen, 2. eine Zuversicht in die Realisierung dieses Wollens. Der erste Vorstellungsinhalt wird lediglich durch den Tonfall ausgedrückt, der zweite durch die Wahl einer bestimmten Verbform, nämlich des Futurums. Es wird also immer dann angewandt, wenn der Sprechende neben dem Befehl zugleich zum Ausdruck bringen will, daß ihm seine Erfüllung gesichert erscheint ..." (Lerch 1919b: 12) - Vgl. zur geringen Frequenz des Futurs der eingeschränkten Assertion bereits Rohlfs 1922: 133 f.

B34 (KI/5/9-14)

```
F |                                        ‹ ben tu veux pas voir |
  |
R ⌊ regarder là-bas

G ⌈           (    )
  |
F ⌊ où je vais ›        mais tu vas le faire après on va pas tout manger

G ⌈           là d'accord
  |
F ⌊ en même temps          (( 8 s ))
                           . . . . . . . . .

   ‹ ? ›
```

Aber auch mit dem Futur simple geht ja zunächst ein gewisser (höherer) Grad der Übernahme der verschobenen Regreßpflicht einher; so kann auch mit dieser Tempusform ein recht nachdrücklicher Appell formuliert werden, insbesondere, wenn der Appell nicht besonders kontextuell verschleiert oder (mittels Intonation oder spezifischer Zusätze) höflich gedämpft wird; so wird im nächsten Beispiel der imperativische Charakter des Futur simple durch die Nachstellung hinter einen im Imperativ stehenden Appell besonders hervorgehoben[26]:

B35 (KIV/2/8-11)

```
D ⌈ jusqu'en mai mille neuf cent quarante        attendez laissez-moi
  |
M ⌊                     non non Gilbert Denoyan

D ⌈ finir œ Georges Marchais vous répondrez à la question dans un instant
  |
M ⌊ non
```

---

[26]Sollte sich in Zukunft herausstellen, daß sich das Futur simple gegenüber dem Futur composé als rüder Imperativersatz durchsetzt, so gibt es dafür noch eine andere Erklärung: in dem Moment, wo tatsächlich das Futur composé das "normale" Futurtempus wird, wird das Futur simple in zunehmendem Maße frei für besondere Verwendungen wie eben das "Heische-Futur".

2.4.3. Grade der verschobenen Assertion und die Mitteilungsperspektive

In einigen Fällen kann die von den unterschiedlichen Nachzeitigkeitstempora zum Ausdruck gebrachte graduelle Abstufung in der Übernahme der verschobenen Regreßpflicht für besondere Effekte ausgenützt werden, die zur 'Mitteilungsperspektive' zu rechnen sind. Wird in einem Nebeneinander zweier (oder mehrerer) zukünftiger Propositionen eine davon unter Verwendung des Futur composé und die zweite - obwohl deren Eintreten evidentermaßen genauso gesichert erscheint wie im ersten Fall - mit dem Futur simple verbalisiert, so wird damit (oft) die Aufmerksamkeit des Hörers insbesondere auf den im Futur composé stehenden Sachverhalt gelenkt. D. h. das Merkmal 'besonders hochgradige Übernahme der verschobenen Regreßpflicht' wird transformiert zu 'besonders in den Fokus des Hörers gestellt', der betreffende Sachverhalt wird fokussiert[27] (natürlich nur unter der - in B36 erfüllten - Bedingung, daß die Opposition von Futur simple und Futur composé noch intakt ist). - In B36 ist die (bereits vorerwähnte) für denselben Nachmittag vorgesehene Teilnahme von P (der damaligen Familienministerin Monique Pelletier) an der fraglichen Senatssitzung bezüglich ihrer Realisierungschancen sicherlich nicht niedriger eintaxiert als die Verabschiedung des lang erwarteten Gesetzes; jedoch auf letzteren Sachverhalt legt P unter Verwendung des Futur composé sowie der Konstruktion *qui est celui qui va* statt einfach *qui va* das eigentliche Gewicht ihrer Äußerung[28]:

---

[27]Der Begriff *focus* wird hier von K. L. Pike übernommen; in der folgenden Variation des einfachen Satzes *John killed the tiger* steht *John* im *focus*: *There is the one who killed the tiger, namely John* (Pike 1974: 285 f.). Vgl. auch Pike 1967: bes. Kap. 4 sowie außerdem Givón 1979a: 78 f. und Kallmeyer 1978.

[28]Die Tatsache, daß das hier eher in den Hintergrund gerückte Element vorerwähnt, also thematischer Natur ist, bedeutet keineswegs, daß nur rhematische Elemente fokussiert werden könnten, vgl. Taglicht 1984: 12 ff. (wobei 'Thema' und 'Rhema' im Sinne der Opposition 'gegeben-neu' verwendet werden, vgl. Daneš 1976: 35; Halliday 1974: 53). Zur Geschichte von 'Thema-Rhema' und zur Systematisierung der um diese Begriffe herrschenden terminologischen Verwirrung s. Mathesius 1929; Beneš 1973; Daneš et al. 1974; Gülich/Raible 1977a: 60 ff, zu Thema und Rhema im gesprochenen Französisch s. Koch 1986: 129 ff.

B36 (KIII/4/19-5/8)

```
P [                                          le ministre de

P [ l'Agriculture et moi-même nous avons proposé que dans le cadre même

P [ de la loi soient insérées des dispositions à la fois concernant

P [ le statut civil et le statut professionnel de ces femmes agricultrices

P [ conjoints d'agriculteurs ce texte a déjà été examiné à l'Assemblée

P [ il l'est en ce moment au Sénat et je vous quitterai tout à l'heure
                                        _____

P [ pour ce fameux article treize qui est celui qui va donner aux femmes
    _____

P [ d'agriculteurs les droits qu'elles attendent je crois depuis des

R [            . alors Madame le Ministre
   ¦
P [ années
```

2.5. Die Nachzeitigkeitstempora im gesprochenen Französisch: Textsortenvarianzen und die Gleichzeitigkeit des Ungleichzeitigen

Die drei französischen Futurtempora haben also in ihrer Grundbedeutung als zunächst wechselseitig fundierte Teilganze (Husserl 1913) eine temporale und modale Komponente; die Tempora werden weiter nicht immer merkmalhaltig, sondern auch in einer merkmallosen Variante gebraucht. Das Futur simple ist (als Nachzeitigkeitstempus) von vornherein das merkmalloseste, und hier sind merkmalhaltige und merkmallose Bedeutung schwerer voneinander zu trennen:

futurisches Présent	merkmalhaltig: temporal: alle Nachzeitigkeitsstufen modal: sehr hohe verschobene Regreß- pflicht merkmallos: wie Futur simple (in merkmalhaltiger bis merkmalloser Variante)
Futur composé	merkmalhaltig: temporal: nahe Zukunft modal: sehr hohe verschobene Regreßpflicht merkmallos: wie Futur simple (in merkmalhaltiger bis merkmalloser Variante)
Futur simple	merkmalhaltig: temporal: fernere Zukunft modal: Merkmallosigkeit bezüglich sehr hoher verschobener Regreßpflicht merkmallos: temporal: Merkmallosigkeit bezüglich der Opposition fernere-nahe Zukunft modal: Merkmallosigkeit bezüglich hoher verschobener Regreßpflicht

Allerdings gebrauchen die beiden untersuchten Textsorten diese Palette in sehr unterschiedlicher Weise. Das familiäre Gespräch benutzt alle Tempora in allen Varianten. In der politischen Diskussion erscheint das futurische Présent so gut wie nicht, und von den beiden anderen Paradigmen benutzt es das Futur composé dominant merkmalhaltig. Während also die politische Diskussion eher dazu tendiert, eine Bedeutung mit einer Form auszudrücken, hat das familiäre Gespräch immer mehrere Formen für eine Kategorie parat. In Kontexten, wo die Zukunft nicht als besonders nah ins Auge gefaßt wird und/oder auf der Übernahme der verschobenen Regreßpflicht nicht besonders insistiert wird, gebraucht die politische Diskussion praktisch nur das Futur simple, das familiäre Gespräch hingegen das Futur simple und die merkmallose Variante der beiden anderen Tempora. Was hingegen die politische Diskussion mittels Verwendung des Futur composé erreicht, nämlich den Ausdruck naher Zukunft und/oder besonders hoher verschobener Regreßpflicht, kann das familiäre Gespräch mit der merkmalhaltigen Variante von futurischem Présent und Futur composé ausdrücken. Wenn das politische Gespräch das Futur composé für ein in der ferneren Zukunft liegendes Ereignis verwendet, so der modalen Komponente dieses Tempus wegen: d. h. letztere bleibt in der Regel erhalten, und es kommt nicht zu einer wirklichen Aufhebung der Opposition zwischen Futur composé und Futur simple. Anders im familiären Gespräch: hier wird in einer beachtlichen Anzahl von Fällen das Futur composé wirklich für das Futur simple substituiert und das temporale wie modale Merkmal des Futur composé entsprechend neutralisiert.

Obwohl Polyfunktionalität und Quasi-Synonymien durchaus ein allgemeines und hier manifest werdendes Charakteristikum des familiären Gesprächs sind, reicht an dieser Stelle eine rein synchronische Erklärung nicht aus. Coserius Diktum folgend, wonach "für die Sprache das Funktionieren ('Synchronie') und das Zustandekommen oder der 'Wandel' ('Diachronie') nicht etwa *zwei Momente*, sondern nur *ein einziges* sind" (1968: 96), gibt es in der Sprachgeschichte keine punktuelle Ablösung von Altem und Neuem, von "Nicht-Mehr" und "Noch-Nicht", sondern jedenfalls über eine gewisse Phase sind Altes und Neues als "Immer-Noch" und "Schon" kopräsent. Demnach treten in den drei Möglichkeiten, die das familiäre Gespräch statt des einen Futur simple der politischen Diskussion zur Verfügung hat, unterschiedliche Entwicklungsstadien des Systems der französischen Futurtempora nebeneinander auf. Die Tendenz des familiären Gesprächs, das Futur simple zu ersetzen, ist deutlich; d. h. der älteren Schicht, dem "Immer-Noch" gehören das Futur simple sowie die in klarer Opposition hierzu stehende merkmalhaltige Variante des Futur composé an. Ersetzt wird das Futur simple offensichtlich durch die merkmallosere Form des Futur composé sowie ferner des futurischen Présent; diese Formen machen also das "Schon" des kommenden Systems aus. Die politische Diskussion hingegen repräsentiert in mancher Hinsicht ein konservativeres Französisch; sie steht der geschriebenen Sprache näher, ist stärker geplant, hat öffentlicheren Charakter und ist daher empfindlicher gegenüber den vom französischen Bildungswesen tradierten Grammatiknormen. Dem ist zweierlei hinzuzufügen. Erstens ist auch im familiären Französisch der Prozeß der Ersetzung des Futur simple durch das Futur composé noch von seinem Abschluß entfernt; etwa im Bereich der *si*-Sätze weist das Futur simple eine beachtliche Resistenz auf. Zweitens bleibt zu überlegen, ob die Teilübernahme der Funktionen des Futur simple durch das futurische Présent auch fürderhin eine Eigenschaft speziell des familiären Gesprächs bleiben wird.

III
DIE VERBALMODI

0. Fragestellung

Die Perspektive wird nun endgültig semasiologisch: Welche Bedeutung kommt den traditionellen Verbalmodi Indicatif, Subjonctif, Conditionnel und Impératif im Hinblick auf die erstellten noematischen Modus-Kategorien und darüber hinaus zu, wie steht es hier um Textsorten-Varianzen, etc.?

1. Der Indikativ

Der Indikativ kam schon in I. zur Sprache. In einem merkmalhaltigen Gebrauch ist der Indikativ der Modus der Assertion (und der verschobenen Assertion, s. II.)[1]; in einer merkmallosen Variante, die sehr häufig vertreten ist, läßt sich mit dem Indikativ der Ausdruck jeder beliebigen modalen Nuance bewerkstelligen. Weiteres Licht auf den Indikativ werden III.2. und III.3. werfen.

2. Der Konjunktiv

2.1. Theoretischer Ausgangspunkt

2.1.1. Eine Konjunktiv-Bestimmung

In der bereits erwähnten Modus-Theorie bestimmt W. Raible den Konjunktiv in den romanischen Sprachen im Gegensatz zum Indikativ als Signal der eingeschränkt oder nicht mehr übernommenen kommunikativen Regreßpflicht[2]; neben dieser modalen Funktion hat der Konjunktiv (im Nebensatz) die Aufgabe eines Unterordnungssignals als syntaktischen "Sicherheitsnetzes" (*filet de secours*) im Sinne von J. Schmitt-Jensen (1970: 58 ff.). In einigen Fällen ergibt sich aus dieser Doppelaufgabe ein Konflikt, nämlich dann, wenn mit dem übergeordneten Hauptsatzverb ausdrücklich die Regreßpflicht

---

[1]Vgl. die aufgelisteten Indikativ-Definitionen bei Rothe 1967: 121 ff. sowie ferner Fränkels Bestimmung des Indikativs als 'Vor-Modus' (1974: 30). Zur unterschiedlichen Merkmalhaftigkeit der Verbalmodi und zum merkmallosen Indikativ s. Togeby 1982: 50.
[2]Raible 1980a, 1980b, 1983a.

132

für die im untergeordneten Satz ausgedrückte Proposition übernommen wird. In diesem Fall kann der Konjunktiv als Unterordnungssignal im Nebensatz nicht stehen, da er seine modale Bedeutung nicht "abschütteln" kann und letztere einen Widerspruch zur ausdrücklichen Übernahme der Regreßpflicht durch das Hauptsatzverb ergäbe. D. h. nach einem positiven, die Übernahme der Regreßpflicht bedeutenden epistemischen Verbausdruck in der ersten Person steht im untergeordneten Satz der Indikativ:

Je sais qu'il est venu

Wenn der untergeordnete Satz allerdings vorangestellt ist und damit von den drei Unterordnungs-Sicherheitsnetzen (1) *que,* (2) Nachstellung und (3) Konjunktiv das der Nachstellung fehlt und bei der Lösung des genannten modalen Konflikts durch Ersatz des Konjunktivs durch den Indikativ nur noch ein Unterordnungssignal übrigbliebe, stellt das Französische in der Regel die syntaktische Sicherheit über den modalen Widerspruch:

Qu'il soit venu, je le sais[3]

In anderen Fällen hat das Hauptsatzverb keinerlei darstellend-modale Implikation hinsichtlich der Nebensatzhandlung, und der Konjunktiv kann ungestört seine Unterordnungsfunktion ausüben; zu dieser Gruppe zählt Raible auch bewertende Hauptsatzverben bzw. Sätze des Typs

Je suis content qu'il soit venu,

obwohl der Sprecher für den Sachverhalt *il est venu* eindeutig die Regreßpflicht übernimmt.

Hier kann Raibles Theorie präzisiert werden, und zwar wenn man die Opposition zwischen Assertion und qua Präsupposition übernommener Regreßpflicht heranzieht. Der Konjunktiv bedeutet dann zunächst die Absenz einer (vollständigen) Assertion. Damit wäre - entsprechend der gängigen Auffassung - die Übernahme der Regreßpflicht in *Je suis content qu'il soit venu* als lediglich präsupponiert und der Konjunktiv in diesem Satz modal reibungsloser erklärt[4] (s. u.).

Es ergibt sich demnach: der französische Subjonctif bedeutet (modal) eine starke Einschränkung bis Aufhebung der Assertion. Er läßt in bestimmten Fällen die präsup-

---

[3]S. Raible 1983a: 283; vgl. Börjeson 1966: 56 f.
[4]S. o., I.4., Anm. 93. In Bezug auf die verschobene Assertion ist der Konjunktiv im (gesprochenen) Französisch unmarkiert, d. h. er signalisiert - wofern er überhaupt in Kontexten mit nachzeitiger Perspektive verwendet wird - entsprechend der Stufe 'Indifferenz$_z$' auf der Skala der abgeleiteten, zukunftsbezogenen Sprechergewißheit keinerlei Übernahme der verschobenen Regreßpflicht.

ponierte Übernahme der Regreßpflicht zu (wie in *Je suis content qu'il soit venu* für *il est venu*). Diese Fälle beschränken sich allerdings auf wenige zentrale Typen; für diese wird daher eine modal weiter spezifizierte Bedeutungsinterpretation erwogen.

2.1.2. Das theoretische Umfeld

Mit dieser Konjunktiv-Theorie lassen sich eine Reihe von Elementen anderer Erklärungs-Versuche in Verbindung bringen[5].

2.1.2.1. Lerch, Regula und Kalepky

Der frühe Lerch (1919a; 1919c) bestimmt die Funktion der Modi darin, "die Gültigkeit der Aussage anzugeben" (1919a: 2) und unterscheidet einen Konjunktiv des Begehrens (z. B. *Qu'il vienne!*) von einem Konjunktiv der Unsicherheit (*Je ne crois pas qu'il vienne*). Nach einer theoretischen Kehrtwendung bestimmt er dann den Konjunktiv (in *que*- und Relativsätzen) als Modus des 'psychologischen Subjekts'; z. B. in *Je m'étonne qu'il soit venu* markiert er das "schon Bekannte, Vorausgesetzte, das psychologische Subjekt, das, *worüber* ich die Aussage mache", hingegen ist das eigentlich Bedeutsame an der Aussage das "psychologische Prädikat", in diesem Fall das Erstaunen des Sprechers (1919d: 339).

In dem sich anschließenden Disput[6] insbesondere zwischen Lerch, Regula und Kalepky behalten die Positionen der genannten Protagonisten etliche Berührungspunkte, wie Lerch selbst in einem "Wort zur Verständigung" (1930: s. bes. 142 ff.) feststellt. Zunächst berühren sich die Definitionen des Indikativs. Für Kalepky ist dieses "der Modus der ausdrücklichen Kennzeichnung, Angabe, Bekundung der Realität" (1927: 459). Nach Regula steht dann der Indikativ im Objektsatz, wenn er eine "Mitteilung" enthält, "die der Sprechende in der Weise umschreibt, daß er den anderen auffordert, die neue Tatsache als bestehend hinzunehmen", wenn dem Inhalt des Objektsatzes ein "penetrativer Charakter" verliehen wird (1928: 120), wenn er "geurteilt" wird (1958: 262, 274). Auch suchen alle nach einer einheitlichen Bestimmung des Konjunktivs. Lerch trachtet, die Einheitlichkeit in seiner Theorie wiederherzustellen, indem er den Konjunktiv des psychologischen Subjekts aus dem Konjunktiv des Begehrens abzuleiten versucht (1928:

---

[5]Zum Überblick über die Literatur zum französischen Konjunktiv vor 1970 s. Christmann 1970; zur jüngeren Konjunktiv-Literatur s. Hunnius 1987.
[6]Dieser wird - wie auch Lerchs bereits skizzierte Theorie - relativ ausführlich von Rothe 1967: 7 ff. diskutiert, allerdings unter recht negativ-polemischem Vorzeichen.

82 f.). Kalepky sieht die einheitliche Grundbedeutung des Konjunktivs in der "Ignorierung, Nichtberücksichtigung, der Außerachtlassung der Realitätsfrage", woraus sich die einzelnen Funktionen des Konjunktivs wie die der Markierung des psychologischen Subjekts ableiten lassen (1927: 459 f.). Regula unterscheidet einen modalen Konjunktiv (z. B. *Je ne veux pas qu'il soit si triste*) und einen "amodalen", "psychodynamischen" Konjunktiv (z. B. *Je regrette qu'il soit si triste*); immer jedoch - hier sucht Regula die "Einheitsformel" für den Konjunktiv - bezeichnet dieser Modus "alle 'Gegenstände' ('Objektive'), denen die Setzung ihres Bestandes fehlt" (1928: 124 f.). "Der *be*urteilte Inhalt des *Que*-Satzes steht im Konjunktiv, der *ge*urteilte im Indikativ." (Regula 1962: 90)[7]

2.1.2.2. Neuere Erklärungsversuche

In jüngerer Zeit bestimmt J. Klare den französischen Subjonctif (wie auch den Imperativ und das Conditionnel) als *modalité de l'éventuel*, während die *modalité du réel* durch den (nicht modal abgetönten) Indikativ ausgedrückt wird (1978: 587 f., 1980: 320); für andere Anwendungsbereiche allerdings, in denen also nicht die genannte modale Bedeutung vorliegt, räumt Klare ein,

> daß der französische Konjunktiv ... weitgehend funktionslos geworden ist und dort vor allem in der Hoch- und Literatursprache allein bestimmten Zwangsläufigkeiten gehorchend gebraucht wird. In diesen Fällen ist er grammatikalisiert, sein Informationswert ist gleich null, er ist bloßes Memoriagut. (1978: 588)

W. Dietrich (1981) definiert die Funktion der romanischen Verbalmodi und damit des Indikativs und Konjunktivs mittels Coserius Begriffsopposition von *actualité* und *inactualité* einer Verbalhandlung[8]:

> ... le mode se réfère à l'actualité ou l'inactualité de la réalisation même de l'action, c'est-à-dire que le locuteur peut inclure ou exclure la prise en considération de la réalisation de l'action. Dans ce sens, l'indicatif signifie que la réalisation présente, passée ou future de l'action est inclue dans la représentation de celle-ci, tandis que la fonction du subjonctif est d'exclure toute idée de réalisation. Cela ne veut pas dire que l'action ne puisse se réaliser ou même ne soit pas réalisée, mais que cette réalisation n'est pas prise en considération et reste hors de la visée du locuteur. (1981: 403)

---

[7]Vgl. im Zusammenhang mit dem Bezug der Modi auf 'Thema' und 'Rhema' auch Regulas Rede vom "thematischen Konjunktiv" (1958).

[8]Dabei distanziert er sich ausdrücklich von Wunderlis Konzept der Aktualisierung bzw. Teilaktualisierung; zu Wunderlis Bestimmung des Konjunktivs als Modus der Teilaktualisierung s. Wunderli 1970c (Übersichtsschema: 32) u. 1976 - Kritisch zu Dietrich s. Ferreira 1983.

Der Indikativ hingegen wird verwendet

> où on n'exclut pas expressément l'actualité de la réalisation de l'action et où il ne s'agit pas
> de donner un ordre (impératif) (1981: 405).

Wenn hier der Konjunktiv in Zusammenhang mit der kommunikativen Regreß-pflicht gesetzt und damit seiner interaktiven Funktion besonders Rechnung getragen wird, so läßt sich dieser Ansatz mit dem Bemühen von E. Eggs (1981) vergleichen, den Gebrauch des Subjonctif im Französischen durch dessen Zuordnung zu bestimmten Re-desituationen zu erfassen: jemand verwendet den Subjonctif z. B. in der Redesituation 'Widersprechen' ('*Je ne crois pas que* + Subj.') oder 'Signalisierung einer möglichen Welt' ('*Mettons que* + Subj.').

J. Wüest (1982) befindet für die Setzung des französischen Konjunktivs (im *que*-Satz) die Opposition zwischen 'Feststellung' auf der einen und 'Wunsch-Absicht' auf der anderen Seite als die wichtigste; diese Grundopposition wird aber von Sekundäroppositionen wie 'positiv-negativ' überlagert. Auch manche einer lediglichen *servitude gramma-ticale* gehorchenden Konjunktive lassen sich - so Wüest - nicht von der Hand weisen, je-doch kommt ihnen kein repräsentativer Wert für den Modusgebrauch im Französischen zu (s. u., III.2.2.1.).

In diesem Rahmen läßt sich weiter der Versuch von R. Martin (1983) erwähnen, den Subjonctif im *que*-Satz mit Hilfe der Begriffe des *monde possible* und *univers de croyance* zu erklären. Unter den zweiten Begriff fallen etwa Konzessiv-Sätze (z. B. *bien que Pierre soit là ...*) oder der Subjonctif der *subordination critique* (z. B. *Je regrette qu'il vienne ...*); hier spricht Martin auch von *anti-univers*: "l'anti-univers est le lieu du possible dont on sait déjà qu'il n'a pas eu lieu." (1983: 119)[9]

2.2. Der Konjunktiv im gesprochenen Französisch

2.2.1. Déclin, Automatismus oder Ausweitung des Funktionsbereichs - Perspektiven des Subjonctif-Befundes

Inwieweit ist die zum Ausgang genommene Konjunktiv-Theorie für die Subjonc-tif-Vorkommen im gesprochenen Französisch erklärungskräftig? In welchem Maß steht

---

[9]Die Liste der Konjunktiv-Definitionen, die der Bestimmung dieses Modus mit Hilfe der Begriffe 'Assertion' und 'kommunikative Regreßpflicht' nahekommen, läßt sich verlängern. So ist für Larochette die Modalisie-rung einer Äußerung "l'attitude à l'égard de l'attribution d'une valeur de vérité selon le point de vue, ex-primée par l'opposition indicatif / subjonctif" (1982: 102). P. Claude versteht den Subjonctif als *mode de l'imaginé* (1984: 8).

sie in Konkurrenz zu der inzwischen oft vorgebrachten und auch hier bereits angeklungenen Auffassung des *déclin du subjonctif* und seiner Restbestände als von einer bloßen *servitude grammaticale* beherrscht? Daß der Konjunktiv im Gegenwartsfranzösischen an Terrain verliert, konstatiert bereits F. Brunot (1922: 516 ff.), ohne dabei aber diesen Modus in seiner Existenz bedroht zu finden. Weiter geht L. L. Harmer (1965): seine Subjonctif-Diagnose lautet auf *déclin*. Dieses belegen nach seinem Dafürhalten gleichermaßen die Tendenzen zur Ersetzung des Konjunktivs durch den Indikativ nach verneinten Glauben-Verben und nach Konzessivfunktoren (*bien que, quoique* etc.) wie auch das umgekehrte Phänomen, also gegenwartsfranzösische Ablösungen des "richtigen" Indikativs durch den Konjunktiv; so ist für Harmer der Konjunktiv nach *après que* ein "symptôme de maladie" dieses Verbalmodus (1965: 497).

W. Rothe (1967) äußert sich zwar nicht direkt zum Fortbestand der Formkategorie 'Subjonctif', aber mit seinem abschließenden Befund über den funktionalen Wert des französischen Konjunktivs scheint ein pessimistisches Urteil gesprochen zu sein:

> *In erster Linie* ist die B-Form [d. h. der Konjunktiv] im Laufe der Entwicklung zu jenem Element geworden, das als diskontinuierliches Morphem zum auslösenden Verballexem oder Translativ gehört und *keinerlei* (auch keine redundanten) *Informationen* zu vermitteln in der Lage ist. (1967: 409)[10]

Eine völlig andere Auffassung vertritt H. Glättli (1964). Die Fälle, in denen heute Subjonctif statt klassisch Indikativ steht oder stehen kann, so nach *il est probable que, à (la) condition que, d'où vient que* etc., wertet er als Beleg dafür "combien il serait faux de dire que le subjonctif tend à disparaître en français. Au contraire son domaine s'élargit." (1964: 288) Allerdings räumt auch Glättli ein, daß die Satzkontexte, in denen der Sprecher die Wahl der Modussetzung hat, zurückgegangen sind, daß also der Konjunktiv häufiger automatisch ausgelöst wird. Auch O. Gsell kommt wiederum nach Abwägung der unterschiedlichen Tendenzen in der Entwicklung des Konjunktivs - einer Ausdehnung seines Anwendungsgebietes z. B. auf Nebensatzverben nach bewertenden Ausdrücken des Typs *je regrette que* und andererseits deutlicher Mechanisierungstendenzen - immerhin zu dem Ergebnis, daß

> keine der Gebrauchsverschiebungen der letzten hundert Jahre, insbesondere im Bereich der geschriebenen Sprache, ein direktes Indiz für die erstarkende oder schwindende 'Lebenskraft' des Subjonctif darstellt. (1979: 109)

---

[10]Zum automatisierten Subjonctif-Gebrauch im Französischen s. auch Menanteau 1986, ferner Togeby 1966. Lac 1983 kann für den gegenwärtigen Subjonctif-Gebrauch keine einheitliche Erklärung finden. S. die amüsante ironische Darstellung der gesellschaftlichen Konsequenzen beim Verlust des (englischen) Konjunktivs von Elsom 1984.

Dieser von Gsell erstellte Vitalitätsbefund des Subjonctif auf "Fortbestand unge-
fährdet" enthält eine Einschränkung: er bezieht ihn vordringlich auf die geschriebene
Sprache. - L. Söll (1980) sieht die erwähnten Ersetzungstendenzen des Subjonctif durch
den Indikativ schwerpunktmäßig in der gesprochenen Sprache am Werk, wie der *code
parlé* insgesamt zu einer Vermeidung konjunktivischer Konstruktionen tendiert; die
Analyse der Materialien des *Français fondamental* ergibt eine Verteilung der darin vorkommenden Konjunktive auf wenige Automatismen - der Löwenanteil entfällt auf *falloir
que* -, sowie eine hohe Ziffer Indikativ-homonymer Konjunktive (ca. 50 %). Diesen Te-
nor von Sölls Beurteilung der modernfranzösischen Konjunktiv-Lage schränkt aber
F. J. Hausmann in der von ihm vorgenommenen Überarbeitung von Sölls bereits postum
1974 erschienenen Werk mit dem Hinweis auf neuere Arbeiten (darunter auch Gsell
1979) ein, deren Ergebnisse auch im *code parlé* nicht auf einen *déclin* hindeuten (1980:
129). - Daß der Konjunktiv in der gesprochenen Sprache verhältnismäßig selten auftritt,
stellen G. Holtus (1980) und J. Sand (1983) fest. Nach Sands Resultaten ist der Subjonctif in von Willens-Verben regierten Objektsätzen am häufigsten vertreten; von 236 eindeutigen Konjunktiven entfallen 111 auf die *verbes de volonté*, von denen wiederum 92
falloir-Formen sind (1983: 307, 311).

2.2.2. Die Vergangenheitsformen des Subjonctif

Als ein Argument in der genannten Diskussion um den möglichen Schwund des
Subjonctif wird oft der weitgehend vollständige Verlust seiner Imperfekt- und Plus-
quamperfekt-Formen genannt (sieht man einmal von einem betont klassisch-literari-
schen Französisch ab)[11]. So auch im untersuchten Korpus: die genannten Vergangenheitsformen des Konjunktivs kommen darin nicht vor. Wie Gsell (1979: 98) aber zurecht
bemerkt, muß dieser Umstand kein Symptom für eine Agonie des Subjonctif bedeuten,
und zwar dann nicht, wenn sich erweist, daß an die Stelle der verlorenen Vergangenheitsformen Präsens und Passé composé des Konjunktivs treten. Allerdings finden sich
im untersuchten Korpus nur drei Konjunktiv-Perfekt-Formen[12] (und zwar bezeichnenderweise in besonders schriftlichen Texten oder Teiltexten, s. u.). Gehen nun aber sämtliche Vergangenheitsformen des Konjunktivs verloren, so büßt dieser Verbalmodus
nicht nur die Kapazität der Markierung einer *concordance des temps*, sondern auch von
innertextueller Vorzeitigkeit[13] ein und verliert damit ein großes Quantum grammatischer

---

[11]Zur Vitalität des Konjunktiv-Imperfekt im Schriftfranzösischen s. Lindqvist 1979; Barral 1980.

[12]Auch Holtus 1980 konstatiert bei seiner Korpusuntersuchung von Tonbandtranskriptionen eine große Seltenheit des Subjonctif du passé composé.

[13]Vgl. Rothe 1967: 80 ff.

Flexibilität, was den Konjunktiv als Regel-Modus in Nebensätzen sicherlich nicht geeigneter macht.

2.2.3. Die Hauptparzellen des Konjunktiv-Feldes im untersuchten Korpus: darstellende, appellative und expressive Modalausdrücke

Es zeichnen sich vor allem drei große Gruppen von Konjunktiv-Verwendungen im untersuchten Korpus ab[14].

2.2.3.1. Epistemische Ausdrücke (Gruppe A)

Der Konjunktiv steht nach übergeordneten Ausdrücken, die eine besondere darstellende Modalität thematisieren, genauer, die eine stark eingeschränkte Assertion oder die Aufhebung der Assertion anzeigen.

Den "Kernbestand" dieser Gruppe bilden Fälle wie B1 (die im untersuchten Korpus allerdings ausgesprochen rar sind):

B1 (KX/4/16-18)

```
D [                                        dans un premier

D [ temps il semble que ce soit Pinabel qui va l'emporter exactement

D [ comme lorsque Baligant combat contre Charlemagne
```

Entscheidend für die Setzung bzw. Nicht-Setzung des Konjunktivs in einem Nebensatz, der von einem darstellend modalen Ausdruck regiert wird, ist die Position, die dieses epistemische (oder quasi-epistemische) Monem auf der Skala 'Sprechergewißheit' einnimmt[15]: ist der übergeordnete Ausdruck dem Skalenumschlagpunkt 'Ungewißheit/Indifferenz' oder einer rechts davon, also dem Pol 'negative Gewißheit' weiter angenäherten Position zuzuordnen, steht zumeist der Subjonctif (daß diese Regel nicht ausnahmslos gilt, wird sich u. zeigen). In B1 interpretiert der Sprecher - ein Literaturprofessor, der eine Schlüsselszene aus dem altfranzösichen Rolandslied bespricht - den Eindruck, den

---

[14]Nordahl 1969 (s. bes. 248 ff.) unterscheidet analog ein *système volitif, système subjectif* und *système dubitatif* der Subjonctif-Verwendungen. Ebenfalls formuliert Gsell 1979 eine solche Gliederung. Vgl. ferner die Konjunktiv-Gruppen, die Globevnik 1983 feststellt.
[15]Vgl. I.3.(1).

die Situation zu Beginn des zur Diskussion stehenden Duells bei den Protagonisten bzw. dem mit dem Stoff nicht vertrauten Leser erwecken muß. Die Proposition *Pinabel l'emporte sur Thierry* assertiert er aber nicht; natürlich weiß er um den gegenteiligen Fortlauf des Geschehens[16]. - Ist umgekehrt die Assertion vom Sprecher nur derart eingeschränkt, daß der Punkt 'Ungewißheit/Indifferenz' nicht (und auch nicht in stark angenäherter Weise) erreicht ist, steht der Indikativ: so ziehen *il me semble que* - hier markiert *me* deutlich, daß der Sprecher die eingeschränkte Regreßpflicht übernimmt und nicht nur von einem mehr oder weniger indifferent berichteten Anschein die Rede ist - (B2), *je crois que* (B3), *je pense que* (B4), *je trouve que* (B5), *j'ai l'impression que* (B6) etc. den Indikativ nach sich[17]:

B2 (KIII/9/15-17)

```
H [              moi il me semble que  œ le statut de co-responsabilité

H [ paraît très important dans la mesure où ces femmes sont souvent

H [ mariées sous un régime qui ne les favorise pas
```

B3 (KIII/25/13-18)

```
C [                        alors je suis donc comme vous l'avez
  |
X |      (( Lachen ))

C [ dit fille d'exploitants je suis restée sur l'exploitation familiale

C [ de mes parents mais je crois que il y a vingt-cinq trente ans les

C [ femmes travaillaient œ il y avait plus de monde dans les exploitations

C [ les femmes n'avaient pas le même rôle au niveau de l'exploitation
```

---

[16]Jedoch ist in anderen Fällen der Sinn der Formel *il semble que* nicht so eindeutig bzw. manchmal angenähert an *j'ai l'impression que*; in diesen Fällen wäre der Gebrauch des Subjonctif im nachfolgenden Objektsatz als *servitude grammaticale* zu erklären. Überhaupt ist die Distinktion *il semble que* vs. *il me semble que* umstritten, s. Nordahl 1969: 158 ff., wobei die hier favorisierte Bestimmung insbesondere mit der von Tanase übereinstimmt, s. Nordahl 1969: 165 f.; vgl. dazu auch die der hier vorgeschlagenen Interpretation ähnliche Bedeutungsunterscheidung von *il semble que* vs. *il me semble que* bei Eggs 1981: 25 ff.
[17]Werden diese Ausdrücke aber negiert, bekommen sie einen stark dem Pol 'negative Gewißheit' angenäherten Skalenwert und ziehen nach den Regeln der Grammatik den Subjonctif nach sich, s. Raible 1983a: 282, 286. Das untersuchte Korpus hält hierfür jedoch keine Beispiele bereit, bzw. es kommen nur solche Fälle vor, wo diese Regel nicht zur Anwendung kommt, s. u.

140

B4 (KIII/24/16-20)

```
C [            il y a quand même la famille qu'il faut sauvegarder et

C [ je pense que ce côté-là la femme a un grand rôle à/ encore à
       ───────────                              ─
R ┌    alors justement
  │
P │                      (      ) qui vous contre/ c'est pas le ministre
  │
C └ à jouer
```


B5 (KIII/29/5-8)

```
L [                        comme l'a dit Madame Phillipeau que ce

L [ qui conditionne la vie d'une femme c'est son mariage enfin nous le

L [ souhaitons n'est-ce pas donc c'est à partir de ce moment-là alors

L [ et je trouve qu'il y a pas d'alternative et nous au contraire
    ──────────────────────
```


B6 (KIII/29/13-15)

```
L [          nous avons l'impression qu'à l'heure actuelle on est en
          ─────────────────────────                         ──
L [ train un peu au Ministère de l'Agriculture de sacrifier cet eng/ cet

L [ enseignement féminin rural
```


Besonderer Erwähnung bedarf weiterhin die indikativische Formel, die im Französischen in der Regel zur Explizitmachung des Skalenpunktes 'Ungewißheit' dient und bei präsentischer Verwendung in der ersten Person - also wenn der Sprecher seiner aktuellen Ungewißheit Ausdruck verleiht - im Normalfall nur den Translativ *si* nach sich zuläßt:

B7 (KIII/14/10-15)

```
L [              quand vous allez aujourd'hui chez un notaire pour signer

L [ un bail il est bien rare que le notaire se contente de la signature du

L [ seul mari il demande la signature de l'épouse parfois même aussi

L [ il demande la signature des parents de l'époux et de l'épouse

L [ bon              et et c'est exactement pareil sur le plan du crédit
   |
X [   mais Monsieur je ne sais pas si ça se fait automatiquement
```

Im untersuchten Korpus findet sich der Subjonctif immer nur nach solchen epistemischen Ausdrücken, in denen der Sprecher die von ihm selbst übernommene Regreßpflicht einschränkt oder aufhebt, d. h. Ausdrücke des Typs *'il ne croit pas* + Subj.' kommen nicht vor[18]. - Den Indikativ nach diesem negierten Glauben-Verb interpretiert Börjeson im Sinne der *réinvasion nynégocentrique* von Damourette/Pichon[19]:

> Il est certain que *Pierre ne croit pas que Jean est venu* est aussi 'correct' que *Pierre ne croit pas que Jean soit venu.* Dans le premier cas on se trouve devant un fait: je sais bien et mon interlocuteur sait également que Jean est venu. Pourtant, Pierre ne le croit pas. Tandis que, dans le second cas, on partage l'incertitude de Pierre. Ce serait, avec les termes de Damourette et Pichon, la non-participation ou la participation du locuteur à l'opinion du protagoniste. La situation est évidemment différente à la première personne. C'est là mon incertitude ou non-croyance personnelle que j'exprime en me servant de la première personne: *je ne crois pas que Jean soit venu* (Börjeson 1966: 25)

Diese klarsichtige Trennung der Bedeutung von Konjunktiv und Indikativ nach *il ne croit pas que* bleibt für das gesprochene Französisch um die Feststellung zu erweitern, daß die zitierte Opposition hier auftreten kann, aber nicht muß: d. h. der Indikativ in *Pierre ne croit pas que Jean est venu* kann in der gesprochenen Sprache mit ihrer sich abzeichnenden Tendenz, auf dem epistemischen Sektor auf den Gebrauch des Konjunktivs in steigendem Maße zu verzichten, auch merkmallos, also ersatzweise für den Subjonctif gebraucht werden. Demnach kann sich der Sprecher im genannten Satz durchaus des Indikativs bedienen, ohne damit für den Sachverhalt *Jean est venu* die Regreßpflicht übernehmen zu wollen. Das folgende Beispiel zeigt, daß trotz negativer Sprechergewißheit (*ça n'existe pas*) nach dem in der zweiten Person halb fragend, halb provokativ gebrauch-

[18]Auch in Börjesons umfangreichem Korpus finden sich nur 6 Vorkommen von *il/on ne croit pas* vs. 78 Fällen von *je ne crois pas*, 1966: 25.
[19]S. Damourette/Pichon 1911/1936: 496 ff., 502 ff.; zu einer Präzisierung und Korrektur des Prinzips der *réinvasion nynégocentrique* s. Eggs 1981: 32 ff.

ten Verb *imaginer* der Indikativ stehen kann (es geht um eine eventuelle längere Warte-
zeit im Restaurant); hier liegt also - obschon die Regeln des Schriftfranzösischen dieses
ermöglichen, wenn nicht verlangen - mitnichten eine mit dem Konjunktiv markierte *réinvasion nynégocentrique* vor[20]:

B8 (KI/13/9-16)

```
F l                                      mais oui parce que toi tu

F [ fais ‹₂tu fais tu sers la soupe en même temps tu fais chauffer l'

F [ bifteck en même temps tu fais chauffer autre chose et puis résultat

G ⌈                                      oui alors tu
  l                                                         ‾‾
F l ou ça crame ou ça s' dessèche ou ça fait autre chose ₂›

G [ t'imagines dans un restaurant qu'on t' fait attendre un quart
    ‾‾‾‾‾‾‾‾
G ⌈ d'heure         ... ça n'existe pas œ ‹₃je je j' mets d' l'eau
  l                                     ‾‾
F l     .. ouais


‹₂Aufzählung in
schnellem Sprech-
tempo ₂›

‹₃zu R, weil kein
Wein auf dem Tisch ₃›
```

Im übrigen ist B8 dem familiären Französisch entnommen; darauf wird noch einzugehen
sein.

Zurück zu den darstellend modalen Ausdrücken in der ersten Person bzw. den
übergeordneten darstellend modalen Einschränkungen aus der Sprecherperspektive
heraus. In einem weiteren Sinne gehören hierher auch hypothetische Setzungen wie in
B9 mit *il se trouve que*, worin der - zukünftige - Sachverhalt *X ist von Arbeitsunlust ergrif-
fen* weder assertiert (per definitionem ist die aktuelle Existenz eines rein zukünftigen
Sachverhalts negativ gewiß) noch verschoben assertiert ist:

---

[20]Vgl. Nordahl 1969: 181 ff., bes. 189 f.

B9 (KI/11/2-6)

```
F ⌊                                          ben c'est

G ⌈                                     je le
  |
F ⌊ évident que je dois bosser j'y vais pas pour autre chose

G ⌈ comprends mais si mettons tu ne bossais pas il se trouve que tu

G ⌈ ne/ que ça te prenne comme ça je veux pas bosser
```

Außerdem gehören in die erweiterte Gruppe der übergeordneten darstellend modalen, den Konjunktiv regierenden Ausdrücke Konjunktionen wie *sans que*, die die Regreßpflicht für die untergeordnete Proposition stark einschränken oder aufheben:

B10 (KIII/11/18-20)

```
P ⌈                          aucune opération ne pourra être faite sur

P ⌈ le bail qui est en somme la la la raison d'être de l'exploitation

P ⌈ sans que la femme soit associée à son mari et inversement
```

Die Untersuchung des Konjunktivs in von epistemischen Ausdrücken regierten Nebensätzen bestätigt also nun insofern die in III.2.1. skizzierte Theorie, als hier modale und syntaktische (Unterordnungs-) Bedeutung des Konjunktivs in der dargelegten Weise zusammenspielen: der Subjonctif steht dann nicht, wenn der übergeordnete Ausdruck eine uneingeschränkte oder nur leicht eingeschränkte Assertierung der untergeordneten Proposition explizit macht. Ansonsten steht - so ist bereits einschränkend hinzuzusetzen - *zumeist* der Konjunktiv. Auf eine schwindende Flexibilität des Konjunktiv-Gebrauchs auf dem epistemischen Sektor scheint des weiteren die in B8 ausbleibende *réinvasion nynégocentrique* zu deuten, wie denn Konjunktive in der zweiten Person sowie negierte Glaubens- und Wissensverben, die (abgesehen von den Fällen einer *réinvasion nynégocentrique*) den Konjunktiv nach sich ziehen, fehlen. Den Ausdrücken des Typs *je ne crois pas qu'il y ait x* scheint das gesprochene Französisch als Ersatzstrategie die (modaltheoretisch anders zu bewertende, s. I.3.) Formel *je crois qu'il n'y a pas x* zu bevorzugen; dieses letztere syntaktische Muster ist im untersuchten Korpus häufiger vertreten (s. z. B. B5).

2.2.3.2. Appellative Modalisierungen (Gruppe B)

Weiterhin steht der Konjunktiv nach solchen übergeordneten Ausdrücken, mit denen eine besondere appellative Modalisierung der Äußerung einhergeht:

B11 (KIII/16/8-12)

```
L [                    mais ce que nous voulons c'est que les

L [ femmes sachent bien et et et leur/ le ménage sache bien les

L [ conséquences juridiques économiques et sociales dans lesquelles

C ⌈            bon ce que vient de dire Monsieur Perrin est très
  ⌊
L ⌊ il sombre
```

B12 (KIV/9/12-13)

```
D [            j' voudrais si vous l' voulez bien maintenant que nous

D [ parlions d' votre présence à Strasbourg œ
```

(B11 verbalisiert einen stärkeren Nachdruck als B12; auf das Conditionnel als Abdämpfungsmittel wird in III.3. eingegangen werden[21].)

B13 (KIV/10/2-5)

```
M ⌊            oui non mais peut-ète bien qu'il faut que vous

M [ commenciez à informer correctement les auditeurs de c' que je suis

D ⌈            mais on en a parlé dans le
  ⌊
M ⌊ venu faire à Strasbourg je l' suis
```

---

[21]Zur Interpretation von Wunsch- oder Wollen-Verben als Appelle s. I.2.1., I.4. und I.5. Wenn ich hier *je voudrais que* etc. in die Gruppe der appellativen Verben einreihe, folge ich der eher pragmatischen Bedeutungsinterpretation dieser Lexeme, während in I.4. zunächst eine formale semantische Perspektive verfolgt worden war. Wenn es o. um die exakte Beschreibung noematischer Kategorien ging, so scheint im Fall Konjunktiv die pragmatischere Sicht die ausschlaggebende, d. h. dem Sprecherbewußtsein nahekommende zu sein.

Ferner gehören zu dieser Gruppe gegenwärtige Finalkonstruktionen, in denen der Sprecher einen künftigen Sachverhalt formuliert, dessen Realisierung er intendiert (insofern handelt es sich hier also um Appelle um die Nachlieferung der Assertion, die der Sprecher an sich selbst richtet):

B14 (KVI/3/20-4/6)

```
M [ hier soir nos/ les organisations C F D T  C G T et Fédération de
M [ l'éducation nationale ont repris notre proposition d'organiser entre
M [ le quinze et le trente avril une journée nationale d'action à
M [ laquelle à notre avis devrait participer l'ensemble des organisations
M [ syndicales et mutualistes de façon à ce que dans une large unité
M [ sur un problème concret immédiat la suppression du ticket modérateur
M [ on puisse avoir une réaction populaire et donc une efficacité
```

B15 (KVI/8/7-12)

```
M [                                              eh bien le
M [ mouvement syndical organise l'action d'une façon convergente à
M [ partir de la situation de chaque entreprise pour faire en sorte que
M [ progressivement on remonte le salaire minimum et l'on atteigne
D [                                      alors Edmond Maire
M [ réellement effectivement les trois mille francs même s'il faut
```

(Auch in B15 handelt es sich um eine vom Sprecher ausgehende Finalität, da dieser - der Gewerkschaftsführer Edmond Maire - natürlich Teilmenge des *mouvement syndical* ist).

Die Interpretation des Konjunktivs in dieser - im untersuchten Korpus stark frequenten - Gruppe stellt keinerlei Probleme: bei Appellen ist der fragliche Sachverhalt per definitionem nicht assertiert, und zwar liegt dabei negative Gewißheit vor: zum Zeitpunkt der Äußerung existiert die Proposition nicht. Damit ergeben sich hier keine Konflikte zwischen Unterordnungs- und modaler Funktion des Konjunktivs.

146

2.2.3.3. Dargestellte appellative Modalität (Gruppe AB)

Zwischen den bisher umrissenen Gruppen gibt es einen Mittelbereich: steht der übergeordnete Appell-Ausdruck nicht in der ersten Person bzw. referiert er nicht mehr auf eine gegenwärtige, vom Sprecher ausgehende Aufforderung, liegt also eine Verschiebung in der Zeit und/oder der Person vor, so handelt es sich nur mehr um eine Darstellung eines appellativen Aktes[22]. Es bleibt aber bei der Nicht-Assertion der untergeordneten Proposition, und im Nebensatz steht in der Regel der Konjunktiv.

Eine Verschiebung in der Zeit liegt in den folgenden Beispielen (B16-18) vor:

B16 (KIII/4/20-5/2)

P [nous avons proposé que dans le cadre même

P [de la loi soient insérées des dispositions à la fois concernant

P [le statut civil et le statut professionnel de ces femmes agricultrices

B17 (KIII/19/5-6)

L [moi j'avais proposé un

L [moment qu'il y ait un collège de femmes d'exploitation

B18 (KIII/12/18-20)

P [œ Pierre Méhaignery et moi-même nous allons proposer

P [que ce soit ou le mari ou la femme qui puisse dire nous ne souhaitons

P [pas ce régime de co-responsabilité nous y mettons fin

B19 zeigt eine Verschiebung in der Person:

---

[22]Vgl. Benveniste 1958.

B19 (KI/25/15-17)

```
F [ non ils veulent pas tout casser ils veulent qu'il y ait pas de . pas

G [                                                   . ‹ les
  ¦
F [ de discrimina/ de discriminations envers les étrangers
```

In B20 sind gleichzeitig Person und Zeit verschoben:

B20 (KIII/12/4-7)

```
H [           .. ch/ oui pardon œ je pense que le problème qui se posait

H [ aussi c'était bon le vote de ce statut de co-responsabilité

H [ certaines demandaient que ce statut de co-responsabilité soit

H [ reconnu de plein droit et ne soit pas soumis à option
```

War die Gruppe A um Finalkonstruktionen, die einer gegenwärtigen Zielsetzung des Sprechers Ausdruck geben, erweitert worden, so sind hier entsprechend die in Person und/oder Zeit verschobenen Finalkonstruktionen einzureihen:

B21 (KII/3/7-8)

```
F [ alors j' voulais y aller c't après-midi puis œ Ralph il devait venir

F [ avec moi pour m'aider pour que ça aille plus vite crac la grand-mère
```

Hierher gehören auch die in den genannten grammatischen Merkmalen verschobenen finalen Relativsätze (in B22 handelt es sich um berichtete Rede; isoliert genommen, ließe sich der wiedergegebene Satz auch der Gruppe der appellativ modalisierten Äußerungen (III.2.2.3.2.) zuordnen):

148

B22 (KIII/28/1-4)

P [œ la plupart des filles répondent il y a un frère c'est lui qui

P [reprendra l'exploitation moi œ je me prépare à un métier qui soit

P [possible sur l'exploitation c'est-à-dire rural familial social mais qui

P [puisse me servir

B23 (KII/5/9-10)

B [.. ⟨₂elle n'a pas gueulé parce que le temps qu'elle t'attende elle a

B [bu un café ₂⟩

⟨₂ ? ₂⟩

Das Besondere an diesen finalen Relativsätzen ist, daß der Konjunktiv hier nicht - wie in B1-B21 - die Rolle eines redundanten Modus-Merkmals spielt, sondern daß hier der Konjunktiv das einzige Merkmal des intentionalen Bedeutungselementes ist. D. h., bei Ersetzung des Konjunktivs durch den Indikativ ergibt sich Kommutation (im Sinne von Hjelmslev 1974): in B22* *je me prépare à un métier qui est possible sur l'exploitation* ist die Brauchbarkeit des gewählten Berufes ein assertierter Sachverhalt[23].

2.2.3.4. Expressiv modale Ausdrücke (Gruppe C)

Als dritte Gruppe von Verbalausdrücken, die im nachfolgenden Objektsatz den Konjunktiv auslösen, zeichnen sich deutlich Sprecherbewertungen (B24-26) und Sprecherbewertungen ähnliche Ausdrücke (B27-28) ab.

B24 (KIII/19/8-9)

L [Madame et j'approuve Madame le Ministre que vous ayez la même

L [réaction que Madame Phillipeau mais je crois qu'il faudrait que

[23]Zu diesem Schluß gelangt wider Willen auch W. Rothe, s. 1967: 104-106. - Menanteau folgert allerdings aus einer von ihm durchgeführten Umfrage, daß der Unterschied zwischen finalem Relativsatz mit und ohne Konjunktiv lediglich stilistischer, aber nicht mehr semantischer Art sei (1986: 72 f.).

B25 (KIII/23/4-7)

```
C [                                   il est même un peu
C [ regrettable que ce soit uniquement les femmes comme vous venez de
C [ le dire qui s'occupent pratiquement essentiellement de comptabilité
C [ dans les exploitations
```

B26 (KIII/13/18-14/2)

```
L [                                   je regrette personnellement
L [ et comme président de l'assemblée permanente des chambres d'
L [ agriculture que ce que l'on appelle la loi Pelletier excusez-moi soit
P ⌠                   j'en suis fière
  ⌡
L ⌊ un peu pour l'instant en panne        soit un peu en en (en) panne
```

B27 (KI/28/10-13)

```
G ⌠           ah ben at/ attention ɛ̃ attention celui qui apprend le
  ⌡
F ⌊ ceux-là ₁⟩(       )
G [ français j' comprends qu'il vienne en France celui qui apprend l'
G [ allemand j' comprends qu'il aille en a/ en Allemagne ou en Russie
```

B28 (KIII/14/17-19)

```
L [ je crois qu'il est tout à fait œ logique que sur le plan
L [ professionnel n'est-ce pas l'homme et la femme soient co-associés
L [ quand ils le souhaitent .
```

Wie gesagt behandelt Raible den Konjunktiv nach bewertenden Verben wie z. B. in *Je suis content qu'il soit venu* als Subordinations-Modus, der gesetzt werden kann, weil das

Hauptverb keine Übernahme der Regreßpflicht explizit macht (so Raible 1980: 218 f.; 1983: 279, 282 f.). Diese Interpretation wird noch einsichtiger, wenn man sie präzisiert. Wohl impliziert das Hauptsatzverb die Übernahme der Regreßpflicht für die Neben-satz-Proposition: *Je suis content qu'il soit venu* läßt kein anderes Verständnis zu, als daß der Unbekannte tatsächlich gekommen ist. Das übergeordnete Verb drückt aber keinen darstellend modalen, sondern einen bewertenden Akt aus. Die Übernahme der Regreßpflicht für *il est venu* ist somit keine im Vordergrund vollzogene Sprechhandlung, sondern lediglich präsupponiert; daher kann der Konjunktiv mit der modalen Bedeutung 'Aufhebung/Einschränkung der Assertion' ohne semantischen Konflikt seine Unterordnungsfunktion ausüben[24].

Damit ist aber noch nicht alles gesagt, denn offensichtlich ist der Konjunktiv nach bewertenden Verben trotzdem nicht nur Unterordnungssignal, sondern ein gerade in Abhängigkeit von diesen Verben gesetztes modales Signal. Dafür spricht der Umstand, daß der Subjonctif nach expressiv modalen Verben ein relativ junges Phänomen darstellt[25]. Somit scheint es sinnvoll, dem Subjonctif in diesem Kontext eine von seiner primären modalen Bedeutung ('Aufhebung/Einschränkung der Assertion') abgeleitete modale Bedeutung 'Subjektivität' oder 'zweitrangige Faktizität'[26] zuzuschreiben; dieses Merkmal weist die untergeordnete Proposition in den übergeordneten Bewertungsrahmen ein.

2.2.3.5. Dargestellte expressive Modalität (Gruppe AC)

Der systematischen Vollständigkeit halber seien analog zu den in der Gruppe AB subsumierten Fällen die in Person und/oder Zeit verschobenen übergeordneten expressiv-modalen Ausdrücke mit dem Konjunktiv genannt; auch hier verbleibt dabei nur die *Darstellung* einer expressiv modalisierten Äußerung. Allerdings findet sich kein entsprechendes Vorkommen im Korpus, und mit dem Rekurs auf ein Beispiel Nordahls wird eigentlich der empirische Rahmen verlassen:

Les Américains, en effet, se sont montrés mécontents de ce que les Allemands ne soient pas prêts à leur donner une aide financière plus forte ... (1969: 106)

---

[24]Zur Entstehung des Konjunktivs als Unterordnungssignal, als *modus subiunctivus* im Lateinischen s. Harris 1978a: 168 ff.; zum Konjunktiv in dieser syntaktischen Funktion s. auch den Versuch von Nølke 1985, diesen Modus mit Hilfe von Ducrots Polyphonie-Theorie zu beschreiben.
[25]S. Gsell 1979: 106; Rothe 1976: 322.
[26]Gsell 1979: 106. Gsell selbst ist gegenüber dieser Deutungsmöglichkeit - obschon sie auch für ihn Plausibilität besitzt - skeptisch.

2.2.3.6. Konjunktive außerhalb der Gruppen A, B und C

Der weitaus größte Teil der im Korpus registrierten Konjunktive fällt in den durch die genannten Gruppen konstituierten Raster (s. u., 2.2.3.7.). - Nicht vorhanden ist in den untersuchten Transkripten der Konjunktiv nach Konzessivfunktoren wie *quoique*; würde er vorkommen - und gänzlich aus der gesprochenen Sprache verschwunden ist er wohl nicht[27] -, so ließe er sich folgendermaßen deuten. Dabei kann auch hier die Bedeutung dieses Verbalmodus als abgeleitete erklärt werden, die sich aus dem Wesen der Konzessivrelation ergibt. Ein Konzessivausdruck wie z. B.

Quoiqu'il fasse beau, Jean reste à la maison

läßt sich auflösen als verkürzte Konjunktion zweier Kausalrelationen:

(1) es ist erwartbar:

$I(mplikans)_1$ $R(esultat)_1$

Comme il fait beau, Jean fait une balade,

was aber ungültig ist, da

(2) I_2 R_2

Comme Jean est enrhumé, il reste à la maison,

wobei I_2 Vorrang vor I_1 hat.

In der genannten Konzessivrelation treten also zwei Propositionen explizit auf, die als wahr vorgestellt werden:

il fait beau (I_1) und *Jean reste à la maison* (R_2),

wobei der Konzessivfunktor *quoique* als Stellvertreter für R_1 (die erwartbare, aber nicht eintretende Folge) und ferner I_2 (das tatsächlich ausschlaggebende Implikans, das Vorrang vor I_1 hat) fungiert[28]. Auch hier steht der Konjunktiv also bei einem Verb, für

---

[27] Allerdings kann sein Fehlen im untersuchten Korpus als Beleg für seine geringere Häufigkeit im gesprochenen Französisch gewertet werden.

[28] Vgl. die in diesem Zusammenhang aufschlußreiche Analyse von Kausalsätzen mit negiertem Resultat, die Lorian 1966: 41 f. gibt, sowie auch Sandfeld 1965: 313 f. - S. des weiteren die von Moeschler/De Spengler 1983: Abschnitt 1 besprochenen Begriffe von 'Konzessivität'. Moeschler/De Spengler unterscheiden eine logische (in beschreibenden Konversationen verwendete) Konzession als eine Relation zwischen drei Gliedern p, q (p bien que q) und non-q, zu welchem dritten Glied p normalerweise Ursache ist, und zweitens eine argumentative Konzession (p mais q), die aus vier Gliedern p = Argument für das Resultat r und q = Argument für non-r besteht, wobei q das stärkere Argument ist. Im Unterschied zu Moeschler/De Spengler bestimme ich die Konzessiv-Relation einheitlich als Beziehung zwischen vier Gliedern; wohl gibt es Konzessivfunktoren, die einen eher argumentativen oder einen eher beschreibenden Charakter haben,

dessen Inhalt der Sprecher die Regreßpflicht übernimmt; das zeigen die Markierung der temporalen Gleichzeitigkeit der Nebensatzhandlung mit der Hauptsatzhandlung und vor allem der semantische Gehalt von *quoique*. Aufgehoben wird vor allem die Assertion für die an sich mit der Proposition verbundene Konsequenz: trotz Faktizität hat der fragliche Sachverhalt in diesem Fall nicht seinen normalen Stellenwert, welchen er ansonsten im Alltagswissensbestand besitzt. D. h, auch hier nimmt die Grundbedeutung des Subjonctif eine besondere Färbung an:

Grundbedeutung:

abgeleitete Bedeutung nach
Konzessivfunktoren:

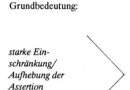

*starke Ein-
schränkung/
Aufhebung der
Assertion*

*Herauslösung des Sachver-
halts aus dem normalen
Alltagswissenskontext/
Aufhebung der normalerweise
mit der ausgedrückten
Proposition verbundenen
Konsequenzen.*

Ist der Versuch einer sinnvollen modalen Erklärung des Konjunktivs nach Konzessivfunktoren unternommen worden, so ließe er sich gleichfalls als reines Unterordnungssignal im Sinne Raibles (s. o.) interpretieren; auch die Deutung dieses Subjonctif als einer bloßen *servitude grammaticale* gehorchend ist nicht ganz von der Hand zu weisen, welchem Automatismus sich im übrigen das familiäre Französisch zu entziehen trachtet[29].

Die Erklärung des Konjunktivs als bloßes syntaktisches Unterordnungs-Sicherheitsnetz, das im Laufe der Diachronie eventuell zu einer *servitude grammaticale* geronnen ist, wird man aber in jedem Fall für eine ganze Reihe anderer Subjonctif-Vorkommen heranziehen, so u. U. für den Konjunktiv nach Superlativen und Superlativähnlichen Ausdrücken:

---

nur ist die Bestimmung der Basis-Relation von dieser Opposition nicht betroffen. - Vgl. zu diesem Problemkreis ferner Vogel 1979; Meunier 1985: 108 ff.
[29]Vgl. Gsell 1979: 107. - Das Korpus enthält ein Vorkommen von *quoique* mit dem Indikativ, s. u.

B29 (KVI/2/2-5)

```
C [                                    vous êtes en train

C [ de vous battre avec la c/ la la ⟨₁C G T ₁⟩ œ d'une façon œ sur le

C [ terrain des luttes syndicales où vous n'êtes pas toujours très voisins
                                                      ---
C [ c'est le moins qu'on puisse dire
```

⟨₁ *Confédération*
générale du travail ₁⟩

Hier ist der Konjunktiv sehr stark automatisiert, da *c'est le moins qu'on puisse dire* den Charakter einer feststehenden Formel hat (von der hier kaum noch vorhandenen syntaktischen oder semantischen Motivierung zeugt der Indikativ in dem Antonym *c'est tout ce qu'on peut dire*). Allerdings läßt sich auch für den Konjunktiv nach Superlativen und Superlativ-ähnlichen Ausdrücken eine modalsemantisch sinnvolle Erklärung finden. Unter Berufung auf Carlsson befindet Hunnius,

> daß der Konjunktiv hier durch die Erschließung des Bereichs der Potentialität die Verallgemeinerung verstärkt und die Gültigkeit des Superlativs erweitert. Er hat also [...] eine intensivierende Wirkung und fungiert nicht, wie in maßgeblichen Grammatiken behauptet, als Abschwächung und Einschränkung. (1987: 53)

Mit folgender Ableitung ließe sich diese Erklärungsmöglichkeit hier integrieren[30]:

---

[30]Interessant ist in diesem Zusammenhang die Feststellung von Nathan/Winters Epro, daß der romanische Konjunktiv funktional häufig für einen englischen *polarity item* steht, so für *ever* in einem Superlativ-Ausdruck:

> *He's the only man who can ever decide quickly*

entspricht im Französischen

> *C'est le seul homme qui puisse décider rapidement* (1984: 523).

Die von Hunnius vorgeschlagene Erklärung paßt hierfür sehr viel besser als die eigene von Nathan/Winters Epro ("The subjunctive in these cases [...] implies a certain doubt", 1984: 523).

154

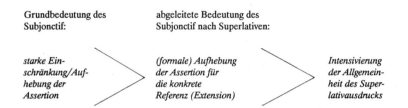

Grundbedeutung des
Subjonctif:

abgeleitete Bedeutung des
Subjonctif nach Superlativen:

*starke Ein-
schränkung/Auf-
hebung der
Assertion*

*(formale) Aufhebung
der Assertion für
die konkrete
Referenz (Extension)*

*Intensivierung
der Allgemein-
heit des Super-
lativausdrucks*

2.2.3.7. Klassifizierungs-Raster für die Konjunktiv-Vorkommen im untersuchten Korpus

Für die Klassifizierung der Konjunktiv-regierenden Ausdrücke im untersuchten Korpus ergibt sich jetzt das folgende Schema. Von übergeordneten Kontexten statt Ausdrücken muß im Falle der finalen Relativsätze gesprochen werden: hier ist der Konjunktiv kein redundantes Signal, d. h., es steht kein den finalen Sinn der Äußerung explizierendes Lexem (s. o.). Die vom Raster nicht erfaßten Konjunktiv-Vorkommen figurieren dann jeweils unterhalb des Schemas.

Konjunktiv-regierende Modalausdrücke/Kontexte

	Appellative Modalität		Darstellende Modalität		Expressive Modalität
klare Zuordnung	**B** Ausdrücke des Typs *j'exige que*, d.h. Aufforderungssprechakte in der ersten Person, bzw. - bei unpersönlichen Ausdrücken - unter Bezug auf die Person des Sprechers	**AB** Verschiebung in Person und/ oder Tempus von B = berichtete Appelle	**A** Ausdrücke des Typs *je ne crois pas que*, d.h. übergeordnete epistemische Ausdrücke (vorzugsweise in der ersten Person bzw. - bei unpersönlichen Ausdrücken - unter Bezug auf den Sprecher)	**AC** Verschiebung in Person und/ oder Tempus von C	**C** Ausdrücke des Typs *je regrette que*, d.h. Sprecherbewertungen (im Sinne der in I.4. eröffneten Skala)
verwandte Fälle	**B'** Finalität ausgehend vom Sprecher (Gegenwart)	**AB'** Finalität, personal und /oder temporal verschoben = berichtete Finalität	**A'** übergeordnete epistemische Ausdrücke im weiteren Sinne	**AC'** Verschiebung in Person und/ oder Tempus von C'	**C'** Fälle, die mehr oder weniger implizit eine Sprecherbewertung bedeuten bzw. verwandte Bewertungen

2.2.4. Der Konjunktiv in den unterschiedlichen Textsorten

2.2.4.1. Übersicht

Zusammengenommen wurden in den vier untersuchten Textsorten (s. u.) 84 Konjunktive verzeichnet; bei 19 Formen, also ca. 23 % der Fälle, ist der Konjunktiv mit dem Indikativ homonym, d. h. er kann nur auf Grund des übergeordneten Modalausdrucks identifiziert werden[31]. - Es folgt ein Überblick über die Konjunktivauslösenden Modalausdrücke bzw. Kontexte in den einzelnen Textsorten nach dem in III.2.2.2.7. skizzierten Raster; bei Indikativ-Homonymie des jeweiligen Konjunktivs wird der aufgelistete Ausdruck in Klammern gesetzt:

Familiäres Gespräch

B: *faut que*

AB: *ils veulent que; faudra que* etc.

AB':   *pour que; le temps que*

A: *(ce n'est pas sûr que)*

A':   *il se trouve que*

C':   *je comprends que*

Nicht erfaßt: *le fait que* + Subjonctif

---

[31]Aus der Aufschlüsselung der Indikativ-homonymen Konjunktive nach Textsorten ergibt sich kein signifikanter Hinweis, wie es denn auch in einigen Homonymie-Fällen schwierig ist, über die Alternative Indikativ-Konjunktiv zu befinden. Eindeutig sind dabei die von *il faut que* regierten Nebensätze: in diesen steht in keinem Fall ein eindeutiger Indikativ, was es erlaubt, hier auftretende Indikativ-Homonymien auf "Konjunktiv" zu diagnostizieren.

Sozio-politische Diskussion

B: *je voudrais que; il faut que; il faudrait que; on pourrait désirer
au moins que; (l'importance qu'il y a à ce que);
ce que nous voulons c'est que; je souhaite que*

B': *... qui puisse ... faire évoluer vers des métiers qui soient
utilisables*

AB: *nous avons proposé que etc.; nous étions animés du souci de faire
en sorte que; il faudra que; certaines demandaient que*

AB': *prendre une décision demande que; un métier qui soit ...
et qui puisse ...; pour que; ceci permettra à ce que*

A': *sans que*

C: *je regrette que; j'approuve que; il est bien dommage que;
il est regrettable que*

C': *je crois qu'il est logique que*

Nicht erfaßt: (*il est rare que*)

Politische Diskussion

B: *je voudrais que; il faut que*

B': *de façon à ce que; en sorte que*

AB': *... veillent à ce que soient respectés*

C': *je suis content que*

Cours magistral de littérature

B: *il faudrait que*

AB: *il faut que*

AB':   *pour que*

A: *il semble que; supposons une seconde que*

A':   *qu'il s'agisse de ... qu'il s'agisse de ...*
        qu'il s'agisse de

2.2.4.2. Unterschiedlicher Konjunktivgebrauch in mündlicheren und schriftlicheren Textsorten

Im **familiären Gespräch** erweist sich der Konjunktiv als durchaus präsent, und in Einzelfällen wird er hier auch in differenzierter Weise gebraucht, wie in hypothetischen Sätzen (s. o., B9) oder finalen Relativsätzen (s. o., B23). Diesen wenigen merkmalhaltigen konjunktivischen Syntagmen steht aber ein hoher Prozentsatz der mechanischen und relativ merkmallosen Formel *'il faut que* + Subjonctif' entgegen, auf die in dieser Textsorte ca. 41 % (7 von 17 Fällen) der Konjunktive entfallen[32]. Gegen eine flexible und merkmalhaltige Konjunktiv-Verwendung im familiären Gespräch spricht auch das Fehlen des Subjonctif im Passé composé (s. o., III.2.2.1.).

Weiter finden sich in dieser Textsorte Sätze, in denen statt des Konjunktivs "falscherweise" der Indikativ steht; an sich verlangt *quoique* den Konjunktiv (B30), und

---

[32]Dem entspricht in etwa die Prozentzahl von *falloir*-Konjunktiven, die nach Sölls Angaben die Materialien des *Français fondamental* enthalten, s. Söll 1980: 127 f. Zu einem anderen Ergebnis gelangt Holtus 1980. Nach seiner Erhebung ist *'pour que* + Subjonctif' der Spitzenreiter in der Frequenz-Hitliste der Konjunktiv-auslösenden Ausdrücke in gesprochenen Französisch (21,7 %), s. 1980: 50. Außerdem folgert er: "Spontansprachliche und nicht spontane Texte unterscheiden sich nicht wesentlich im Konjunktivgebrauch ..." (1980: 50), worin Holtus hier gleichfalls beigepflichtet wird. Die spontansten mündlichen Texte, die Holtus zur Verfügung stehen, sind allerdings Interviews, ein Texttyp, der - wie hier postuliert - in puncto 'Grad der Planung', 'Öffentlichkeit' etc. und damit 'Schriftlichkeit' erheblich weiter vom Pol 'Mündlichkeit' entfernt ist als das familiäre Gespräch; außerdem stützt Holtus sich hier nur auf rein quantitative Kriterien, während sich die Unterschiede im Konjunktivgebrauch zwischen mündlicheren und schriftlicheren Textsorten als essentiell qualitativer Natur erweisen.

auch in B31 müßte gemäß den Regeln des Schriftfranzösischen im auf einen negierten positiven epistemischen Verbausdruck folgenden Nebensatz der Konjunktiv stehen[33]:

B30 (KII/6/1-3)

```
B [                on sait jamais elle dit si

B [ jamais elle est d' bonne humeur quoique Claire s'en doutait un peu

B [ (       ) demande-lui toujours elle dit
```

B31 (KI/19/14-20/1)

```
G ⌈ parce que   pas encore tout à fait c'est vrai ɛ̄           j' vais
  |             ---
F |   ) ( )                                        (( Lachen ))
  |
R ⌊                                                (( Lachen ))

G [ vous dire quelque chose pour l'instant j'ai une impression que vous

G ⌈ êtes comme fiancés    mais je n'ai pas l'impression (( 4 s )) que
  |                                                      .........
R ⌊           hm

G ⌈ vous êtes mariés
```

Umgekehrt findet sich ein Konjunktiv nach *le fait que*, wo eher ein Indikativ zu erwarten wäre[34]:

---

[33]Zum "regulären" Modus-Gebrauch nach *quoique* s. Grevisse 1969: 1098 f., § 1032. Zu *'quoique* + Indicatif' sowie verneinten epistemischen Verben mit dem Indikativ s. Harmer 1965: 493 f., sowie Imbs 1953: 46; Imbs klassifiziert den Gebrauch des Indikativs nach Konzessivfunktoren, die klassisch den Konjunktiv verlangen, als *langue relâchée*.

[34]Dem kann zweierlei entgegengehalten werden. Erstens geht es in B32 um einen in der Zukunft situierten Sachverhalt, und in dieser Zeitstufe könnte der Subjonctif eher mit dem entsprechenden indikativischen Tempus (als welches man oft das Futur bewertet, zur hiesigen Futur-Interpretation s. o., II.) konkurrieren. Es ist aber nicht einzusehen, warum hier statt eines Signals der Übernahme der verschobenen Regreßpflicht eine diesbezügliche negative Markierung stehen sollte. Das zweite - von Ronsjö 1966 und Allaire 1975a dargelegte - Argument ist eine Abschwächung der relativen semantischen Motivation von *le fait que*, welches Syntagma zur Variante oder zum Ersatz von *que* würde. Allaires allgemeine syntaktische Studie von *le fait que* erlaubt es nicht, diese Feststellung zu bestreiten, was aber nicht heißen muß, daß die ursprüngliche Bedeutung von *fait* hier im Sprecherbewußtsein vollkommen verblaßt ist (zum Konjunktiv-gebrauch nach *le fait que* s. bei Allaire 1975a: 323 ff., 332 ff.). Nach Ronsjös Kriterien hätte in B32 der von *le fait que* eingeleitete Satz den Status eines *complément circonstantiel*, und für diese Klasse muß auch Ronsjö gestehen: "Il semble cependant exister une tendance à utiliser le subjonctif même quand il n'est pas

B32 (KI/10/4-7)

```
G ⌈ j' comprends pas cinq cents marks pour quoi faire
  |
F ⌊                                          . pour le fait que
  _____
G ⌈              (( 4 s )) tu te nourris avec ces cinq cents marks
  |              .........
F ⌊ je sois là-bas                                              ah
  ___
```

Das Bild, das sich von der Subjonctif-Verwendung im familiären Gespräch abzeichnet, wird also insgesamt von einem mechanischen Gebrauch bestimmt, der auch zu "Brüchen" der Konjunktiv-Regeln führt. Die übergeordneten, die Konjunktiv-Setzung auslösenden Ausdrücke sind tendenziell merkmallos (*il faut que*), und die untergeordneten Sätze sind kurz, eine eigentliche Unterordnungshierarchie liegt nicht vor.

In den schriftlicheren Textsorten hingegen ist der Konjunktivgebrauch differenzierter und weniger mechanisch.

Art und Frequenz des Vorkommens des diskutierten Verbalmodus in dem unter das Etikett **sozio-politische Diskussion** gezählten Transkript hängen in besonderer Weise von den situativen Bedingungen und der Personenkonstellation ab. Im Unterschied zur 'politischen Diskussion' nehmen daran nicht nur Politiker und Journalisten, sondern auch eine Landwirtin teil, der Rahmen ist populär (d. h. er wird durch den *Salon de l'agriculture* konstituiert). Somit sind in dieser Textsorte in gewisser Hinsicht mehr "mündliche" Elemente als in der 'politischen Diskussion' (und ferner dem 'Cours magistral de littérature') vorhanden, andererseits sind in der hier geführten Diskussion die Redebeiträge der anwesenden Politiker - insbesondere der Familienministerin Monique Pelletier - dominierend. Vor allem Pelletiers stark gewählt-schriftsprachlich ausgerichteter Redestil und Konjunktivgebrauch haben nun eine Sogwirkung auf einen Großteil der anderen Redebeiträge, woraus sich eine z. T. sehr differenzierte, schriftsprachliche und zahlreiche Konjunktiv-Verwendung erklärt, während die genannten mündlicheren Elemente für das in geringerem Ausmaß ebenfalls vorhandene umgekehrte Phänomen verantwortlich sind.

Zum familiären Gespräch bestehen folgende Unterschiede. Für einen differenzierten und merkmalhaltigeren Konjunktivgebrauch in der sozio-politischen Diskussion spricht zunächst der deutlich geringere Prozentsatz der *il faut que*-Konjunktive (22 %: 9

---

ou très faiblement motivé" (1966: 318). - Nach Eggs 1981 gilt - bei differenziertem Sprachgebrauch - für die Modussetzung nach *le fait que* folgende Regel: "wenn ein Zusammenhang (Ursache, Wirkung, Bedingung usw.) zwischen zwei Sachverhalten *behauptet* wird, dann steht nach *le fait que* der Indikativ, wird hingegen eine Tatsache als *ungewöhnlich bewertet*, steht der Subjonctif." In B32 handelt es sich um den ersten Fall.

von 41 Vorkommen). Daß der Konjunktiv-Ausdruck insgesamt in dieser Textsorte merkmalhaltiger ist, veranschaulichen *mise en relief* und doppelter Konjunktiv bzw. Neben-
satzreihung in dem bereits o. zitierten Beispiel 11. Hier kommt der Subjonctif auch
(zweimal, s. ferner B35) im Passé composé vor:

B33 (KIII/20/9-11)

```
P [ et je voudrais dire que il est bien dommage que ce texte notamment
  --                      _____

P [ qui concerne les femmes finalement on l'ait discuté surtout avec
                                           _____

P [ des hommes
```

Vor allem aber ist die mit dem Konjunktiv verbundene Unterordnungshierarchie eine
komplexere, die Teiltext-Struktur eine höhergradige, was den Konjunktiv als
gleichzeitiges Unterordnungssignal willkommen macht:

B34 (KIII/23/19-24/6)

```
P ⌠ important      mais je voudrais attirer l'attention des agriculteurs
  ¦                                                        ---
C ⌡      c'est un fait oui

P [ du monde agricole sur l'importance qu'il y a à ce que les filles

P [ dans les collèges d'enseignement agricole soient préparées aussi

P [ à la technique de l'agriculture et qu'on retrouve des filles à
       _____                        _____

P ⌠ côté des garçons dans les préparations au ⟨ bepa ⟩ et aux techniques
  ¦                                    --             ---
C ⌡                                            c'est ça

P [ agricoles alors que il y a beaucoup d'enseignements

    ⟨ brevet d'enseignement
    professionnel
    agricole ⟩
```

B35 (KIII/15/8-14)

```
L [ un peu dépassé nous étions animés dans cette affaire du souci de

L [ faire en sorte que lorsque les difficultés surgissent et c'est au

L [ moment où les difficultés surgissent dans le ménage soit du fait

L [ de la séparation œ qui malheureusement existe ce sont des

L [ situations pénibles soit du fait du décès qui est aussi une

L [ séparation les épouses ou les époux ne se trouvent pas dans une

L [ situation juridique qu'ils n'aient pas eux-mêmes pleinement assumée
```

Die genannten mündlichen Charakteristika der transkribierten sozio-politischen Diskussion ziehen aber auch Konjunktiv-Verwendungen bzw. Nicht-Verwendungen nach sich, die im Widerspruch zu dem beschriebenen tendenziell schriftsprachlichen Subjonctif-Gebrauch dieser Textsorte stehen und ihre Entsprechung im familiären Gespräch finden. In B36 wäre nach *ça ne veut pas dire que* an und für sich der Konjunktiv erwartbar, und in B37 stehen im finalen Relativsatz zwei auch bei Akzeptierung umgangssprachlicher Normen schlicht falsche Verbformen, was auf eine nicht mühelose spontansprachliche Produktion des Konjunktivs hindeutet:

B36 (KIII/25/18-26/3)

```
C [ les femmes n'avaient pas le même rôle au niveau de l'exploitation

C [ qu'elles ont maintenant actuellement elles rem/ elles ont remplacé

C [ l'ouvrier agricole qu'il y avait auparavant elles sont beaucoup

C [ plus partie prenante dans la gestion ça veut pas dire que ma mère

R [                                                          bien sûr
  i
C l n'a pas participé au contraire elle a participé très activement
```

B37 (KIII/29/8-13)

```
L [ et je trouve qu'il y a pas d'alternative et nous au contraire les
L [ organisations agricoles nous sommes très attachés à l'enseignement
L [ rural de femmes qui ont un métier/ qui ont la possibilité d'avoir un
L [ métier qui < peuvent > leur servir si elles se marient dans
L [ l'agriculture mais qui < peuvent > aussi leur servir si elles
L [ sortent

        < richtig müßte es
        heißen: puisse >
```

In den Textsorten 'Politische Diskussion' und 'Cours magistral de littérature' setzen sich die schriftsprachlichen Tendenzen des Konjunktivgebrauchs in der letzten Textsorte fort, wenngleich der Konjunktiv hier auch quantitativ geringer vertreten ist[35].

Der Anteil der durch *il faut que* ausgelösten Konjunktive liegt in der **politischen Diskussion** mit ca. 31 % (4 von 13 Fällen) deutlich unter dem des familiären Gesprächs, wenngleich er höher als in der sozio-politischen Diskussion ist. Der Tendenz zur schriftlicheren Konjunktiv-Verwendung in der politischen Diskussion entspricht dabei aber der teilweise merkmalhaltigere, weniger mechanische Gebrauch der Formel *'il faut que* + Subjonctif', d. h. ihre Verwendung zum Aufbau einer differenzierteren Unterordnungshierarchie; in B38 und B39 ist dem konjunktivischen Nebensatzverb nochmals ein Finalsatz im Subjonctif untergeordnet:

B38 (KVI/7/13-15)

```
M [                           il faut que les revendications
M [ soient crédibles pour les travailleurs concernés qu'ils se mobilisent
M [ pour atteindre des objectifs
```

---

[35]Dieses erklärt sich aber wohl auch aus der Tatsache, daß der Konjunktiv in der transkribierten soziopolitischen Diskussion auf Grund der erwähnten von Pelletiers stark schriftsprachlichem Stil ausgehenden Sogwirkung besonders häufig gesetzt wird, wie denn eine solche "Konjunktivomanie" in französischen Medien keine Seltenheit ist, s. Gsell 1979: 109; vgl. u., III.2.2.5.

B39 (KVII/3/11-13)

```
P [                    il faut absolument que les organisations

P [ professionnelles veillent avec leurs membres à ce que ces contrats

P [ soient respectés
```

Ein Konjunktiv im Passé composé findet sich in den Transkripten dieser Textsorte nicht, aber genausowenig wurde hier ein nach traditionellen Grammatikregeln falsch angewendeter oder fehlerhafterweise nicht gesetzter Konjunktiv verzeichnet. Ansonsten werden hier wieder die beschriebenen Charakteristika des schriftsprachlicheren Subjonctif-Gebrauchs - weniger mechanische Verwendung, höhere Intension des Konjunktiv-regierenden Ausdrucks, komplexere Struktur des untergeordneten Satzes bzw. Satzgefüges - manifest (s. o. die bereits aus dieser Textsorte zitierten Beispiele 14 und 15).

Diese letzteren Feststellungen gelten auch für den **Cours magistral de littérature**. In B40 drückt die Reihung von *'qu'il s'agisse de* + Nominalgruppe' eine hypothetische Alternative aus[36] und errichtet dabei ein komplexes, mit dem Merkmal 'Schrift-sprachlichkeit' versehenes Satzmuster:

B40 (KX/6/6-11)

```
D [ alors du combat singulier nous retrouvons une fois de plus œ on ne

D [ devrait pas dire une fois de plus mais une dernière fois n'est-ce pas

D [ pour être plus précis nous retrouvons une dernière fois les

D [ caractéristiques traditionnelles qu'il s'agisse de l'équipement des

D [ combattants qu'il s'agisse du déroulement du combat qu'il s'agisse

D [ de l'échange des répliques entre les adversaires
```

Der mit 46 % (6 von 13 Vorkommen) hohe Anteil der von *il faut que* regierten Konjunktive läuft der Bestimmung des Modusgebrauchs in dieser Textsorte als dominant schriftlich nur scheinbar zuwider. In B41 regiert *il faut que* gleich drei Nebensatz-verben im Konjunktiv (bei teilweiser Indikativ-Homonymie), was also ein schriftsprach-

---

[36]Vgl. zum Subjonctif in dieser Verwendung Le Bidois 1971: 523 f.

licheres Satzmuster ist[37]. B42 zeigt eine typisch schriftliche Erhöhung der Intension des fraglichen Satzmusters durch Inversion im Nebensatz (auch hier ist der Konjunktiv mit dem Indikativ homonym):

B41 (KXI/11/17-19)

```
D [ la même chose dans la chanson de Roland œ après le désastre de

D [ Roncevaux il faut que que l'empereur prenne les choses en main paye

D [ de sa personne et tire son épée pour combattre à son tour ..
```

B42 (KXI/12/4-8)

```
D [                              (( 8 s )) nous avons été
                                 . . . . . . . . .
D [ sensibles aussi à ce moment-là à une difficulté à un malaise qui

D [ provient du fait que Charlemagne dans ce dénouement est à la fois

D [ juge et partie n'est-ce pas ... et il faut que se présente un

D [ champion pour combattre à sa place . et ce procès était important
```

In dieser Textsorte findet sich schließlich wieder ein Subjonctif im Passé composé:

B43 (KIX/4/3-4)

```
D [                    . supposons une seconde que . Thierry ait été

D [ vaincu par Pinabel ça mettait en cause énormément de choses
```

---

[37]Die zu *'il faut que* + Subjonctif angegebenen Prozentzahlen nennen also die Anzahl der von diesem Verb regierten Konjunktive. Charakteristisch für einen mündlicheren oder schriftlicheren Konjunktivgebrauch ist aber - wie jetzt deutlich ist - genauer die Anzahl der falloir-Formen, die den Konjunktiv nach sich ziehen. Im familiären Gespräch decken sich beide Ziffern, d. h. auf ein *falloir*-Hauptsatzverb entfällt immer nur eine Konjunktiv-Form.

166

2.2.5. Der Konjunktiv als merkmallosester Verbalmodus nach dem Indikativ?

Gilt für das gesprochene Französisch die These, wonach modal der Konjunktiv der nach dem Indikativ merkmalloseste Modus und syntaktisch das in der Regel gesetzte Unterordnungssignal ist[38]? Was seine modale Komponente angeht, so hat sich gezeigt, daß sich im gesprochenen Französisch (wofern das hier der Untersuchung zugrunde gelegte Korpus als repräsentativ dafür gelten kann) relativ klar drei Ausdrucks- bzw. Kontextgruppen abzeichnen, innerhalb derer der Konjunktiv gesetzt wird: hier signalisiert er durchaus '(starke) Einschränkung/Aufhebung der Assertion' bzw. im Fall der besonders expressiv modalisierten Äußerungen eine daraus abgeleitete Bedeutung, genauso wie hier nichts gegen seine Deutung als Unterordnungssignal spricht. Für diese drei Gruppen und jeweils an diese gebunden - ferner eventuell für Konzessivsätze - scheint die modal-syntaktische Funktion des Subjonctif im französischen Sprachbewußtsein verankert zu sein: anders ist die durchgängig durch sämtliche Textsorten und damit auch Sprachniveaus zu beobachtende Gruppierung der Konjunktiv-Vorkommen nicht zu erklären[39].

Jedoch ist die auf die genannten Gruppen zutreffende Funktionsbestimmung des Konjunktivs nicht in umgekehrter Richtung verallgemeinerbar: nicht überall, wo unter-geordnet wird, steht der Konjunktiv, und genausowenig überall dort, wo die Regreß-pflicht in höherem Maße eingeschränkt oder nicht übernommen wird; letzterer Sachver-halt zeigt sich u. a. an den Einbrüchen des Indikativs in die klassische Domäne des Kon-junktivs, wie z. B. im Falle von 'quoique + Indicatif' (s. o., B30). Für dieses Beispiel wird man dem Sprecher möglicherweise den mehr oder weniger angebrachten Vorwurf eines langage relâché machen, man wird ihn aber nicht bezichtigen, der Botschaft und damit dem Empfänger ein für die Dekodierung als notwendig empfundenes Sicherheitsnetz entzogen zu haben. Im Normalfall des französischen Nebensatzes ist die erforderliche Unterordnungsredundanz mit den Sicherheitsnetzen 'Nachstellung des Nebensatzes' und Translativ que (sowie dessen Äquivalenten) in ausreichendem Maße gewährleistet. Im übrigen kann der Konjunktiv im gesprochenen Französisch auch deshalb kein tragfä-higes, allgemein obligatorisches Unterordnungssignal mehr abgeben, weil er - wie gesagt - in einer beträchtlichen Anzahl von Fällen mit dem Indikativ homonym geworden ist; schon aus diesem Grund muß sich die französische Syntax nach einem reißfesteren Si-cherheitsnetz für die Unterordnung umsehen[40]. Auch modal ist der Konjunktiv zumeist ein redundantes Signal, was ihn in besonders mündlichem Französisch selbst in seinen

---

[38]So Raible 1980a: 49; 1983a: 277 f.
[39]Vgl. die Funktionsbereiche, die Klare 1978: 587 f. dem Konjunktiv heute zuweist.
[40]Zum Zusammenhang von lautlichem und syntaktischem Wandel s. Harris 1978b.

durchaus noch intakten Stammdomänen durch den Indikativ ersetzbar macht. So erklärt es sich, daß der Subjonctif-Gebrauch im gesprochenen Französisch außerhalb der drei genannten Gruppen eventuell unter Zuzählung der Konzessiv- und ferner der Superlativ-Ausdrücke weitgehend zu mechanischen Formeln geronnen ist, wie denn auch die Verwendung des Subjonctif innerhalb seiner erhaltenen Gebrauchsfelder nicht frei davon ist (*il faut que*); allerdings bietet sich hier eine sinnvolle modale Erklärung an, und man kann dabei von einem intakten, obschon redundanten semantischen Beitrag des Subjonctif ausgehen.

Mit diesen Feststellungen ist die Erklärungsgrundlage für zwei - z. T. gegenläufige - Entwicklungstendenzen des Subjonctif gegeben.

In besonders mündlichen Textsorten, die, wie sich bereits bei der Untersuchung des Futurs gezeigt hat, zur Verwendung dominant merkmalloser sprachlicher Mittel tendieren, dürfte der Konjunktivgebrauch in Zukunft immer stärker automatisiert erfolgen, wobei "Automatik" hier auch im zweiten Sinn zu verstehen ist, den Rothe diesem Begriff gibt: Automatik ohne (von vornherein ja nur redundanten) semantischen Zutrag[41]. Dieses belegen die "falschen" Indikative genauso wie die "falschen" Konjunktive. Eine zur Übermittlung eines bestimmten Signals nicht mehr obligatorische Formenklasse wird z. T. verloren gehen, in bestimmten, extrem frequenten und ontogenetisch schätzungsweise relativ früh erworbenen Wendungen wie nach *il faut que* konserviert werden[42], und sie kann sich schließlich als Form verselbständigen und zum Auslöser für eigentlich widersprüchliche Analogiebildungen wie '*avant que* + Subj.' > '*après que* + Subj.' u. ä. werden.

In dem Moment, wo der Konjunktiv nicht mehr obligatorisches Signal für Unterordnung (wo der Indikativ nur in einzelnen Ausnahmefällen stünde) sowie Einschränkung/Aufhebung der Regreßpflicht und damit per definitionem ein verhältnismäßig merkmalloser Modus ist, kann er sich in solchen Textsorten, die dominant merkmalhaltige Mittel verwenden, zu einem in seiner Intension gesteigerten Werkzeug und Stilmittel entwickeln: dieses ist in schriftlicheren Textsorten der Fall. Damit bleibt hier der Konjunktiv als syntaktisch-semantisch funktionelles Ausdrucksmittel erhalten; die hier auftretenden Automatismen sind dann solche im ersten

---

[41]"1. In den meisten Fällen unterliegt die Auslösung einer B-Form [des Konjunktivs] der Automatik. Die B-Form bildet dann einen integrierenden Bestandteil des auslösenden Morphems; sie ist ihm inhärent wie das Genus dem Substantiv. Ihre Funktion kann darin bestehen, die Bedeutung des auslösenden Lexems zusätzlich auszudrücken. Sie hat dann alle Eigenschaften eines *Redundanzmerkmals*. Sie kann aber auch *bar jeder Information* sein und ist dann nichts als ein zum Auslöser gehöriges diskontinuierliches Morphem, ein Syntaxem, das eine formale Verbindung zwischen dem Auslöser und dem Verb im Translat herstellt." (Rothe 1967: 236 f.).

[42]Die Verbform *faut* taucht im Spracherwerb der von Meisel 1985 beobachteten Kinder relativ früh auf (s. 1985: 340).

Verständnis dieses Terminus gemäß Rothe, d. h. Automatismen, die zwar redundante, aber vorhandene Information übermitteln. Der Konjunktiv als Unterordnungssignal wird hier - eingebunden in bestimmte Wendungen oder Schemata (z. B. *qu'il s'agisse de ... qu'il s'agisse de ...*) um so bereitwilliger konserviert, als schriftlichere Textsorten in sehr viel höherem Maße ein- und unterordnen, komplexe syntaktische Muster schaffen als besonders mündliche Textsorten. Semantisch wird der Konjunktiv dann (auch) zum Marker von Schriftlichkeit[43]; die etwa in den französischen Medien (Rundfunk, Fernsehen) manchmal in Erscheinung tretende "Konjunktivomanie"[44] ist nichts anderes als eine Entgleisungserscheinung des genannten Phänomens.

Das modale Anwendungsfeld des Subjonctif ist von vornherein durch seine Bindung an die Unterordner-Funktion weitgehend auf Nebensätze beschränkt[45]. Während nun ein besonderes gebundenes Verbalmorphem zur obligatorischen Anzeige der Unterordnung im modernen (gesprochenen) Französisch verzichtbar scheint, übernimmt das modale Erbe in erster Linie in Hauptsätzen das Konditional; bekanntlich hat das Conditionnel den Subjonctif aus hypothetischen Sätzen bereits verdrängt[46]. Wird der Subjonctif zunehmend zu einer merkmalhaltigen Kategorie, so wird das Conditionnel - wie jetzt zu zeigen ist - merkmalloser: es wird vom Modus der qua expliziter oder implizit präsupponierter (nicht erfüllter oder zu erfüllender) Bedingung angezeigten Potentialität oder Irrealität zum Modus der eingeschränkten oder aufgehobenen Assertion schlechthin.

---

[43]Dem entspricht die Tatsache, daß die Setzung des Konjunktivs nach übergeordneten expressiv-modalen Ausdrücken - hier ist, wie ausgeführt, die modale Bedeutung des Subjonctif ja bereits eine abgeleitete - zurückgeht auf eine gelehrte Strömung des 16. und 17. Jahrhunderts, vgl. Lerch 1919a: 84.

[44]S. o., III.2.2.4.2., Anm. 35.

[45]Vgl. dazu Harris 1974, 1978a (: 166 ff.) und 1981. Harris trennt bereits im Lateinischen zwischen zwei Funktionen des Konjunktivs: 1. dem "bedeutungslosen" Konjunktiv als Unterordnungssignal und 2. dem bedeutungsvollen Konjunktiv in Hauptsätzen. Im Vulgärlatein und der Ausgliederung der romanischen Sprachen wurde der Konjunktiv dann mehr und mehr zum bloßen Unterordnungssignal, und seine eigentliche semantische Funktion (Potentialis, *attenuation*) wurde zunehmend vom Konditional übernommen (zu den Gründen hierfür s. bes. 1974: 179 f.).

[46]Vgl. etwa Brunot/Bruneau 1969: 319 f.

3. Das Conditionnel

3.1. Das Conditionnel als Modus und/oder Tempus?

3.1.1. Das klassifikatorische Dilemma

Treten die -rait-Formen im Französischen das modale Erbe des Konjunktivs vor allem im Hauptsatz an, so wird ihnen gemeinhin neben der Funktion des eigentlichen "Konditional" die temporale Bedeutung eines *futur du passé* zugeschrieben[47].

3.1.2. Das Conditionnel als *futur du passé*

Der Begriff des *futur du passé* meint eine relative temporaldeiktische Perspektive; d. h., in diesem Fall wird ausgehend von der durch das Sprechereignis, den *point present*, konstituierten primären Orientierungsachse eine sekundäre Achse in der Vergangenheit errichtet, von der aus ein Ereignis dann als nachzeitig gesehen wird[48]:

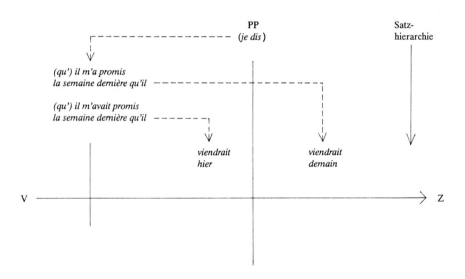

---

[47]Folgt man Yvon (1952), so geht die endgültige Etablierung dieser begrifflichen Trennung auf Ferdinand Brunot zurück. Als "grundverschiedene Begriffe" werden "abhängiges Futurum" und Konditionalis etwa auch von Gamillscheg und Rohlfs eingestuft, s. Rohlfs 1922: 146 ff.; vgl. auch Posner 1965: 8 f. - Zur Problematik und Geschichte der Bewertung der spanischen -ría-Formen s. Alarcos Llorach 1978.
[48]S. Bull 1963: Kap. 1; Fleischman 1982: 10 f.

Folgt man M. Harris und S. Fleischman[49], hat sich in der Entstehungsgeschichte des Französischen das Futur du passé vor dem eigentlichen Conditionnel herausgebildet: Mit dem Verfall des klat. *accusativus cum infinitivo* wird ein Ersatz für *dixit se venturum esse* notwendig; in Analogie zu der bereits für das präsentische *a.c.i.*-Substitut *dicit quid veniet* existierenden Alternative *dicit quid venire habet* wird nun als Vergangenheitsfutur *dixit quid venire habebat/habuit* gebildet. *Venire habebat* ergibt dann das französische, spanische und portugiesische Vergangenheitsfutur, während *venire habuit* zu italienisch *verrebbe* führt.

In diesem Gebrauch ist das Conditionnel analog zum Futur zu bestimmen. So liegt bei *il m'a promis qu'il viendrait* ein Bericht über eine in der Vergangenheit erfolgte Übernahme der verschobenen Regreßpflicht durch eine dritte Person vor. Im Falle des Satzes *je me suis dit hier que je ferais la vaisselle un autre jour* berichte ich über die gestern von mir übernommene verschobene Regreßpflicht, lasse dabei aber offen, ob ich gegenwärtig die lästige Geschirrspülerei nicht vielleicht doch jemand anderem überlassen will, d. h. die zeitliche Gültigkeit der erwähnten Übernahme der verschobenen Assertion ist auf die Vergangenheit beschränkt. Beide Beispielsätze haben also gemein, daß der von der Vergangenheit nachzeitig gesehene Sachverhalt weder assertiert noch verschoben assertiert ist[50].

Das Conditionnel als Futur du passé kommt im Korpus nur selten vor:

---

[49]S. Harris 1978a: 137; 1981: 57; Fleischman 1982: bes. 66.

[50]Die präsupponierte Übernahme der Regreßpflicht ist allerdings möglich, z. B. in *Je savais que tu viendrais aujourd'hui* (die zweite Person ist beim Sprecher eingetroffen). Interessant ist in diesem Zusammenhang die frühe Arbeit von Nilsson-Ehle (1943). Nilsson-Ehle trennt zwischen einer *perspective objective* und einer *perspective subjective* beim Futur du passé. Die mit dem *conditionnel-temps* verbundene Perspektive ist normalerweise subjektiv, d. h. es bleibt offen, ob die in der Vergangenheit nachzeitig gesehene Handlung eingetreten ist, während seit dem 18. Jahrhundert die Vergangenheitsfutur-Periphrase *'devait* + Infinitiv' objektiv gleichzeitig die Realisierung der Handlung angibt. Im 20. Jahrhundert verzeichnet Nilsson-Ehle (in der geschichtsschreibenden Literatur) eine schüchterne Tendenz, auch das Conditionnel als Vergangenheitsfutur vereinzelt in einer objektiven Perspektive zu verwenden.

B44 (KII/3/8-12)

```
F [                                          crac la grand-mère

F [ qui s'amène . elle me dit tiens j'ai pensé comme tu m'as dit que qu'on

F [ irait œ que vous iriez à la fac . œ comme moi j' dois aller à ⟨₁Darty₁⟩

B [                               ⟨₂mhm ₂⟩
  ┆
F ⎩ j'ai pensé qu' tu pourrais m'amener      bon ben j' lui ai dit moi


   ⟨₁Kaufhaus ₁⟩

   ⟨₂bejahend ₂⟩
```

Offensichtlich werden die *-rait*-Formen in der Funktion des Vergangenheitsfuturs zunehmend durch das Imparfait ersetzt[51]:

B45 (KII/8/9-17)

```
B [            ouais ouais                      elle a
  ┆
F ⎩ elle s' couche           il en ressort toujours des trucs

B [ pensé. que dans l' fond que si/ quand ma belle-mère venait chez moi

B [ . c't-à-dire j' venais prendre la chaise chez elle et quand ma belle-

B [ mère venait chez moi                    elle av/ arrivait avec
  ┆
F ⎩                    tu la mettais au boulot

B [ ses p'tites affaires sa ⟨₃paille ₃⟩ et hop au boulot pour re/

B [ repailler cette chaise-là elle croit qu'on repaille une chaise comme

B [ on tricote œ un machin quoi


   ⟨₃deformiert:
   pɔjə ₃⟩
```

---

[51]Vgl. Harris 1981: 64 f.

B46 (KI/23/16-19)

```
G ⌐                        ‹ pour protester ›
  ¦
F ⌊ j' pouvais pas rentrer non plus              non pour décider ce

G ⌐                                                        ‹₂ça va
  ¦
F ⌊ qu'on faisait la semaine prochaine .. si la grève continue œ
```

‹ ? ›

(*faisait* ist in B46 in erster Linie Vergangenheitsfutur und nicht Teil einer Apodosis, die zu der nachgeschobenen *si*-Protasis gehörte.) - Schätzungsweise ist dieser Ersetzungsprozeß im familiären Gespräch weiter fortgeschritten als in den schriftlicheren Textsorten.

3.2. Der Verbalmodus Conditionnel in seiner merkmalhaltigen Bedeutung

Wie sich zeigen wird, muß bei der Bedeutungsbeschreibung des französischen Konditionals zwischen einer intensiven und einer extensiven Variante unterschieden werden. Die merkmalhaltige Bedeutung ist auf der diachronen Achse die primäre; ihre Entstehung ist eingebunden in die Entwicklung des lateinischen Konditionalsatzes bis hin zum Französischen, deren Berücksichtigung dann auch für die Herleitung bzw. Untersuchung der noch im Verlauf befindlichen Ausbildung der merkmalloseren Variante die notwendige Voraussetzung bildet[52].

---

[52] Ein sehr pessimistisches Urteil über die Brauchbarkeit der Prager Opposition 'Merkmalhaltigkeit vs. Merkmallosigkeit' im Rahmen sprachgeschichtlicher und sprachtypologischer Erklärungen gibt Smith 1981 ab.

**3.2.1. Die Entwicklung der wichtigsten "potentialen" und "irrealen" Bedingungssatzgefü-
ge vom Lateinischen zum Französischen - die Entstehung des eigentlichen "conditionnel"[53]**

Das klassische Latein trennt zwischen unwahrscheinlichen (Harris 1978a: *impro-
bable*, traditionell: 'Potentialis') und unmöglichen (*impossible*, 'Irrealis') Bedingungssatz-
gefügen in Vergangenheit und Nicht-Vergangenheit:

Improbable/Potentialis:
Vergangenheit: *si id credideris, erraveris*
Nicht-Vergangenheit: *si id credas, erraveris*

Impossible/Irrealis:
Vergangenheit: *si id credidisses, erravisses*
Nicht-Vergangenheit: *si id crederes, errares*

Dieses "rather idealized C.L. system" (Harris 1971: 26) wird im Vulgärlatein vereinfacht.
Und zwar werden die Ausdrücke für den Potentialis von den Irrealis-Konstruktionen
verdrängt und die Grenze zwischen Potentialis und Irrealis derart verwischt, daß der Potentialis an die Nicht-Vergangenheit und der Irrealis an die Vergangenheit gebunden
wird:

Improbable/Non-Past:
si veniret, faceret
("if he came, he would do it")

Impossible/Past:
si venisset, fecisset
("if he had come, he would have done it")[54]

In der Folge geht mit dem lateinischen Konjunktiv-Imperfekt auch der entsprechende
Potentialis-Konditionalsatzausdruck verloren, welches Terrain - unter Beibehaltung seiner *Impossible/Past*-Bedeutung - zusätzlich von dem *fecisset*-Typ erobert wird. Die Am-

---

[53]Ich folge hier im wesentlichen der Darstellung vom M. Harris (1971; 1978a; 1981). - Eine gänzlich andere,
meines Wissens (zu Recht) ohne Nachfolger gebliebene Erklärungsmöglichkeit schlägt Lanly 1957 vor, wonach das Conditionnel in der Apodosis nicht aus *cantare habebat*, sondern aus dem Stamm des lateinischen
Konjunktivs Imperfekt (*cantar-*) + Morphem des Protasis-Verbs entstanden wäre: **Si voléa, cantár(em)* →
*si voléa, cantar-éa (1957: 110). - Zur Entwicklung des Konditionalsatzes vom Lateinischen zum Spanischen s. auch Marcos Marín 1979; Marcos Marín baut hier ebenfalls auf Harris 1971 auf, von dem er in
Einzelheiten abweicht (s. bes. Marcos Marín 1979: 92 u. 100).
[54]Harris 1978a: 238; Harris sieht dabei aus Gründen der Vereinfachung von den lautlich-morphologischen
Veränderungen im Vulgärlatein ab.

biguität dieser Struktur findet sich noch im Altfranzösischen, so im Rolandslied: *Fust i li reis, n'i oussum damage*[55].

Nun wurde bereits im gesprochenen Latein oftmals der -*ss*-Konjunktiv in der Apodosis zunächst von Irrealis-Vergangenheits-Bedingungssätzen gemieden und hier durch *amaverat* (den Vorläufer des spanischen -*ra*-Subjuntivo) und *amaturus erat/fuit* ersetzt. Als sich nun im Zuge der Ausbildung der westromanischen Futurtempora *amare habet* gegenüber anderen Futurperiphrasen und damit auch gegenüber *amaturus est* durchsetzt, wird auch im Konditionalsatz analog *amaturus erat/fuit* durch *amare habebat/habuit* ersetzt. *Amare habebat* nimmt dann zunehmend eine Nicht-Vergangenheits-/ Potentialis-Bedeutung an, was ein bekanntes Augustin-Zitat belegt: *Sanare te habebat deus, si ... fatereris*[56]. Die Vergangenheits-Potentialis-Struktur *s'il venait, il me verrait* breitet sich dann im 12. Jahrhundert stark gegenüber dem zweideutigen Typ *s'il vînt, il me vît* (s. den o. zitierten Rolandslied-Satz) aus und wird vom 13./14. Jahrhundert ab von einem analog gebildeten Vergangenheits-Irrealis *s'il était venu, il m'aurait vu* gedoppelt (wobei sich dieser letztere Typ noch einige Zeit lang in Konkurrenz zu *s'il fût venu, il m'eût vu* stand, also einer die temporale Ambiguität der vom Lateinischen ererbten konjunktivischen Konditionalsatzstruktur auflösenden Analogiebildung, die sich heute als vereinzelte antiquierend-literarische Variante erhalten hat). Mit dem innerhalb der romanischen Sprachen im wesentlichen eine Originalität des Französischen darstellenden generalisierten Imperfekt-Gebrauch in der Protasis wird auf eine bereits im Lateinischen auftretende Möglichkeit zurückgegriffen; ein Grund für deren exklusive Verallgemeinerung im Französischen könnte der hier im Vergleich zum Italienischen und Spanischen sinnentleerte Gebrauch des Konjunktivs sein[57].

3.2.2. Der Konditionalsatz im modernen Französisch

Bildet sich das Conditionnel als besonderer Modus im vulgärlateinischen und altfranzösischen Konditionalsatz heraus, so liefert die Analyse des Conditionnel-Gebrauchs im modernfranzösischen Bedingungssatz endgültig den Schlüssel zur Bestim-

---

[55]S. Harris 1971: 27; 1978a: 240. Dieser Satz könnte heißen: "If the king were here, we should not suffer hurt", heißt aber - so Harris - "in fact": "If the king had been here, we should not have suffered hurt" (Harris 1971: 27). - Vgl. die schematische Zusammenfassung dieser Entwicklung nach Harris bei Fleischman 1982: 64.

[56]Zit. nach Harris 1978a: 240; Harris übersetzt diesen Satz hier mit "God would cure you if you confessed".

[57]S. Harris 1978a: 241; zu einer synchronischen Deutung des Imperfekts in der Protasis s. u., III.3.2.2.2. - Wohl kann allerdings der Konjunktiv im Französischen noch in der Apodosis hypothetischer Konstruktionen des Typs *Si elle emmenait l'enfant et que la mère revienne entre-temps, celle-ci serait folle d'inquiétude* stehen. S. dazu Sundell 1985 (Beispiel 1985: 71).

mung der spezifischen modalen Bedeutung der *-rait*-Formen bei merkmalhaltiger Verwendung auch außerhalb des Bedingungssatzes. Damit wird ein kurzer, notgedrungen auf die wesentlichen Grundtypen beschränkter Blick auf den Konditionalsatz notwendig, und zwar in erster Linie - weil mit dem Conditionnel konstruiert - auf den sogenannten Potentialis- und Irrealis-Typ.

3.2.2.1. Grundtypen des Konditionalsatzes

Im (französischen) Konditionalsatz haben wir es zu tun mit einem Spannungsverhältnis zwischen einem möglichen (zukünftigen oder nicht-zukünftigen) Weltzustand und einem aktuellen Weltzustand; dieser aktuelle Weltzustand erlaubt in einem bestimmten Wahrscheinlichkeitsgrade (Skalen 'Sprechergewißheit' und 'Sprechergewißheit$_{az}$') das Eintreten bzw. - bei Mutmaßungen über die existente Welt - das Eingetreten-Sein der möglichen Welten. Z. B. in *Si elle vient, je vais chanter* liegt ein aktueller Weltzustand vor, in dem weder das fragliche weibliche Wesen gerade zur Tür hereinkommt, noch ich mich momentan zum Barden aufschwinge. Beide Sachverhalte sind also im Augenblick gewiß nicht wahr, sprich: sie sind bei negativer Gewißheit nicht assertiert; aber ihr Wahr-Werden in der Zukunft ist durchaus möglich, was einen gewissen Grad der Übernahme der verschobenen Regreßpflicht bedeutet. Und zwar ist die Existenz der in der Apodosis formulierten möglichen Welt (im genannten Beispiel mein möglicher Gesang) immer abhängig von einer anderen möglichen Welt, die in der Protasis formuliert wird und die notwendige Bedingung für das Wahr-Werden der Apodosis-Proposition darstellt (der mögliche Besuch); somit liegt eine Art Implikations- oder Kausalbeziehung vor[58]. Genauer determiniert also der aktuelle Weltzustand das Wahr-Sein oder Wahr-Werden der in der Protasis ausgedrückten (un-)möglichen Welt, die dann den Apodosis-Sachverhalt impliziert (oder auch nicht), d. h. der aktuelle Weltzustand entscheidet über die mögliche, unwahrscheinliche bis unmögliche Anwendbarkeit der genannten Implikations-Relation ('Implikations-Relation' als sprachliche, nicht als logische, d. h. materiale Implikation). Was also die Konditionalsätze hauptsächlich unterscheidet und den Sinn der Begriffe 'Realis', 'Potentialis' und 'Irrealis' darstellt sowie ferner verantwortlich für die jeweilige Modussetzung im Konditionalsatz ist, ist der Grad der Regreßpflicht (bei einer Mutmaßung über die vergangene oder gegenwärtige Welt)

---

[58]Zur logischen Analyse von *si*-Sätzen s. Zuber 1976; Martin 1981: 420 ff. Nach Rohrer 1983 (: 136) sind zumindest zwei Bedeutungen von *si* zu unterscheiden, und zwar die der materialen Implikation und des kontrafaktischen oder irrealen Konditionals im Sinne von Lewis, s. dazu bes. Rohrer 1983: 138 ff. (Auf die Grenzen der Verwendungsmöglichkeit der materialen Implikation zur Beschreibung sprachlicher Bedingungssätze geht auch Rohrer 1976 ein.) Vgl. zur Bestimmung sprachlicher Implikationsrelationen ferner Freundlich 1962.

oder der verschobenen Regreßpflicht (bei einer Mutmaßung über die Zukunft), mit der die Aussage bzw. Prognose über die mögliche Welt belegt wird[59].

Im einzelnen stellt sich die Interpretation der Grundtypen des *si*-Satzes folgendermaßen dar:

---

[59]"La clasificación de las oraciones condicionales ha sido, y es, caballo de batalla y fuente de una serie de imprecisiones de quienes se han ocupado del tema." Marcos Marín 1979: 88 - Gewiß bleiben die Begriffe 'Realis', 'Potentialis' und 'Irrealis' sehr problematisch; wenn sie hier - immer mit einer leichten Einschränkung- als Namen für bestimmte grammatische Schemata beibehalten werden, so geschieht dieses vor allem auf Grund ihrer Etabliertheit in der Literatur. Auch Marcos Marín verbleibt bei dieser Terminologie, unterteilt aber (im Spanischen) innerhalb jedes der drei Typen in zwei Untergruppen (*reales categóricas/ contingentes; contingente probable/dudosa; irreal no pasado/pasado*) (1979: 89 f.).

abgeleitete Gewißheit$_{(Z/NV)}$[60]

→

	Protasis	Apodosis
Ia	*Si elle vient,*	*je vais chanter*
	Nicht-Assertion / negative Gewißheit hinsichtlich *elle vient* (d. h. dieser fragliche zukünftige Sachverhalt besteht gegenwärtig gewiß noch nicht)[61]	Nicht-Assertion / negative Gewißheit (d. h. es ist gegenwärtig gewiß nicht der Fall, daß der Sprecher singt)
	Nicht verschoben assertiert bei Sprecherindifferenz$_{az}$[62]	Verschobene Assertierung der Proposition *je chante* für den Fall der Erfüllung der in P formulierten Bedingung
Ib	*S'il l'aime,*	*il va l'épouser*
	Nicht-Assertion / Sprecherindifferenz hinsichtlich *il l'aime*[62]	Nicht-Assertion /negative Gewißheit (d. h. gegenwärtig ist der Eheschluß noch nicht erfolgt oder im Verlauf)
		Verschobene Assertierung der Proposition *il l'épouse* für den Fall, daß sich die in P formulierte Bedingung als erfüllt, also wahr erweist
Realis **Ic**	*S'il est en train de travailler,*	*il fait un effort*
	Nicht-Assertion / Sprecherindifferenz hinsichtlich *il est en train de travailler*[62]	Assertierung der Proposition *il fait un effort* für den Fall, daß sich die in P formulierte Bedingung als erfüllt, also wahr erweist

IIa	*Si elle venait,* Nicht-Assertion / negative Gewißheit (wie Ia) Verschobene Assertion: Nicht verschoben assertiert bei gegenüber Ia einer Verschiebung von der Position der Sprecherindifferenz$_{az}$ gegen den Pol 'negative Gewißheit'$_{az}$ (wobei dieser Pol aber nicht erreicht wird)[63]	*je chanterais* Nicht-Assertion / negative Gewißheit (wie Ia) Verschobene Assertierung unter Bedingungsangabe: Wie in Ia zieht die Realisierung der in P formulierten Proposition notwendig die Verwirklichung von A nach sich, wobei die übernommene verschobene Regreßpflicht für das künftige Eintreten der Proposition von A geringer als in Ia ist, da in IIa P geringere Realisierungschancen zugewiesen werden
IIb	*S'il l'aimait,* Nicht assertiert bei gegenüber Ib einer Verschiebung von der Position der Sprecherindifferenz gegen den Pol 'negative Gewißheit' (wobei dieser Pol aber nicht erreicht wird)	*il l'épouserait* Nicht-Assertion / negative Gewißheit (wie Ib) Verschobene Assertierung unter Bedingungsangabe: Wie in Ib zieht die Verifizierung der in P formulierten Proposition notwendig die Verwirklichung von A nach sich, wobei die übernommene verschobene Regreßpflicht für das künftige Eintreten der Proposition von A geringer als in I ist, da in IIb P geringere Realisierungschancen zugewiesen werden
IIc **Potentialis**	*S'il était en train de travailler,* Nicht assertiert bei gegenüber Ic einer Verschiebung von der Position der Sprecherindifferenz gegen den Pol 'negative Gewißheit' (wobei dieser Pol aber nicht erreicht wird)	*il ferait un effort* Assertierung der Proposition *il fait un effort* für den Fall, daß sich die in P formulierte Bedingung als erfüllt, also wahr erweist, wobei die Assertion aber geringer als in Ic ist, da in IIc P als weniger wahrscheinlich existent bzw. als wahrscheinlich nicht existent ausgewiesen wird

IIIa	*Si elle était là en ce moment,*	*je serais en train de chanter*
	Nicht-Assertion / negative Gewißheit hinsichtlich *elle est là* bei Hinweis auf (vergangene) Möglichkeit eines alternativen Weltzustandes	Übernahme der Regreßpflicht für *je suis en train de chanter* für den Fall, daß P wahr wäre; da aber hinsichtlich P negative Gewißheit vorliegt, ist *je suis en train de chanter* bei negativer Gewißheit nicht assertiert
IIIb	*Si elle était venue,*	*j'aurais chanté*
Irrea-lis	Nicht-Assertierung bei negativer Gewißheit hinsichtlich *elle est venue*	Nicht-Assertierung bei negativer Gewißheit hinsichtlich *je chante* und *j'ai chanté*
	Keine verschobene Assertierung, da kein Erfüllungszeitraum für *elle viendra* mehr vorhanden ist; dieser Erfüllungszeitraum ist abgeschlossen und liegt in der Vergangenheit[64]	Übernahme der verschobenen Regreßpflicht im nachhinein, d. h. für den Fall des zum Zeitpunkt des Sprechereignisses wegen des abgelaufenen Erfüllungszeitraums nicht mehr möglichen Eintretens der Proposition von P, so daß keinerlei vom Zeitpunkt des Sprechereignisses ab gültige verschobene Regreßpflicht übernommen wird

3.2.2.2. Die Bedeutung von Conditionnel und Imparfait im *si*-Satz - Potentialis und Irrealis im gesprochenen Französisch

Mit dem Gebrauch des Konditionals im *si*-Satz - woraus sich die primäre, merkmalhaltige Bedeutung dieses Modus ergibt - ist also im Hinblick auf Assertion bzw. verschobene Assertion in der Regel immer zumindest ein doppelter Akt verbunden, der in IIa und IIb in einfachster Form vorliegt:

etwas ist nicht (Nicht-Assertion), kann aber in einem bestimmten (Un-) Wahrscheinlichkeitsgrad (s. o.) eintreten, und zwar im Falle des Eintretens/der Bewahrheitung einer präsupponierten (d. h. hier in der Protasis formulierten) Bedingung (bestimmter Grad der verschobenen Regreßpflicht).

Betrifft die konditionale Mutmaßung einen mit dem Sprechzeitpunkt gleichzeitigen Akt, so fallen beide Akte zusammen (IIc):

hinsichtlich eines Zustands herrscht weder positive noch negative Gewißheit

im Falle der Bewahrheitung der präsupponierten Bedingung ist der genannte Zustand wahr

etwas ist - bei Bedingungspräsupposition - eventuell (nicht) der Fall

Handelt es sich um einen in der Vergangenheit situierten Konditionalsatz und ist der Zeitraum für die Erfüllung der präsupponierten Bedingung ungenutzt abgelaufen, so ist notgedrungen die negative Entscheidung gefallen. Somit wird aus der Assertierbarkeit oder verschobenen Assertierbarkeit eine berichtende Darstellung einer zum Sprechzeitpunkt nicht mehr existierenden Möglichkeit der (verschobenen) Assertierung unter einer bestimmten Bedingung (IIIb):

---

[60]'NV': Nachvergangenheit (bezogen auf den Irrealis, IIIb); s. Heger 1963.
[61]Zu den Skalen 'Sprechergewißheit' und 'Sprechergewißheit$_{az}$' s. o., I.3. und II.1.
[62]In einigen Fällen kann hier schätzungsweise eine geringfügige Übernahme der (verschobenen) Regreßpflicht, d. h. eine leichte Verlagerung auf der Skala Sprechergewißheit $_{(az)}$ nach links in Richtung auf den Pol 'positive Gewißheit$_{(az)}$' präsupponiert werden.
[63]Zum unterschiedlichen mit Présent und Imparfait in der Protasis von *si*-Sätzen verknüpften Wahrscheinlichkeitsgrad s. Martin 1981. Martin zeigt, ausgehend von einer logisch-semantischen Basis, daß (im genannten Verwendungskontext) die Bedeutung des Présent eine *potentialité maximale* ist, die des Imparfait hingegen von *potentialité minimale* bis *irréalité* reichen kann, s. Martin 1981: bes. 423 f.
[64]Vgl. Yamanashi 1975: 232 f.

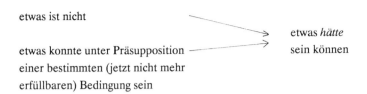

etwas ist nicht

etwas konnte unter Präsupposition
einer bestimmten (jetzt nicht mehr
erfüllbaren) Bedingung sein

etwas *hätte*
sein können

Analog verhält sich ein präsentischer, d. h. mit dem Zeitpunkt des Sprechereignisses gleichzeitiger Irrealis, nur mit dem Unterschied, daß nicht die Erfüllungsmöglichkeit der präsupponierten Bedingung in der Vergangenheit bestand und jetzt nicht mehr besteht, sondern von vornherein nicht besteht (IIIa).

Das Conditionnel - so kann die Bedeutung der *-rait*-Formen im *si*-Satz und auch, wie noch zu zeigen sein wird, ihre merkmalhaltige modale Bedeutung außerhalb des *si*-Satzes jetzt zusammengefaßt werden - taxiert also einen möglichen (vergangenen, gegenwärtigen oder zukünftigen) Weltzustand unter Präsupposition einer notwendigen Bedingung im Hinblick auf Assertion bzw. verschobene Assertion ein; dabei schränkt das Conditionnel in Abhängigkeit von den geringen bzw. nicht (mehr) vorhandenen Erfüllungschancen dieser präsupponierten Bedingung die (verschobene) Regreßpflicht für den möglichen Weltzustand stark ein oder hebt sie gänzlich auf (negative Gewißheit).

Wie erklärt sich nun der Gebrauch des *Indikativ* Imperfekt (und analog des Indikativ Plusquamperfekt) in der Protasis von Potentialis und Irrealis, wo im Spanischen und Italienischen noch der "logischere" *Konjunktiv* Imperfekt (bzw. Konjunktiv Plusquamperfekt) steht: sp. *si viniera, cantaría,* it. *se venisse, canterei*[65]. Und zwar ist das Imperfekt Indikativ im Gegensatz zum Präsens Indikativ (*si elle vient; s'il est en train de travailler*) ein Tempus, das sich zur Übernahme der *verschobenen* Regreßpflicht oder Assertion eines gegenwärtig existenten Zustandes eigentlich nicht eignet: Vergangenheit impliziert Distanz, eine bereits gefallene Entscheidung. Wenn nun aber mit dem Imperfekt Indikativ durch den Zusatz von *si* doch der Bereich der verschobenen Assertion (die Nachzeitigkeit) oder der Assertion eines gegenwärtigen Zustandes betreten wird, so ist es bei gleichzeitigen Propositionen das Merkmal 'Distanz' und bei nachzeitigen Sachverhalten der genannte vergangenheitstemporale Wert 'bereits gefallene Entscheidung', der dem *wenn* eine sehr geringe oder keine Realisierungsmöglichkeit beläßt[66]. *Si*-Sätze mit

---

[65]Harris verweist auf die Tendenz "that, in Italian, unexpectedly, the imperfect indicative often replaces the subjunctive in *past* (rather than *non-past*) protases, thus *se veniva, m'avrebbe visto* or apodoses, thus *se fosse venuto, mi vedeva* or, increasingly often, in both clauses, *si veniva, mi vedeva,* the meaning being 'if he had come he would have seen me' in all cases (*eg si io stavo male, andavo via* 'if I hadn't liked it, I'd have left')." (Harris 1978a: 245). Vgl. dazu z. B. die Karten 1613 f. u. 1627 f. in Jud 1940.

[66]Vgl. die etwas andere Deutung von Martin 1981, der unter Beruf auf Guillaume dem Imparfait von vornherein auch ein "avenir reconstruit, artificiel, imaginaire" = "α" zuweist (1981: 417), und zwar "un α en croissance d'hypothèse" (1981: 423). - Der beschriebenen Umdeterminierung des Imperfekt Indikativ zum Merkmal der stark eingeschränkten bis aufgehobenen Assertion und verschobenen Assertion entspricht

Conditionnel in der Apodosis und einer korrespondierenden Imparfait- oder Plus-que-parfait-Form in der Protasis sind im untersuchten Korpus seltener als die sogenannten Realis-Typen. Während sich das Realis-Schema als relativ merkmallos erweist und in einigen vom Grundmodell abweichenden Bedeutungen vorliegt, variieren die 'Potentialis'- und 'Irrealis'-Sätze weniger[67]. Das unter das Etikett 'Potentialis' fallende Beispiel 47 entspricht (morphologisch und modalsemantisch) dem Grundschema IIa:

B47 (KI/25/2-5)

```
F ⌊                          (( 7 s )) non ce qui serait/ ce qui
     .........
F [ irait pas quand même c'est si la si il y avait pas d'examens au mois

G ⌈        ah ben voilà                         (ah ben dites
  ⌊
F ⌊ de juin              ça ce serait mauvais quand même
```

Besaß das Lateinische einen zukunftsbezogenen Irrealis, so kann sich das Französische dem per Abtönung der Imperfekt-Protasis annähern. In B48 rückt der Zusatz von *jamais* den Grad der Aufhebung der verschobenen Assertion nahe an den Pol 'negative Gewißheit$_{az}$'; ansonsten hebt hier die Frageform die qua Bedingungspräsupposition eingeschränkte verschobene Regreßpflicht für *cela mettra fin à toutes les polémiques* auf, wobei aber *ne ... pas* eine positive Antwort suggeriert und somit der Apodosis (für den - unwahrscheinlichen - Fall der Erfüllung der Protasis-Bedingung) einen gewissen Grad der verschobenen Regreßpflicht beläßt:

---

auch der Eigenschaft des Imperfekts, die Weinrich 1971 als 'Tempus des Hintergrunds' beschreibt. Zu vergleichbaren Werten des deutschen Präteritums s. Schecker 1987. Allgemeiner zu den Vergangenheitstempora im gesprochenen Französisch s. Kolstrup 1983 .

[67]Eine wichtige Variante des Konditionalsatzes ist der konzessive Konditionalsatz mit *même si*, z. B. *Même si elle vient, je vais chanter*. Ist im *si*-Satz die Erfüllung der in der Protasis ausgedrückten Bedingung die notwendige Voraussetzung für das Eintreten der Apodosis-Proposition, so tritt dieser Sachverhalt im *même si*-Satz ungeachtet der in der Protasis formulierten negativen Voraussetzung - von der also bei ihrer Verwirklichung normalerweise die Verhinderung des Apodosis-Sachverhalts zu erwarten ist - ein oder nicht ein. In diesem Fall präsupponiert das Conditionnel in der Apodosis des konzessiven Potentialis oder Irrealis eine unwirksame Bedingung, vgl. die Deutung der Konzessivrelation o. in III.2.2.3.6. Dabei bleibt das Conditionnel Merkmal der eingeschränkten Assertion bzw. verschobenen Assertion, auch wenn kontextuell die Übernahme der (verschobenen) Regreßpflicht für den Apodosisinhalt präsupponiert sein kann. Zum konzessiven Konditionalsatz s. Eggs 1977; Yamanashi 1975: 234 f. Zu weiteren Typen des Konditionalsatzes s. auch Dancygier/Mioduszewska 1984.

B48 (KIV/3/5-9)

D [alors je voudrais vous poser simplement la question œ Georges

D [Marchais pourquoi votre bri/ biographie a-t-elle un trou entre mille

D [neuf cent quarante et mille neuf cent quarante-cinq est-ce que si

D [jamais ce trou était rempli cela ne mettrait pas fin à toutes les

D [polémiques

Das folgende Beispiel (49) zeigt einen nicht-vorzeitigen Irrealis (IIIa), wobei hier der implikative Charakter des *si*-Satzes explizit gemacht wird (*il en résulterait que*). Die im (ausgeschlossenen) Fall der erfüllten Bedingung (Protasis) für die in der Apodosis ausgedrückte mögliche Welt übernommene Regreßpflicht schränkt der Sprecher dabei mit *peut-être* ein:

B49 (KXI/6/14-7/2)

D [cette première image de Charlemagne lors des conseils nous en font/

D [nous en fait un personnage vraisemblable susceptible d'être

D [accepté et admiré donc un personnage conçu en fonction de conceptions

D [plus tardives un personnage idéalisé et cela plaide en faveur de

D [l'individualisme n'est-ce pas cela est un argument en faveur des

D [individualistes car si le la chanson de Roland était une œuvre avec

D [des strates des couches successives eh bien il en résulterait que le

D [personnage serait peut-être plus fidèle à ce qu'il était à l'origine

D [historiquement n'est-ce pas or le personnage que nous rencontrons

B50 stellt einen Übergangstyp zwischen IIIa und IIIb dar, d. h., die Verbalhandlung der Protasis ist gleichzeitig, die der Apodosis aber vorzeitig zum Sprechzeitpunkt gelegen. Auch hier ist die hypothetisch übernommene (verschobene) Regreßpflicht der (un-) möglichen Welt der Apodosis leicht eingeschränkt. Während B49 dem Schema

Wenn wahr ist, daß x, ist notwendig impliziert, daß vielleicht wahr ist, daß y

gehorcht, entspricht B50 eher dem Muster

Wenn wahr ist, daß x, ist vielleicht impliziert, daß wahr ist, daß y ,

oder B50 ist in Bezug auf diese Unterscheidung merkmallos:

B50 (KIII/9/8-13)

```
H ⌊                                              je crois que

H ⌈ Madame Pelletier a dit que les femmes étaient très heureuses de

H ⌈ rester à la campagne ce qui est vrai parce qu'avec les difficultés

H ⌈ qu'elles ont eu ou du moins celles qu'on a interviewées si elles

H ⌈ n'aimaient pas vraiment le travail de la terre je crois qu'elles y

H ⌈ auraient renoncé
```

Einen insgesamt vorzeitigen Irrealis (Typ IIIb) gibt hingegen B51 ab:

B51 (KI/12/16-13/5)

```
F ⌊                                      écoute je suis pas

G ⌈                                                    il est
  |
F ⌊ beaucoup en retard ε .. quand même on a dix minutes de retard

G ⌈ huit heures moins huit                      ouais quand c'est
  |
F ⌊                        on est arrivé à moins vingt

G ⌈ sept heures et demie c'est pas moins vingt    le train il serait
  |
F ⌊                                      hmm

G ⌈ parti            et si j'avais mis mes mes tartes là à cuire elles
  |
F ⌊        ouais ben si ça avait été un train

G ⌈ seraient desséchées . ⟨ıvrai ou faux ı⟩
```

⟨ı ? ı⟩

3.2.3. Das Conditionnel merkmalhaltig: Einschränkung der (verschobenen) Assertion

Als Bedeutung des Conditionnel im *si*-Satz wurde angegeben, daß es einen möglichen (vergangenen, gegenwärtigen oder zukünftigen) Weltzustand im Hinblick auf Assertion bzw. verschobene Assertion eintaxiert, wobei die Erfüllungschancen der präsupponierten Bedingung (und damit der Grad der übernommenen Regreßpflicht oder verschobenen Regreßpflicht) im Endeffekt gering oder nicht mehr vorhanden sind (s. o., III.3.2.2.2.):

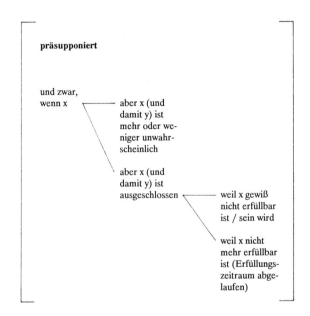

Die Verbalhandlung y
(**Conditionnel**-Form)
ist unter Umständen
der Fall / wird unter
Umständen der Fall
sein

präsupponiert

und zwar,
wenn x — aber x (und
damit y) ist
mehr oder we-
niger unwahr-
scheinlich

aber x (und
damit y) ist
ausgeschlossen — weil x gewiß
nicht erfüllbar
ist / sein wird

weil x nicht
mehr erfüllbar
ist (Erfüllungs-
zeitraum abge-
laufen)

Diese Bedeutung hat nun das Conditionnel bei merkmalhaltigem Gebrauch auch außerhalb des *si*-Satzes; dabei kann die präsupponierte Bedingung genannt werden oder aber implizit bleiben.

In die Gruppe dieser merkmalhaltigen Conditionnel-Verwendungen mit explizit gemachter Bedingung gehören zunächst die Strukturen, die der potentialen oder irrealen *si*-Satz-Konstruktion sehr nahe kommen oder sie sogar ersetzen. So übernimmt in B52 der Infinitiv-Ausdruck *maintenir les choses en l'état* die Funktion der Protasis in einem hypothetischen Gefüge, das sich mit *si on maintenait les choses plus longtemps en l'état, ce serait une mauvaise action ...* paraphrasieren läßt:

B52 (KV/2/11-3/1)

```
Y [ vous parlez d'inquiétude nous allons entendre maintenant s'exprimer
        ------
Y [ l'inquiétude d'André Bergeron il vient d'écrire en effet en tant

Y [ que secrétaire général œ de Force Ouvrière au premier ministre

Y [ maintenir les choses en l'état serait une mauvaise action dont les

Y [ effets s'ajouteraient aux conséquences du tassement du pouvoir d'

Y [ achat voilà l'une des phrases employées par André Bergeron
    ----
```

Im nächsten Beispiel erscheint die vom Conditionnel präsupponierte Bedingung im vorangehenden Satz entsprechend der unterliegenden Irrealis-Struktur in Form ihres Negates (*heureusement que j'avais pas mis ma machine à chauffer*). Gänzlich explizit wäre diese hypothetische Struktur bei Einfügung von *si je l'avais fait, elle aurait été bonne*.

B53 (KI/4/18-5/1)

```
G [                                        ah ‹₇x ₇› heureusement que

G [ j'avais pas mis ma ma machine à              à chauffer elle aurait
  !                        --        ---                     -----------
R [                                   (à chauffer)

G [ été bonne
    ----

‹₇Lautschrift ₇›
```

In B54 - hier geht es um das Conditionnel *je serais tout à fait d'accord* - werden die Bedingungen, von denen die Übernahme der Regreßpflicht abhängt bzw. deren Unerfülltheit für die Nicht-Assertierung von *je suis tout à fait d'accord avec ce que vous dites* verantwortlich ist, als solche beim Namen genannt:

B54 (KIII/31/4-9)

```
R ┌                      Madame le Ministre
  │
P │                                      œ je serais tout à fait
  │                                      --  ────────────────────────
L └ est trop trop brutale

P [ d'accord avec ce que vous dites à deux conditions près la première

P [ il faudrait que ces filières de l'enseignement rural féminin débouchent

P [ sur des métiers possibles
```

Impliziter verbleibt die vom Conditionnel präsupponierte Bedingung bereits im nächsten Beispiel. Und zwar macht F in ihrer Äußerung die vorher zur Sprache gekommene irrige Auffassung, wonach die zur Diskussion stehende neue Ausländerregelung an Frankreichs Universitäten auf bestimmte Nationalitäten beschränkt wäre, (nur) per anaphorischem Verweis mit *ça* und *là* zur hypothetischen Bedingung für das Auftreten noch heftigerer Streik-Reaktionen. D. h., für *ça* und noch deutlicher für *là* ließe sich *si cela était le cas* u. ä. substituieren:

B55 (KI/26/1-8)

```
G ┌                                      ah parce que ça
  │
F └ Suisses les Italiens les Arabes les Algériens les

G ┌ comprend pas qu'une seule œ espèce
  │
F │                              ben encore heureux
  │
R └                                  (( Lachen )) ça serait

F ┌              ah ben ça ce serait la meilleure alors là là tu verrais
  │                               ───────────────                  ──────────
R └ la meilleure                           ((          Lachen

F ┌ la grève il y a longtemps qu'elle aurait (fait grève)
                                      ──────
```

In manchen Einzelfällen kann die präsupponierte und mehr oder weniger explizit gemachte Bedingung den Charakter eines Implikans eines konzessiven Konditionalsatzes haben. In diesem Fall präsupponiert das Conditionnel eine kausal "entkräftete" Bedingung und bleibt dabei aber Merkmal der eingeschränkten oder aufgehobenen (verschobenen) Assertion, selbst wenn manchmal die Übernahme der (verschobenen) Regreßpflicht durch den Sinnzusammenhang präsupponiert ist.

Das nächste Beispiel läßt sich mit *même si on leur offrait une fortune, elles ne voudraient pas habiter en grandes villes* paraphrasieren:

B56 (KIII/6/17-19)

```
P [                              ces femmes en même temps disaient

P [ toutes que pour rien au monde elles ne voudraient habiter en grandes

P [ villes et que elles étaient très attachées à leur vie à leur terre
```

In den nachfolgenden Beispielen bleibt die vom Conditionnel präsupponierte Bedingung implizit, d. h., sie wird im unmittelbaren verbalen Kontext nicht genannt. Diese Fälle stammen aus einem *Cours magistral* über das altfranzösische Rolandslied, und zwar einem Passus, in dem der Seminarleiter das gehaltene Referat eines Studenten kommentiert und jeweils sagt, was man sagen könnte, wenn man (noch einmal) dieses Thema zu bearbeiten hätte (was nicht vorgesehen ist):

B57 (KX/2/1-5)

```
D [ alors je reviens si vous le voulez un peu sur œ ce que nous avons (   )

D [ ensemble nous avons dit l'essentiel peut-être on pourrait l'

D [ organiser un peu différemment dans un premier point du commentaire

D [ on pourrait reprendre le déroulement examiner d'abord le déroulement

D [ du duel
```

B58 (KX/5/8-11)

```
D [                         ce souci ce double souci se retrouve même

D [ à l'intérieur de la laisse comme en témoigne la structure de chacune

D [ d'elles n'est-ce pas on pourrait le montrer pour œ œ la laisse deux

D [ cent œ soixante-dix-sept deux cent quatre-vingts
```

B59 (KX/5/18-20)

```
D [              . on pourrait également puisque l'on parle de des qualités
                 ───────────                                    ──
D [ de l'architecte souligner l'art de la symétrie n'est-ce pas du

D [ contraste du souci de la préparation de la conclusion (( 5 s ))
                                                           ..........
```

B60 (KX/6/3-5)

```
D [ .. mais œ ce duel mérite attention à un autre point de vue ce

D [ serait la deuxième partie du commentaire c'est que ce n'est pas
    ──────

D [ seulement un combat singulier mais c'est d'abord un duel judiciaire
```

3.3. Das Conditionnel als merkmalloserer Modus

Am Ende des Konjunktiv-Kapitels wurde bereits gesagt, das Conditionnel entwickele sich zu einem merkmalloseren Modus. Als diachroner Ausgangspunkt der Ausbildung des besonderen modalen Conditionnel (im Gegensatz zu seiner Funktion als Futur du passé) hat sich seine Verwendung in der Apodosis von potentialen und irrealen Bedingungssätzen erwiesen. Diese grammatische Struktur schafft die primäre, merkmalhaltige Bedeutung des modalen Conditionnel, die es auch oftmals bei Gebrauch außerhalb des *si*-Satzes besitzt. Entbunden von seinem primären Verwendungskontext aber entwickelt sich das Conditionnel gleichzeitig vom Modus der qua präsupponierter unerfüllbarer oder schwer erfüllbarer Bedingung eingeschränkten bis aufgehobenen (verschobenen) Assertierung zum Modus der eingeschränkten bis aufgehobenen Assertion oder verschobenen Assertion *tout court*. Ausgehend von dieser extensiveren zunächst darstellend modalen Bedeutung kann es dann sekundäre appellative und expressiv modale Funktionen übernehmen.

190

3.3.1. Darstellende Modalität

3.3.1.1. Einschränkung bis Aufhebung der Assertion

Das übliche Verfahren, mit Hilfe des Conditionnel die Assertion einzuschränken, ohne dabei eine Bedingung zu präsupponieren (s. o.) oder die Regreßpflicht zu übertragen (s. u., III.3.3.1.2.), besteht in seiner Koppelung an ein übergeordnetes *verbum dicendi* in der ersten Person (oder in der dritten Person mit *on*, worin der Sprecher mit eingeschlossen ist, s. B64). Indem der Sprecher das in der ersten Person verwendete Verb *dire* mit dem Merkmal einer stark eingeschränkten bzw. aufgehobenen Regreßpflicht - dem Conditionnel - versieht, womit der angekündigte darstellende Sprechakt aus der Sphäre des Wirklichen in die Sphäre des Irreellen oder Möglichen gehoben wird, dann aber die fragliche Aussage nichtsdestotrotz abgibt, bleibt eine leichtere Einschränkung der Regreßpflicht "zurück":

B61 (KV/8/12-15)

```
B [ écoutez œ si je je je me suis chamaillé avec le gouvernement bien

B [ souvent mais enfin . je dirais que en ce moment les positions

B [ patronales sont en effet très dures il souffle dans les milieux

B [ patronaux un vent de réaction on veut tout mettre en question
```

Die mit *je dirais* ausgedrückte Einschränkung der Assertion kann auch einen verengten Skopus haben, sich also nur auf Teile der Proposition beziehen:

B62 (KVII/2/4-7)

```
P [                                              il y a

P [ ensuite un effet tout à fait traditionnel dans l'économie française

P [ qui résulte de la situation et de la pratique de prix je dirais des

P [ services et notamment des services privés
```

Wie nun *cantare habebat* zunächst Vergangenheitsfutur war und erst dann die modale Bedeutung des eigentlichen Conditionnel angenommen hat (s. o.), so kann die Vergangenheitsform des neuen analytischen Futurs *va faire*, also *allait faire*, bereits das

Conditionnel in *je dirais* ersetzen. D. h., im folgenden Beispiel hat *j'allais dire* dieselbe Assertion-einschränkende Funktion wie *je dirais*:

B63 (KIII/13/5-8)

```
L  [                  je souhaite intervenir parce que je crois que le film que
L  [ nous avons vu Madame ce pose un problème (si vous voulez) à ces
L  [ deux femmes qui était le problème ce j'allais dire ce malheureusement
L  [ pour elles dépassé
```

Ein etwas stärkerer Grad der Einschränkung der Regreßpflicht (jetzt geht es wieder um die Proposition insgesamt) kommt zustande, wenn die Aussage von vornherein mit *on peut dire que* als lediglich Möglichkeit ausgewiesen wird und *pouvoir* dann zusätzlich im Conditionnel steht:

B64 (KXI/7/9-11)

```
D  [                  .. en définitive on pourrait dire que le
D  [ Charlemagne qui apparaît dans ce début est le souverain idéal d'une
D  [ société féodale comparable à celle du onzième siècle (( 8 s ))
                                                           .........
```

In den bisher genannten Fällen hat *je dirais* (etc.) immer den Status eines übergeordneten Satzes oder eingeschobenen selbständigen Satzes. Wenn hingegen das Hauptsatzverb auf propositionaler Ebene direkt (also nicht in einer metakommunikativen Formel wie *je dirais*) das Conditionnel annimmt, so scheint in der Regel entweder die merkmalhaltige Bedeutung (Bedingungspräsupposition, s. o.) oder eine Übertragung der Regreßpflicht (s. u., III.3.3.1.2.) vorzuliegen. Das Nebensatzverb jedoch wird mitunter wie in B65 und B66 zur Anzeige der Einschränkung oder Aufhebung der Assertion im Conditionnel gesetzt; in B65 ersetzt das Conditionnel dabei den Subjonctif[68]:

---

[68]Zu *'il semble que* + Subjonctif s. o., III.2.2.3.1.

B65 (KXI/8/7-8)

```
D [ il semble que on attendrait une réaction de Charlemagne qu'il
D [ impose un veto mais il n'est plus temps n'est-ce pas
```

B66 (KVIII/5/15-6/4)

```
F [                                      pas de problèmes . bon on
  |
O [ ans ou plus devant les hauts-fourneaux
F [ continue
  |
O [         disaient que leurs pères s'étaient pourtant bien soulevés contre
O [ le remplacement de la semaine de cinquante-six heures par celle de
F [                 ah vous pensez vraiment . qu'ils auraient été
  |
O [ quarante heures
F [ absurdes à ce point-là . ces braves gens . ils s'étaient soulevés
  |
D [                    (( Lachen ))
```

Das Conditionnel zeigt die Einschränkung der *verschobenen* Assertion an, wenn die abgeleitete Gewißheit$_z$ und damit die Übernahme der verschobenen Regreßpflicht etwa mit der Periphrase *'devoir* + Inifinitiv' explizit gemacht wird[69] und *devoir* dann im Conditionnel steht:

[69]Vgl. zu *'devoir* + Infinitiv' als Futurausdruck Fleischman 1982: 145 ff.; nach Fleischman ist diese Periphrase im Französischen der aussichtsreichste Kandidat, das heutige analytische Futur *aller faire* beim Zeitpunkt seiner Synthetisierung als neues analytisches Futur zu ersetzen. Zu dieser Periphrase s. weiterhin Hennum 1983.

B67 (KIII/15/15-20)

```
L [ c'est la raison pour laquelle il me parait que le compromis auquel

L [ vous faisiez allusion Madame et qu'est en train < je pense > d'

L [ élaborer le Sénat avec la seconde lecture à l'Assemblée nationale

L [ devrait bien permettre que les épouses et les époux de d'exploitants

L [ qui opteront ou qui seront entrés dans ce mécanisme s/ pèsent bien

L [ les conséquences juridiques financières et familiales aussi


    < undeutlich
    artikuliert >
```

B68 (KV/7/9-10)

```
B [                    comme Monsieur Giraudet doit théoriquement déposer

B [ son rapport assez rapidement la négociation devrait reprendre
```

3.3.1.2. Übertragung der Regreßpflicht

Der Akt der Übertragung der Regreßpflicht wurde bereits o. in I.2.5. ausführlich behandelt. Es wurde gesagt, daß ein Sprecher die Regreßpflicht dem Hörer ($\overline{OE}$) oder einer dritten Person ($\overline{OE}$) übertragen kann, wobei der Sprecher der nur berichteten, nicht von ihm selbst stammenden Aussage identifizierend, neutral oder distanzierend gegenüberstehen kann. Bedient sich der Sprecher zur Übertragung der Regreßpflicht des Konditionals, so zeigt er damit, wie in I.2.5. ausführlicher zur Sprache gekommen, eine neutrale assertive Position seinerseits (außer es liegen andere kontextuelle Spezifizierungen vor)[70]:

---

[70]Zum Gesamt der Möglichkeiten der Redewiedergabe im Französischen s. Gülich 1978b, speziell zum Conditionnel als Indikator für Redewiedergabe s. Gülich 1978b: 66 f. - Ein einfaches Beispiel für die mit dem Conditionnel ebenfalls mögliche Übertragung der verschobenen Regreßpflicht (das sich in der Form im Korpus nicht findet) wäre:
D'après le Ministère de l'Economie, le cours du franc se stabiliserait prochainement.

B69 (KIV/9/15-18)

```
D [ au cours de la réunion vous avez présenté œ un rapport sur œ les

D [ libertés (( Schlucken )) qui seraient violées œ en Europe de l'

D [ Ouest alors vous avez été un petit peu                    chahuté
  |                              --
M [                                     non mais alors il faut il faut
```

3.3.2. Appellative (und expressive) Modalität

Aus der (merkmalloseren) Grundbedeutung des Conditionnel ('Einschränkung/ Aufhebung der Assertion und verschobenen Assertion') abgeleitet ist seine Funktion als Signal des abgedämpften Nachdrucks. Ein erheblich geringerer Nachdruck als mit dem Imperativ wird bei einem Appell dann ausgeübt, wenn er indirekter als Intention formuliert, d. h. ein Wollen-Verb im Conditionnel verwendet wird, an das sich dann entweder ein den Inhalt des Wunsches wiedergebender Nebensatz (*je voudrais que vous fassiez ...*) oder ein performativer Ausdruck mit nachfolgender Ausführung (bzw. Vervollständigung der Ausführung) des Aktes (*je voudrais vous demander si ...*) anschließt. Indem das Wollen-Verb das Merkmal der aufgehobenen Assertion - also das Conditionnel - annimmt, wird die Distanz zur Ausführung des ohnehin nur als Intention ausgedrückten Appells weiter erhöht; in I.5. wurde erklärt, daß auf diese Weise dem Empfänger der Aufforderung ein größerer Ermessensspielraum belassen wird, was die Aufforderung höflicher macht[71]. Die genannte Formel *je voudrais (que) ...*[72] - vor allem '*je voudrais +* performativer Ausdruck' - erweist sich in den Textsorten 'sozio-politische Diskussion' und 'politische Diskussion' als sehr häufig:

---

[71]Zum Gebrauch des Conditionnel in Aufforderungen vgl. auch Diller 1977: 9 ff.
[72]Zu Beispielen zu diesem Typ s. o., I.4., B41; III.2.2.3.2.; B12.

B70 (KIII/17/2-5)

```
R ⌈      bien alors je voudrais vous demander est-ce que vous avez
  |
C ⌊ jours

R ⌈ des des enfants Madame Phillipeau
  | ---
C ⌊                               oui j'ai deux garçons
```

B71 (KIII/26/13-14)

```
R [ exactement alors moi je voudrais vous poser une question personnelle

R [ est-ce que vous vous êtes intéressée par ces nouvelles possibilités
```

Wie nun in der Protasis des potentialen und irrealen *si*-Satzes der Indikativ Imperfekt im Französischen die Funktion ausübt, die an derselben Stelle im Italienischen und Spanischen der Konjunktiv Imperfekt versieht, so kann im (gesprochenen) Französisch in der Formel '*je voudrais* + performativer Ausdruck' der Indikativ Imperfekt das Conditionnel als Aufhebung der Regreßpflicht anzeigendes Verbalmorphem ersetzen:

B72 (KIII/30/6-14)

```
R ⌈                           mais alors je voulais vous
  |
L ⌊ de crédit voire dans un organisme rural

R [ demander Monsieur Perrin et à Madame Monique Pelletier Madame le

R [ Ministre est-ce que ça n'est pas justement le fait de développer cet

R [ enseignement pour les femmes est-ce que ça n'est pas peut-être une

R [ une un un très bon moyen de garder un certain nombre de moyens d'

R ⌈ exploitation œ en en en pleine en en en pleine croissance
  |
L ⌊                                                      sans aucun

L [ doute
```

Beide Mittel der Markierung von Aufhebung der Regreßpflicht und Distanz - also Conditionnel und vergangene Zeitstufe - lassen sich, wie B73 zeigt, auch kombinieren, was den betreffenden Appell auf der verbalen Ebene noch weiter dem Realen, Unmittelbaren enthebt und ihn noch weniger nachdrücklich, noch höflicher als B70-B72 macht. B73 enthält zudem noch als weitere Abtönung die Partikel *juste*; dabei hat hier der Appell die Inanspruchnahme des Turns zum Ziel[73]:

B73 (KIII/23/13-17)

```
R ⌠ alors vous avez une question à poser
  │
P │                                        j'aurais juste voulu ajouter
  │                                        ────────────────────────────
C ⌊                      bon

P ⌠ quelque chose c'est que les femmes d'agriculteurs ont maintenant

P ⌠ cette possibilité de deux cents heures de formation
```

Es wurde schon gesagt, daß auf der Ausdrucksebene appellative und expressive Modalität oft schwer zu trennen sind[74]. Auch das folgende Beispiel ist zunächst einmal eine positive Sprecherbewertung eines noch nicht existenten Sachverhalts, also expressiv modalisiert. Seine Funktion hat es aber auch in einer mehr oder weniger indirekten Aufforderung (den fraglichen Klausurtermin herauszuschieben). Indem die Bewertung mit dem Conditionnel abgedämpft wird (*ce serait p't-être mieux*), wird auch die Aufforderung noch indirekter:

---

[73] Zum *turn-taking* vgl. Sacks/Schegloff/Jefferson 1974.
[74] S. o., I.4., I.5.

B74 (KIX/2/3-11)

```
D  [ (( 9 s )) il est question d'un partiel en attendant que les autres
   .........                                        --
D  [ soient de retour .. qu'est-ce que vous en pensez .. avant ou après

D  ⌠ . les vacances      ē
   |
A  |                  après   après              (           alors
   |
Sₐₓ ⌊                                    (     )

D  ⌠                    vous êtes peut-êt' pas obligée de le faire
   |
A  ⌊ moi en tant que)

D  ⌠ forcément                              ouais (( 4 s )) avec Monsieur
   |                                              .........
Sfₓ ⌊          après ce serait p't-être mieux
   _____
```

3.4. Textsortenunterschiede im Gebrauch von Konditionalsatz und Conditionnel - die Extension dieses Verbalmodus

Auch auf den Gebrauchsfeldern von Konditionalsatz und Conditionnel zeichnen sich gewisse Unterschiede zwischen den einzelnen Textsorten ab, wenngleich hier weniger deutlich und nicht ohne Widersprüche.

Das **familiäre Gespräch** tendiert einerseits allgemein, wie nun schon mehrfach deutlich wurde, zum merkmallosen Gebrauch grammatischer wie lexikalischer Mittel sowie im Hinblick auf die Diachronie zur Innovation, und diese Tendenz schlägt sich auch im Conditionnel-Gebrauch nieder; andererseits stimmt es zur selben generellen Charakteristik dieser Textsorte, daß sie - während der Gebrauch des merkmalhaltigen Conditionnel in einigen Kontexten auch hier unumgänglich erscheint - statt des merkmallosen Conditionnel oft den noch merkmalloseren Indikativ benutzt. Zu dieser letzteren Feststellung paßt auch die hier geäußerte Vermutung[75], daß die Ersetzungstendenz der -*rait*-Formen durch den Indikativ Imperfekt im Bereich der indirekten Rede, also in der Funktion des Futur du passé, im familiären Gespräch besonders vernehmlich ist. Darstellende und appellative Abdämpfungen wie *si vous voulez, je dirais que* und *je voudrais que* - die beiden letztgenannten Formeln enthalten das Conditionnel in seiner merkmalloseren Bedeutung, sind aber als feste Syntagmen insgesamt wieder funktionell spezifiziert - fehlen praktisch vollständig im familiären Gespräch und sind hingegen in der **so-**

---

[75] S. o., III.3.1.2.

zio-politischen Diskussion und politischen Diskussion ausgesprochen zahlreich; dasselbe Verhältnis gilt für Übertragungen der Regreßpflicht vermittels des Conditionnel, wiewohl diese nicht so zahlreich vorkommen. Im Cours magistral de littérature schließlich dominiert eine Tendenz zum merkmalhaltigen Gebrauch des Conditionnel, wenngleich auch diese Textsorte nicht gänzlich ohne die merkmallosere Variante des fraglichen Verbalmodus auskommt.

Letztlich verwendet also jede der untersuchten Textsorten das merkmalhaltigere wie merkmallosere Conditionnel (in seiner besonderen modalen Bedeutung); genauso benutzen auch alle Textsorten - obschon relativ selten - den potentialen oder irrealen, also mit dem Conditionnel konstruierten si-Satz. - Die Ergebnisse der Untersuchung stützen wieder die Hypothese der funktionellen Ablösung des Konjunktivs durch das Conditionnel und damit folgende claims von Harris (1981: 58):

> (i) the subjunctive mood has been largely lost as a meaningful category particularly in the spoken language, though it survives as a conditioned syntactic variant in various types of subordinate structure; (ii) the *ferait* form - at times in harness with the *fera* form and the equivalent compound tenses - has progressively taken over most of (semantic) functions which were hitherto within the domain of the subjunctive; and (iii) there are alternative paradigms available for the temporal functions of *fera* and *ferait* within the indicative mood, which seem to be gaining ground steadily in certain contexts.

Deckt der Konjunktiv also die drei großen Bereiche der darstellenden, appellativen und expressiven Modalität ab, so steht er darin trotzdem nur noch in Abhängigkeit von bestimmten übergeordneten Ausdrücken als in der Regel redundantes und mit Blick auf indikativische Alternativen fakultatives Nebensatz-Signal. Im Gegensatz zum Subjonctif versieht das Conditionnel dieselben modalen Aufgaben im Hauptsatz, und zwar als relevantes und nicht redundantes Merkmal: damit ist das eigentliche funktionnelle Signal der eingeschränkten bis aufgehobenen Regreßpflicht bzw. verschobenen Assertion mit den daraus abgeleiteten appellativen und expressiven Funktionen das Conditionnel. - Ein korrigierender Zusatz verbleibt auf Grund der hier erzielten Ergebnisse zur letzten These von Harris zu machen: nicht nur für die temporale, sondern auch für die besondere modale Bedeutung von *ferait* existieren im gesprochenen Französisch indikativische Varianten. So hat sich gezeigt, daß die Regreßpflicht-einschränkende Formel *je dirais* durch *j'allais dire* und das Nachdruck-dämpfende Syntagma *'je voudrais* + performativer Ausdruck' durch *'j'allais* + performativer Ausdruck' ersetzbar sind[76].

---

[76]S. o., III.3.3.1.1.: B63 und III.3.3.2.: B72.

4. Der Imperativ

4.1. Grundbedeutung dieses Verbalmodus

Der französische Imperativ bedeutet einen Appell um die Nachlieferung der Assertion, der an den bzw. die Hörer (*fais, faites*: B75-B78) oder aber an eine Adressatengruppe, die Hörer und Sprecher gemeinsam umfaßt (*faisons*, B79), gerichtet ist. In B76 ist die Aufforderung in der Höflichkeitsform an eine einzelne Person gerichtet, B77-78 richten sich an eine Mehrzahl von normalerweise zu "siezenden" Hörern. Im Französischen erfolgt ja anders als im Spanischen und Italienischen die Differenzierung zwischen "unhöflicher" Aufforderung einer Mehrzahl von Hörern (franz. *faites*, span. *haced*, ital. *fate*) und einem "höflichen" Appell an einen Hörer (franz. *faites*, span. *haga*, ital. *faccia*) oder mehrere Adressaten (franz. *faites*, span. *hagan*, ital. *facciano*) nur kontextuell:

B75 (KI/18/1-5)

```
G ⌐      j' crois pas            j'ai éteint celui-là celui-là j'
  ¦
F ⌊ ‹ non ›            ben regarde
                                 ‾‾‾‾‾‾
G ⌐ sais pas si il marche                    ‹ il
  ¦
F ⌊            regarde si c'est éteint là
               ‾‾‾‾‾‾
G ⌐ marche ›

  ‹ ? ›
```

B76 (KI/15/14-16)

```
G ⌐      j'ai été chez l'Italien . l'acheter .. donnez-moi votre
  ¦                                             ‾‾‾‾‾‾‾‾‾‾  ‾‾
F ⌊ ouais

G ⌊ cuillère . merci .
```

B77 (KVIII/3/1-3)

```
F  [ ⟨₁c'est on a commencé à traduire ou non ₁⟩ .. ⟨₂non ₂⟩ . ⟨₁alors

F  [ Christian Orsonneau vous voulez bien ₁⟩ . attendez je ferme la porte

F  [ parce que (si on          ) ⟨₃(( 20 s )) ₃⟩
                                  ..........
```

```
⟨₁ ? ₁⟩

⟨₂konstatierend,
nach Reaktion von
SS ₂⟩

⟨₃Türeklappen ₃⟩
```

(In B78 geht es um die Festlegung eines Termins:)

B78 (KIX/3/8-11)

```
D  ⌈                                        bon mettez-
   ¦
R  ¦ .. non mais . en fait ça n'a pas d'importance . parce que
   ¦
Sᵣₓ⌊   (    )   (                    )

D  [ vous là ..
```

B79 (KXI/9/10-13)

```
D [ chanson de Roland une image d'un Charlemagne composite à la fois

D [ distant et humain à la fois tout-puissant et singulièrement impuissant

D [ ... passons maintenant à la bataille vous avez noté que Charles est

D [ physiquement absent de la bataille
```

Da der Imperativ zunächst einmal ausschließlich der Formulierung eines Appells dient, ist er deutlich merkmalhaltiger als Indikativ, Conditionnel und Subjonctif. Die Form der Assertion, um deren Nachlieferung mit dem Imperativ appelliert wird, ist häufig non-verbal (s. o., B75-B76, B78), kann aber auch verbal sein oder zumindest das verbale konversationelle Verhalten betreffen (s. o., B77 und B79; B80):

B80 (KII/6/3)

B [(   ) demande-lui toujours elle dit
         ‾‾‾‾‾‾‾‾‾‾

Wie schon betont, können Aufforderungen mit mehr oder weniger großer Nachdrücklichkeit vollzogen werden, und der (nicht abgedämpfte) Imperativ bringt auf dieser
Skala - im Vergleich zu appellativen Formeln wie *je voudrais que vous fassiez* - einen
recht hohen Nachdruckgrad mit sich. Eine Aufforderung ist nun immer ein Einbruch in
die persönliche Sphäre von alter und damit - in den Worten von Brown/Levinson - ein
face-threatening-act (1978: 64 f.). Brown/Levinson unterscheiden dabei zwei Aspekte
von *face*, und zwar ein negatives "Gesicht", was in dem Wunsch des kompetenten er-
wachsenen Gesellschaftsmitglieds besteht, von anderen in seinem Handeln unbelästigt
zu bleiben, und ein positives Gesicht, das nach der Übereinstimmung der persönlichen
Wünsche mit denen anderer trachtet (1978: 67 ff.). Eine Aufforderung stellt vor allem
das negative Gesicht des Adressaten in Frage, und je direkter und nachdrücklicher die
Aufforderung, desto eklatanter ist der Einbruch in die Persönlichkeitssphäre des anderen, und desto geringer ist demzufolge die ihm (auf der verbalen Ebene) entgegenge-
brachte Höflichkeit. Ein nicht abgedämpfter Imperativ in der zweiten Person - also der
"Duz-Imperativ" - ist im Französischen eine sehr direkte Aufforderung, in der von vornherein eine persönliche Nähe von Aufforderer und Adressat, eine Teilhabe an der Persönlichkeitssphäre des Aufgeforderten vorausgesetzt wird[77]. Nachdrücklicher als der eine
größere Distanz implizierende und damit formal höflichere "Siez-Imperativ" ist der
"Duz-Imperativ" aber nur dann, wenn er an eine Person gerichtet wird, der der Sprecher
normalerweise mit *vous* begegnet (solche Verletzungen kommen einseitig z. B. im Verhältnis Unternehmer - Angestellter vor). Unabgedämpft ist der Duz-Imperativ wie der
Siez-Imperativ als *face-threatening-act* eine *bald-on-record-strategy*, in der dem Aufgeforderten anders als in einer Formel des Typs *pourriez-vous* ... (verbal) kaum eine Rück-
zugsmöglichkeit eingeräumt wird. Etwas anders verhält es sich in puncto (Un-) Höflichkeit beim Imperativ in der ersten Person Plural (*faisons*, s. o., B79). Diese Imperativ-
Form kann trotz ihres Nachdrucks von vornherein höflicher wirken, weil der Sprecher
gleichzeitig mit der Persönlichkeitssphäre von alter in die von ego, also die eigene,
eingreift und somit möglicherweise der Verletzung der individuellen Sphäre von alter
die Schärfe nimmt.

Hoher Nachdruck und geringer Ermessensspielraum implizieren also nicht immer dasselbe hohe Maß an Unhöflichkeit. Genauer ausgedrückt, in bestimmten Kontex-

---

[77]Das in Frankreich streckenweise zur Mode gewordene Duzen ironisiert geistvoll A. Schifres 1983.

ten führt ein nachdrücklicher Imperativ eine geringere *face*-Verletzung herbei, und die Verletzung des negativen *face* ist hier derart "entschuldbar", daß die Setzung verbaler Höflichkeitssignale überflüssig erscheint. Wohl hängt bei einer Aufforderung das Ausmaß der *face*-Bedrohung vom ausgeübten Nachdruck ab, aber es kommen nach Brown/ Levinson noch zwei weitere Faktoren hinzu: die soziale Distanz von Sprecher und Hörer und das Machtgefälle zwischen beiden; die erste Beziehung ist symmetrisch, die zweite asymmetrisch. Eine nachdrückliche Aufforderung unter Freunden und guten Bekannten ist weniger *face*-bedrohend, da ihre soziale Distanz gering ist; die Selbst-Definitionen von Sprecher und Hörer werden hier stärker als wechselseitig akzeptiert angesehen, d. h. der gute Bekannte darf sich den unabgetönten Duz-Imperativ erlauben. Die mit Gebrauch des Duz-Imperativs entstehende *face*-Verletzung ist dann natürlich umso größer, wenn die darin präsupponierte personelle Nähe nicht der vor dem Vollzug dieses Sprechakts etablierten Beziehung zwischen den Kommunikationspartnern entspricht.

"Entschuldigt" häufig die interpersonelle Nähe eine mit einem unabgedämpften Imperativ vollzogene nachdrückliche Aufforderung, so tut dies in anderen Fällen die Situation. Eine solche abdämpfende Situation ist oft dann gegeben, wenn die fragliche Handlung im Interesse des Aufgeforderten liegt, etwa bei der imperativischen Antwort *entrez* auf ein Türklopfen, die Roulet unter Bezug auf Brown/Levinson als kooperative Kompensation der Besorgnis interpretiert, die der um Einlaß Bittende wegen dieses Eindringens in die Sphäre des anderen hegt[78]:

> ... sachant que l'interlocuteur peut avoir l'impression, quand il entre dans la pièce où nous nous trouvons, qu'il est un intrus, qu'il menace notre face négative, nous pouvons adopter une stratégie visant à annuler cette menace. Le meilleur moyen de faire comprendre que cette entrée n'est pas indésirable, menaçante pour notre territoire, c'est d'exprimer que nous y tenons beaucoup. Or, nous marquons mieux que nous y tenons fortement en ordonnant à l'interlocuteur d'entrer qu'en l'invitant seulement à entrer. (1980:237)

Für den Normalfall gilt jedoch, daß bei höflichem Sprachgebrauch der mit einem Imperativ verbundene Nachdruck abgedämpft (B81) oder eine indirektere Strategie gewählt wird (s. o., I.5.):

---

[78] Vgl. Brown/Levinson 1978: 103 ff.; Fillmore 1973: bes. 111 f. - Andere abdämpfende Situationen sind etwa eine Störung der Leitung durch Hintergrundlärm oder eine gemeinsame Erste-Hilfe-Leistung bei einem Unfall; in beiden Situationen ist eine Optimierung der Verständlichkeit und Knappheit der ausgetauschten Botschaften erforderlich.

B81 (KVI/3/1-3)

```
M [ œ pour l'instant œ restons s/ si vous voulez bien au plan syndical

M [ œ de quoi s'agit-il ce n'est pas la ‹₁C F D T ₁› qui a changé du

M [ point de vue de sa volonté unitaire c'est malheureusement la C G T

‹₁ Confédération
française démocratique
du travail ₁›
```

4.2. Der Imperativ in abgeleiteter Bedeutung: Redepartikeln[79]

In einer ganzen Reihe von Fällen werden imperativische Verbalformen mit eingeschränkter bis aufgehobener relativer semantischer Motiviertheit gebraucht; es handelt sich dann um nicht oder nur noch begrenzt auf ihre lexikalische Bedeutung rückführbare Formen, die zu Partikeln geronnen sind und verschiedene kommunikative Funktionen versehen[80]. Dabei können die Funktionen der als Redepartikeln fungierenden Imperativ-Formen in Abhängigkeit von besonderen Kontexten variieren wie auch innerhalb eines Kontextes polyvalent sein; die nachfolgende Auflistung beschränkt sich auf die Nennung dominanter Funktionen der jeweiligen Partikel.

Allez erhöht den Nachdruck einer Aufforderung (B82) und kann weiterhin - gleichzeitig wie in B82 oder ausschließlich wie in B83 - einen Einschnitt im Handlungsablauf, einen Fokuswechsel im Sinne Kallmeyers[81] markieren:

---

[79]Den Terminus 'Redepartikel' gebrauche ich etwa mit derselben Extension wie Burkhardt 1982 den Begriff 'Gesprächswort', d. h. unter Einbezug Burkhardts 'emotiver Interjektionen'. Offen lasse ich hier lediglich den Status der 'schallnachahmenden Interjektionen', der auch bei Burkhardt insofern dunkel bleibt, als er hier vom Prinzip der funktionalen Bestimmung abweicht (s. bes. das Überblicksschema über die Klassen der Kategorie 'Gesprächswort' 1982: 156). - Zum Problem der Behandlung von Interjektionen s. auch Trabant 1983, zur (syntaktischen) Klassifizierung von Partikeln Rudolph 1979.

[80]Auf die Reduktion der lexikalischen Bedeutung als Charakteristikum von Gliederungssignalen weist bereits Gülich 1970: 297 hin; s. dazu auch Burkhardt 1982: 142. - Die Partikel-Literatur ist inzwischen relativ umfangreich, s. Weydt 1969; Gülich 1970; Weydt 1979, 1983. Das Hauptinteresse gilt allerdings immer noch den Partikeln der deutschen Sprache, in der - so die von Weydt 1969 geäußerte Meinung - das Register der Abtönungspartikeln sehr viel reicher bestückt sei als im Französischen (Weydt 1969: 69). Diese Auffassung ist jedoch unter Beruf auf eine erweiterte Partikel-Konzeption mehrfach angezweifelt worden, s. Settekorn 1977: 392 f.; Söll 1980: 183 f.

[81]S. Kallmeyer 1978.

B82 (KVIII/2/1-3)

```
F  [ ‹₁Fabienne Bigaud . (                    ) il y avait encore tout
F  [ un paragraphe Fabienne Bigaud pas là non . bon allez on commence ē . ₁›
F  [ ‹₂je vous rends vos traductions également lundi .
```

```
‹₁sehr starkes Neben-
gespräch, Stimme von
F nur schwer versteh-
bar ₁›
```

```
‹₂von hier ab wird
das Nebengespräch von
SS schwächer und F
deutlich hörbar
```

B83 (KII/6/4-7)

```
B  [ faire la vaisselle le soir . ben mon vieux (    ) (( Pfeiffen ))
B  ⌠                          allez quelle heure il est . ben nous on va s
   |                                                                     L_
F  |  (( Lachen ))                                         qu'est ce que
   |
R  ⌊        (( Lachen ))
```

Eine Fokussierung[82], also eine Lenkung der Aufmerksamkeit der Interaktanten auf einen spezifischen Ausschnitt der (verbalen) Interaktion, wird mit *tiens* (B84), *tenez* (B85), *voyons* (B86) und *voyez* (B87) erreicht:

B84 (KI/5/1-3)

```
G  ⌠                                       tiens Florence
   |
F  ⌊      (      )‹ tiens tu veux voir où je vais ›
G  ⌠ viens ici allume là .. regarde
```

```
‹ ? ›
```

---

[82] S. o., II.2.4.3.

B85 (KI/3/7-10)

```
G ⎡ ces deux-là j'étais en boule mon vieux          oh ben j' dis
  ⎪
R ⎣                                    (( Lachen ))
G ⎡ quand même 2⟩ tenez venez vous déshabiller ici
  ⎪                        ‾‾‾‾‾
R ⎣                                    ouais 'ttendez je je

⟨2 ausrufend 2⟩
```

B86 (KI/15/6-8)

```
G [ (( 35 s )) ⟨1 alors j' me suis dit voyons qu'est-ce que je prends une
    . . . . . . . . . .
G [ grosse machine oh mais avec de tels gargantuas j' vais en prendre
G ⎡ une petite et/ deux/ et la grosse entre eux deux 1⟩

    ⟨1 bezogen auf die
    Pizzas, die G zum
    Abendessen gekauft
    hat 1⟩
```

B87 (KXI/13/5-8)

```
D [ Charlemagne est à la fois loin de nous grand personnage par sa
D [ stature guerrière et religieuse et en même temps proche de nous par
D [ son humanité voyez l'épopée est à la fois œuvre de grandeur et en
                   ‾‾‾‾‾
D [ même temps œuvre humaine proche de la terre des hommes
```

Eine besondere Sprecherbewertung und/oder ein höheres Erstaunen des Sprechers - also in etwa eine expressive Modalität - drückt *dis donc* (B88-B89) und fakultativ auch *écoute* (B90) aus:

206

B88 (KI/13/17-20)

```
G ⌈                          ⟨ₒah regardez ça ₒ⟩
  |
R ⌊     oui                                    ah

F ⌈                          ah dis donc
  |
R ⌊ très bien ... ah mais c'est formidable ça

⟨ₒG zeigt R seinen
Pullover, den sie ihm
ausgebessert hat ₒ⟩
```

B89 (KI/21/12-14)

```
F ⌊     et puis œ bon ben il y a les piquets de grève qui sont venus .
G ⌈                          ah dis donc
  |
F ⌊ pour empêcher de faire cours          qui ont envahi l'amphi
```

B90 (KI/11/9-11)

```
F ⌊                              ben c'est aberrant ce que tu
G ⌈     ben écoute              . mais j' comprends pas vous
  |
F ⌊ dis          (( 4 s )) c'est aberrant
              .........
```

4.3. Imperativ und Textsortenverteilung

Im **familiären Gespräch** ist der Imperativ entschieden am häufigsten vertreten, und zwar sowohl in seiner primären Bedeutung wie in seinen abgeleiteten Funktionen als Redepartikel; in dieser letzteren Gruppe kommen die expressiv-modalen Varianten (*dis donc*) sehr häufig vor. Was die primäre Version dieses Verbalmodus angeht, so wird die hohe Frequenz des nachdrücklich-unhöflichen Imperativs durch die die situative Konstellation des familiären Gesprächs auszeichnende interpersonelle Nähe ermöglicht,

d. h. die Teilhabe an der Persönlichkeitssphäre des anderen und die hier in besonderem Maße gegebene wechselseitige Voraussetzung der Akzeptiertheit der Selbst-Definitionen, was die potentielle *face*-Bedrohung von vornherein reduziert. Diese Relation ist auch umgekehrt gültig: im familiären Gespräch signalisiert gerade die Absenz verbal markierter Höflichkeit Vertrautheit der Beziehungen, hat also einen hohen phatischen Wert. Zu diesem Umstand stimmt die hohe Frequenz expressiv gebrauchter Imperative in dieser Textsorte; auch der Ausdruck von persönlichen Bewertungen und Regungen bedeutet einen potentiellen *face-threatening-act*[83], und demzufolge signalisiert im familiären Rahmen auch der häufige Gebrauch von expressiv modalen Ausdrücken Vertrautheit, wechselseitige Anerkennung und damit Phatizität.

In **formelleren, schriftlicheren Kontexten** ist der Imperativ sehr viel seltener. In der politischen Diskussion findet sich ein Großteil der sehr wenigen vorkommenden Imperative dann auch in Ausnahmepassagen von entgleisender dialogischer Kooperativität, die von verbalem Schlagabtausch und wechselseitiger *face*-Bedrohung bestimmt sind. - Im Cours de littérature und Cours magistral de littérature werden vereinzelte vom Professor gebrauchte Imperative in der primären Bedeutung von der wechselseitig mehr oder weniger akzeptierten Lehrer-Schüler-Beziehung ermöglicht; das von vornherein bestehende hierarchische Gefälle reduziert die aktuelle *face*-Bedrohung eines Studenten, wenn er im nicht abgedämpften Imperativ aufgefordert wird. Die Mehrzahl der auch im Cours (magistral) de littérature nicht häufig vorkommenden Imperativ-Formen besteht im untersuchten Korpus aber aus *voyez*, also einem Fokussierungs- und Gliederungsmerkmal: die komplexere Teiltextstruktur einer Vorlesung erfordert solche expliziten Signale.

---

[83]Vgl. Brown/Levinson 1978: 70 ff.

IV
SCHLUSSÜBERLEGUNG: MÜNDLICHKEIT UND SCHRIFTLICHKEIT

Wiederholt wurde die Untersuchung der Modalitätsbezeichnungen auf einzelne Textsorten spezifiziert und diese wiederum auf eine Skala 'Mündlichkeit-Schriftlichkeit' bezogen; dabei wurden Kriterien wie der 'Grad der Planung' oder der 'Grad an Öffentlichkeit' herangezogen. Wie sind - dieser Frage sei noch in knapper Form nachgegangen - 'Mündlichkeit' und 'Schriftlichkeit' nun eigentlich zu verstehen[1]?

1. Mediale und konzeptionelle Schriftlichkeit - ein Argumentationsgang

Bereits J. Vachek (1939, 1948) trennt Mündlichkeit und Schriftlichkeit als Sprachnormen von ihrem eigentlichen Realisierungsmedium, also Lautsprache und Schrift. L. Söll systematisiert diesen Gedanken in einer Kreuzklassifikation von *code phonique* und *code graphique* - diese Größen beziehen sich auf das Ausdrucksmedium - und dem konzeptionellen *code parlé* und *code écrit*. Der *code parlé* ist vorzugsweise phonisch realisiert, aber das muß nicht so sein: z. B. kann ein Vortrag konzeptionell schriftlich geprägt sein und umgekehrt ein medial schriftlicher Text mündlichen Charakter haben (man denke nur an Tonbandtranskriptionen).

Wenn man aber nun zwischen "Wesen" und "Erscheinung", zwischen 'Konzeption' und 'Medium' trennt, wie bestimmt man dann den konzeptionellen Kern von Mündlichkeit und Schriftlichkeit? Ein sinnvoller Weg zur Beantwortung dieser Frage scheint in der Untersuchung der typischerweise mit dem Gebrauch von Schrift verbundenen Faktoren zu bestehen, die im Endeffekt dann vom Medium losgebunden werden können.

2. Faktoren des Gebrauchs von Schrift - textexterne Merkmale von Mündlichkeit und Schriftlichkeit

Auf einer ersten, **immanent-situativen Ebene** unterscheidet sich die Schrift durch ihren materiellen Charakter vom mündlichen, der Flüchtigkeit der Laute ausgesetzten Sprachgebrauch. Lautsprachliche Kommunikation vollzieht sich in der Sprechsituation und umfaßt auch Mimik, Gestik usw. Diese analogen Signale fehlen der Schrift, aber ihr materialer Charakter macht sie zur Bewältigung der "zerdehnten Sprechsituation" (Eh-

---

[1]S. dazu ausführlicher R. Ludwig 1986 sowie die Bestimmung von Mündlichkeit als 'Sprache der Nähe' und Schriftlichkeit als 'Sprache der Distanz' von Koch/Oesterreicher 1985.

lich 1983: 32, 38), zur Kommunikation mit einem räumlich und zeitlich fernen Partner, geeignet.

Psycholinguistisch gesehen steht Schrift mit den sprachlichen Planungsprozessen in besonderem Zusammenhang, und zwar in doppelter Weise. Schriftliche Äußerungen erfordern eine sorgfältige Planung, weil situativer Kontext und spontane Rückfragemöglichkeit des Hörers als Verständnishilfen fehlen. Andererseits eignet sich Schrift besonders als Planungshilfe für komplexere Äußerungen; sie entlastet das Gedächtnis und erlaubt die Konservierung umfassender Inhalte über lange Zeit[2].

Historisch-gesellschaftlich sind es zumeist allgemeinere öffentliche Interessen, die den Übergang zur Schriftkultur bewirken, wie das Bedürfnis nach Langzeitspeicherung juristisch-administrativer Fakten oder nach Sicherung und Kristallisation von Kulturgut in der Literatur[3]. Schriftsprache als öffentliche Sprache hat noch zwei weitere Eigenschaften. Da sie kommunikative Brückenfunktion für einen breiteren Kreis hat, muß sie jenseits von starker individueller oder regionaler Variation stehen; spätestens in dem Moment, wo sie in Schulen gelehrt wird, erhält sie eine allgemeine Norm. Öffentlichkeit, Fehlen von individueller Variation und allgemeine Norm rauben der Sprache die Vertrautheit des Mündlich-Informellen, Privaten: im Extremfall bedeutet Schriftlichkeit soziale Fremdheit.

Damit führt die Betrachtung des Gebrauchs von Schrift zu Merkmalen, die sich typischerweise mit dem Medium verbinden und daher die Ableitung der nicht mehr an die Realisierungsform gebundenen **textexternen Merkmale von konzeptioneller Mündlichkeit und Schriftlichkeit** erlauben. Immanent-situativ findet Mündlichkeit im Unterschied zur Schriftlichkeit in der Flüchtigkeit der *face-to-face*-Situation statt; Schriftlichkeit zielt hingegen auf raum-zeitliche Permanenz. Kognitiv zeichnet sich Schriftlichkeit durch besonders komplexe Planung und sozial durch öffentlichen Charakter aus; für Mündlichkeit gelten die umgekehrten Eigenschaften. Die Mehrzahl dieser Merkmaloppositionen ist gradueller und nicht privativer Natur: so erscheinen Mündlichkeit und Schriftlichkeit als Extrempole einer breiten Skala von Übergangsformen.

Von den untersuchten Textsorten steht das 'familiäre Gespräch am Abend' dem textextern erfaßten Extrempol 'Mündlichkeit' sehr nah: eine raum-zeitliche Bewahrung der Kommunikation ist nicht beabsichtigt; Öffentlichkeit und öffentliche Sprachnorm bleiben ebenso wie eine besondere Planung der Redebeiträge außer acht, und unter den Kommunikationspartnern herrscht ein vertrautes Verhältnis. - Während die 'politische Diskussion' und 'sozio-politische Diskussion' bereits deutlich schriftlicher geprägt sind, steht der 'Cours magistral de littérature' dem Pol der Schriftlichkeit am nächsten. Die

---

[2]Vgl. Ochs 1979; A. A. Leont'ev 1975: 199 ff.
[3]S. Goody/Watt 1968; als Beispiel für die mit der Entwicklung von Schrift verbundenen gesellschaftlichen Anliegen vgl. Schmandt-Besserat 1978.

Vorlesung des Literaturprofessors ist der raum-zeitlichen Verbreitung zugedacht (die Rezepienten schreiben z. T. mit); er hat sich vorher überlegt, was er sagen will, und stützt sich manchmal auf Stichwortnotizen. Der Dozent lehrt in öffentlich-institutionellem Auftrag, und die Studenten stehen in deutlicher personaler Distanz zu ihm.

3. Die textinternen Merkmale: Aggregation und Integration[4]

Den textexternen Merkmalen von Mündlichkeit und Schriftlichkeit entspricht eine Liste textinterner Merkmale zwischen den Polen 'Aggregation' (textinterne dominant konzeptionelle Mündlichkeit) und 'Integration' (die entsprechenden schriftsprachlichen Phänomene); dabei werden die meisten linguistischen Ebenen erfaßt:

Aggregation	Integration	linguistische Ebene
merkmallose Moneme	merkmalhaltige Moneme	Morphologie/(Wort-) Semantik
lose Nebenordnung der Elemente im Satz und im Text	strenge Ein- und Unterordnung der Elemente im Satz und im Text	Syntax
situative Rückkopplung und freies *turn-taking*	keine situative Rückkopplung und streng geregelter bzw. fehlender Sprecherwechsel	Pragmatik
kommunikative Polyfunktionalität und hohe Bedeutung von expressiver und phatischer Funktion	kommunikationsfunktionale Integration eines (Teil-) Textes unter eine Funktion/ geringe Bedeutung von expressiver und phatischer Funktion	

Die mündliche Situationspräsenz und die geringe Öffentlichkeit erlauben größere Merkmallosigkeit auf lexikalisch-morphologischer wie syntaktischer Ebene. Öffentlichkeit und größere Planung prädestinieren Schriftlichkeit für die Behandlung spezifischerer Themen und die damit geforderte größere Mermalhaltigkeit; wichtig sind Darstellungsfunktion (man denke an fachsprachlich geprägte Texte) und auch Appellfunktion

---

[4]Vgl. im Zusammenhang mit diesen Begriffen Chafes Verständnis von *integration* und *fragmentation* (1982), Givóns Opposition von *syntactic mode* und *pragmatic mode* (1979: 222 ff., 295 ff.) sowie Raible 1987b.

(am deutlichsten in Gesetzestexten). Mündlichkeit wiederum signalisiert Informalität, Teilhabe an derselben Kommunikationssituation wie am selben Kontextwissen, und die entsprechende besondere Expressivität und Phatizität geht gerade aus ihrem merkmallosen Charakter hervor: je weniger ich in einer Botschaft explizit mache, desto mehr setze ich beim Kommunikationspartner an gemeinsamer Kenntnis und Vertrautheit voraus.

Im Laufe der Untersuchung hat sich die tentative textexterne Klassifizierung der Textsorten textintern bestätigt: dem aggregativen Pol steht das 'familiäre Gespräch am Abend' am nächsten, dem integrativen Pol der 'Cours magistral de littérature'. 'Politische Diskussion' und 'sozio-politische Diskussion' liegen zwischen beiden, nähern sich dabei aber eher dem integrativen Pol an[5].

Die aggregative Merkmallosigkeit auf **morphologisch-semantischer Ebene** hat sich im familiären Gespräch wiederholt gezeigt. Lexikalisch fiel etwa der hohe Prozentsatz der von *il faut que* ausgelösten Konjunktive auf, während umgekehrt die Vielfalt der Konjunktiv-regierenden Ausdrücke in der politischen Diskussion sehr viel größer war. Morphologische Merkmallosigkeit heißt eine geringere Nutzung der grammatischen Palette, und zu dieser Tendenz paßt der hohe Anteil des *praesens pro futuro* an den Nachzeitigkeitsausdrücken im familiären Gespräch, während der Gebrauch der Futurtempora in der politischen Diskussion deutlich ein merkmalhaltigerer war. Morphologisch-lexikalische Merkmallosigkeit führt zu einer größeren Zahl von Homonymien; genauso wie sich im familiären Gespräch für *pizza* auch die merkmallose Bezeichnung *machine* findet, werden hier Présent, Futur composé und Futur simple nebeneinander mit derselben Nachzeitigkeitsbedeutung gebraucht.

Typisch für **syntaktische Integrativität**, für eine differenziertere und deutlicher gekennzeichnete Teiltextstruktur in sozio-politischer und politischer Diskussion sowie im Cours magistral de littérature ist der motiviertere Konjunktiv-Gebrauch in diesen Textsorten und die Ausnutzung dieses Modus als Unterordnungssignal. Die auf hoher Geplantheit basierende ausgeprägte Integrativität des Cours magistral de littérature tritt zutage, wenn man - ergänzend zum Modalausdruck - den Kausalausdruck untersucht: als typisch für diese Textsorte erweist sich z. B. die mit *donc* gezogene Schlußfolgerung aus einer längeren Argumentation und damit die explizite Herstellung einer starken - in diesem Falle kausalen - Kohärenz.

Die **pragmatische Aggregativität** hat sich in den Beispielen aus dem familiären Gespräch deutlich an den häufigen Sprecherwechseln und zahlreichen Rückfragen sowie simultanen bestätigenden Signalen des Hörers an den Sprecher gezeigt. Im Cours magistral ist Sprecherwechsel sehr selten, die Redebeiträge sind lang und scharf gegliedert,

---

[5]Zu Merkmalen des familiären Gesprächs vgl. Tannen 1984; Grize 1981, zur Mediendiskussion Allaire 1975b; Authier-Revuz 1985; Meunier 1985.

und auch Rückkopplungen kommen kaum vor; hier finden sich lediglich Restbestände äußerungsseitiger Dialogizität wie *voyez* und *n'est-ce pas*. - Die Sprengung der einseitigen Bindung der Kommunikation an die Darstellungsfunktion und Grice' Maxime *Be relevant* zugunsten von Expressivität und Phatizität zeigt sich in der Häufigkeit von Sprecherbewertungen und vor allem von ungedämpften Imperativen im familiären Gespräch: wie schon ausgeführt, kann man derart unverbrämt und rüde nur dort sein, wo man so vertraut ist, daß die Gefahr der gegenseitigen *face*-Verletzung lediglich gering ist. Umgekehrt gesehen signalisiert eine sehr nachdrückliche, unhöfliche Aufforderung in familiärem Rahmen Vertrautheit, weil sie hier gerade präsupponiert, daß man sich zu nahe treten darf. Im Cours magistral spielen Expressivität und Phatizität kaum eine Rolle: die Kommunikation ist dominant dem Ziel der Wissensvermittlung untergeordnet.

LITERATURVERZEICHNIS

Die Abkürzungen für Zeitschriften sind der *Bibliographie linguistique* entnommen.

Alarcos Llorach, Emilio (1978): "Cantaría": modo, tiempo y aspecto. In: E. Alarcos Llorach: *Estudios de gramática funcional del español*, Madrid, segunda edición aumentada: 95-108.

Alexandre, Charles/Bentolila, Alain/Fauchois, Anne (1983): Les modalités en créole haïtien: Approche syntaxique et rhétorique. In: *Espace créole* 5: 125-202.

Alexandrescu, Sorin (1976): Sur les modalités 'croire' et 'savoir'. In: Darrault 1976: 19-27.

Allaire, Suzanne (1975a): Le syntagme 'le fait que'. In: *FM* 43: 308-337.

Allaire, Suzanne (1975b): La phrase du français parlé radiophonique. In: *LFr* 28: 79-90.

Anderson, Eric W. (1979): The Development of the Romance Future Tense: Morphologization II and a Tendency toward Analyticity. In: *Papers in Romance* I: 21-35.

Arnauld, Antoine/Lancelot, Claude (1676): *Grammaire générale et raisonnée* ou *Grammaire de Port-Royal*, Hg. H. E. Brekle, Faksimile-Ausgabe der Edition von 1676, Stuttgart-Bad Cannstatt 1966.

Austin, John Langshaw (1972): *Zur Theorie der Sprechakte (How to do things with words)*, (englisches Original Oxford University Press 1962) Stuttgart 1972/1976.

Authier-Revuz, Jacqueline (1985): La représentation de la parole dans un débat radiophonique: figures de dialogue et de dialoguisme. In: *LFr* 65: 92-101.

Bally, Charles (1935): *Le langage et la vie*, nouvelle édition revue et augmentée, Zürich.

Bally, Charles (1942): Syntaxe de la modalité explicite. In: *CFS* 2: 3-13.

Bally, Charles (1965): *Linguistique générale et linguistique française*, Bern[4] ([1]1932).

Barral, Marcel (1980): *L'imparfait du subjonctif*. Etude sur l'emploi et la concordance des temps du subjonctif, Paris.

Bartsch, Werner (1980): *Tempus, Modus, Aspekt*. Die systembildenden Ausdruckskategorien beim deutschen Verbalkomplex, Frankfurt/Berlin/München.

Bell, Anthony (1980): Mood in Spanish: A Discussion of Some Recent Proposals. In: *Hispania* 63: 377-390.

Bello, Andrés (1981): *Gramática de la lengua castellana destinada al uso de los americanos*, edición crítica de Ramón Trujillo, Tenerife ([1]1847).

Beneš, Eduard (1973): Thema-Rhema-Gliederung und Textlinguistik. In: H. Sitta/K. Brinker , Hg.: *Studien zur Texttheorie und zur deutschen Grammatik*, Festgabe für H. Glinz zum 60. Geburtstag, Schriften des Instituts für deutsche Sprache 30, Düsseldorf: 42-62.

Benveniste, Emile (1958): De la subjectivité dans le langage. In: E. Benveniste 1966: 258-266.

Benveniste, Emile (1963): La philosophie analytique et le langage. In: Benveniste 1966: 267-276.

Benveniste, Emile (1966): *Problèmes de linguistique générale* I, Paris.

Bickerton, Derek (1983): Creole Languages. In: *Scientific American* 249 (1): 116-122.

Black, Max (1958): Presupposition and Implication. Zit. nach dem Abdruck in: Petöfi/Franck 1973: 55-70.

Blanken, Gerhard (1983): Bestätigungsfragen mit 'nicht' und 'doch'. In: *DSp* 3: 250-260.

Bonnard, Henri (1973): *Grammaire française des lycées et collèges*, Société universitaire d'éditions et de librairie[11] ([1]1950).

Borillo, Andrée (1976): Les adverbes et la modalisation de l'assertion. In: *LFr* 30: 74-89.

Borillo, Andrée (1982): Deux aspects de la modalisation assertive: 'croire' et 'savoir'. In: *Langages* 67: 33-53.

Börjeson, Lars (1966): La fréquence du subjonctif dans les subordonnées complétives introduites par "que" étudiée dans des textes français contemporains. In: *SNPh* 38: 3-64.

Bossong, Georg (1981): Séquence et visée. L'expression positionnelle du thème et du rhème en français parlé. In: *FoL* 15: 237-252.

Boyd, Julian/Thorne, J.P. (1969): The Semantics of Modal Verbs. In: *JL* 5: 57-74.

Brandt, Per Aage (1981): Ironie et subjectivité. In: *RRom* 16: 36-48.

Brown, Penelope/Levinson, Stephen (1978): Universals in Language Usage: Politeness Phenomena. In: E. N. Goody, Hg.: *Questions and Politeness. Strategies in Social Interaction*, Cambridge etc.: 56-289, 295-310.

Brunot, Ferdinand (1922): *La pensée et la langue*. Méthode, principes et plan d'une théorie nouvelle du langage appliquée au français, Paris.

Brunot, Ferdinand/Bruneau, Charles (1969): *Précis de grammaire historique de la langue française*, Paris.

Bühler, Karl (1934): *Sprachtheorie*. Die Darstellungsfunktion der Sprache, Stuttgart [2]1965/FfM usw. 1978.

Bull, William E. (1963): *Time, Tense, and the Verb*. A Study in Theoretical and Applied Linguistics, with Particular Attention to Spanish, Berkeley usw.

Burger, Harald (1980): Interjektionen. In: H. Sitta, Hg.: *Ansätze zu einer pragmatischen Sprachgeschichte*. Zürcher Kolloquium 1978, Tübingen: 53-69.

Burkhardt, Arnim (1982): Gesprächswörter. Ihre lexikologische Bestimmung und lexikographische Beschreibung. In: W. Mentrup, Hg.: *Konzepte zur Lexikographie*. Studien zur Bedeutungserklärung in einsprachigen Wörterbüchern, Tübingen: 138-171.

Buscha, Joachim (1984): Zur Semantik der Modalverben. In: *Deutsch als Fremdsprache* 21: 212-217.

Cartagena, Nelson (1981): Sistema, norma y habla del futuro de probabilidad español. In: *Logos semantikos*. Studia linguistica in honorem Eugenio Coseriu, Vol. IV: Grammatik, Hg. Ch. Rohrer, Berlin usw: 383-394.

Cathcart Roca, Mercedes L. (1980): Observaciones sobre la expresión verbal de modalidad en el español medieval. In: *IAP* 14: 29-43.

Chafe, Wallace L. (1982): Integration and Involvement in Speaking, Writing, and Oral Literature. In: D. Tannen (Hg.): *Spoken and Written Language: Exploring Orality and Literacy*, Norwood-New Jersey: 35-53.

Chomsky, Noam (1965): *Aspects of the Theory of Syntax*, Cambridge, [9]1973.

Christmann, Hans Helmut (1970): Zum französischen Konjunktiv. In: *ZRPh* 86: 219-229.

Claude, Pierre (1984): Modalisation et formes verbales. In: *L'information grammaticale*: 8-11.

Comrie, Bernard (1985): *Tense*, Cambridge usw.

Cole, Peter/Morgan, Jerry L., Hg.: *Syntax and Semantics*, Vol. 3: Speech Acts, New York.

Coseriu, Eugenio (1957): Sobre el futuro romance. In: *Revista Brasileira de Filologia* III, 1: 1-18. Hier zit. nach dem Abdruck in: E. Coseriu: *Sincronía, diacronía e historia*. El problema del cambio lingüístico,

Montevideo 1958; segunda edición, revisada y corregida Madrid 1973: 157-177 (deutsch in: Coseriu 1971: 73-90).

Coseriu, Eugenio (1968): Synchronie, Diachronie und Typologie. In: Coseriu 1971: 91-108 (spanisches Original 1968).

Coseriu, Eugenio (1971): *Sprache*. Strukturen und Funktionen. XII Aufsätze zur allgemeinen und romanischen Sprachwissenschaft, Tübingen[2].

Damourette, Jacques/Pichon, Edouard (1911/1936): *Des mots à la pensée*. Essai de grammaire de la langue française, tome cinquième, Paris.

Damourette, Jacques/Pichon, Edouard (1911/1940): *Des mots à la pensée*. Essai de grammaire de la langue française, tome sixième, Paris.

Dancygier, Barbara/Mioduszewska, Ewa (1984): Semanto-pragmatic Classification of Conditionals. In: *SAP* 17: 121-133.

Daneš, František, Hg. (1974): *Papers on Functional Sentence Perspective*, Prag.

Daneš, František (1976): Zur semantischen und thematischen Struktur des Kommunikats. In: F. Daneš/D. Viehweger, Hg.: *Probleme der Textgrammatik*, Studia grammatica 11, Berlin: 29-40.

Daneš, František et al. (1974): Zur Terminologie der FSP. In: Daneš 1974: 217-222.

Darrault, Ivan, Hg. (1976): *Langages* 43: *Modalités*. Logique, linguistique, sémiotique, Paris.

Darrault, Ivan (1976a): 'Présentation' von: Darrault 1976, hier: 3-9.

David, Jean/Kleiber, Georges, Hg. (1983): *La notion sémantico-logique de modalité*, Metz/Paris.

Deguchi, Atsumi (1980): Mood, Modal, and Tense in Spanish. In: *Linguistica Hispanica* 3: 87-101.

Dieling, Klaus (1983): Die Modalverben als Hypothesenfunktoren. In: *Deutsch als Fremdsprache* 20: 325-331.

Dietrich, Wolf (1981): Actualité et inactualité de l'action: Les fonctions modales dans le système verbal des langues romanes. In: *Logos semantikos*. Studia linguistica in honorem Eugenio Coseriu, Vol. IV: Grammatik, Hg. Ch. Rohrer, Berlin usw.: 395-416.

Diller, Anne-Marie (1977): Le conditionnel, marqueur de dérivation illocutoire. In: *Semantikos* 2/1: 1-17.

Dittmann, Jürgen (1976): *Sprechhandlungstheorie und Tempusgrammatik*. Futurformen und Zukunftsbezug in der gesprochenen deutschen Standardsprache, München.

Dittmann, Jürgen, Hg. (1979): Arbeiten zur Konversationsanalyse, Tübingen.

Dittmann, Jürgen (1982): Konversationsanalyse - eine sympathische Form des Selbstbetrugs? Zur Methodologie der neueren Gesprächsforschung, reproduced by L.A.U.T. (Linguistic Agency University of Trier), Januar 1982/Series B/Paper No. 75.

Dittmann, Jürgen (1984): Fragesatzäußerungen als indirekte Aufforderungen. Vorlage zur Tagung "Linguistique contrastive (et alentours)", 26.-29. April 1984, Monteret-St. Cergue (Suisse).

Dubois, Jean/Dubois-Charlier, Françoise (1970): *Eléments de linguistique française*. Syntaxe, Paris.

Ducrot, Oswald (1979): Les lois de discours. In: *LFr* 42: 21-33.

Eberenz, Rolf (1983): Sea como fuere. Zur Geschichte des spanischen Konjunktiv Futur. In: *VR* 42: 181-201.

Eggs, Ekkehard (1977): Einige Bemerkungen zur Analyse von Konditionalsätzen. In: *ZRPh* 93: 469-512.

Eggs, Ekkehard (1981): Zum Gebrauch des Subjonctif im Französischen. In: Th. Kotschi, Hg.: *Beiträge zur Linguistik des Französischen*, Tübingen: 21-49.

Elsom, John (1984): The Sad Decline of the Subjunctive. In: *Contemporary Review*, July 1984: 36-40.

Fauconnier, Gilles (1975): Polarity and the Scale Principle. In: *PCLS* 11: 188-199.

Fillmore, Charles J. (1971): Plädoyer für Kasus. In: W. Abraham, Hg.: *Kasustheorie*, FfM: 1-118 (englisches Original 'The Case for Case' 1968).

Fillmore, Charles J. (1973): May We Come In? In: *Semiotica* 9: 97-115.

Fleischman, Suzanne (1982): *The Future in Thought and Language*. Diachronic Evidence from Romance, Cambridge.

Flydal, Leiv (1943): *'Aller' et 'venir de' suivis de l'infinitif comme expressions de rapports temporels*, Oslo.

Franck, Dorothea (1973): Zur Problematik der Präsuppositionsdiskussion. In: Petöfi/Franck 1973: 11-41.

Fränkel, Hermann (1974): *Grammatik und Sprachwirklichkeit*, München.

Frege, Gottlob (1892): Über Sinn und Bedeutung. In: G. Frege: *Funktion, Begriff, Bedeutung*, Hg. G. Patzig, Göttingen ⁵1980: 40-65.

Freud, Sigmund (1923): Das Ich und das Es. In: S. Freud, Studienausgabe Bd. III: *Psychologie des Unbewußten*, FfM 1975/1982: 273-330.

Freundlich, Rudolph (1962): Über die logische und semantische Struktur implikativer Begriffe der natürlichen Sprache. In: M. Käsbauer/F. v. Kutschera: *Logik und Logikkalkül*, Freiburg usw.: 139-148.

Garfinkel, Harold (1973): Das Alltagswissen über soziale und innerhalb sozialer Strukturen. In: *Alltagswissen, Interaktion und gesellschaftliche Wirklichkeit*, Bd. 1: Symbolischer Interaktionismus und Ethnomethodologie, Hg. Arbeitsgruppe Bielefelder Soziologen, Reinbek bei Hamburg: 189-262.

Gauger, Hans-Martin (1970): *Wort und Sprache*. Sprachwissenschaftliche Grundfragen, Tübingen.

Gauger, Hans-Martin (1976): Die Sprachwissenschaft und ihr Objekt: Bloomfield, Chomsky, Saussure, Paul. In: H.-M. Gauger: *Sprachbewußtsein und Sprachwissenschaft*, München: 88-107.

Gauger, Hans-Martin (1983): Bedeutung und Bezeichnung. In: Stimm/Raible 1983: 25-29.

Gauger, Hans-Martin/Oesterreicher, Wulf/Windisch, Rudolf (1981): *Einführung in die romanische Sprachwissenschaft*, Darmstadt.

Gawelko, Marek (1984): Quelques rares remarques sur la valeur aspectuelle des temps français: passé simple et imparfait. In: *AUT* 22: 89-94.

Gee, Julie (1985): An Interpretive Approach to the Study of Modality: What Child Language Can Tell the Linguist. In: *SLang* 9: 197-229.

Gili Gaya, Samuel (1983): *Curso superior de sintaxis española*, Barcelona¹⁵ (¹1961).

Givón, Talmy (1979): *On Understanding Grammar*, New York usw.

Glättli, H. (1964): De quelques emplois du subjonctif en français moderne. In: *RLiR* 28: 273-289.

Glinz, Hans (1971): *Deutsche Grammatik* I. Satz-Verb-Modus-Tempus, FfM².

Globevnik, Darja (1983): Modalités verbales du subjonctif à la lumière d'une analyse contrastive fonctionnelle dans les langues française et slovène. In: *Ling* 23: 5-49.

Goody, Jack R./Watt, Ian D. (1968): The Consequences of Literacy. In: J. R. Goody, Hg.: *Literacy in Traditional Societies*, Cambridge: 27-68.

Gougenheim, Georges (1929): *Etude sur les périphrases verbales de la langue française*, (zuerst 1929) Paris 1971.

Grammaire Larousse du français contemporain (1964), Hg. J.-C. Chevalier/C. Blanche-Benveniste/M. Arrivé/J. Peytard, Paris.

Grevisse, Maurice (1969): *Le bon usage*. Grammaire française. Avec des remarques sur la langue française d'aujourd'hui, 9ᵉ édition revue, Gembloux.

Grewendorf, Günther (1982a): Logische Kommunikation und kommunikative Logik. Zur Kritik einer formalen Pragmatik von Begründungsdiskursen. In: C. F. Gethmann, Hg.: *Logik und Pragmatik*. Zum Rechtfertigungsproblem logischer Sprachregeln, FfM: 95-124.

Grewendorf, Günther (1982b): Zur Pragmatik der Tempora im Deutschen. In: *DSp* 10: 213-236.

Grice, H. Paul (1975): Logic and Conversation. In: Cole/Morgan 1975: 41-58.

Grice, H. Paul (1978): Further Notes on Logic and Conversation. In: *Syntax and Semantics*, Vol. 9: *Pragmatics*, Hg. P. Cole, New York usw.: 113-127.

Grize, Jean-Blaise (1981): Pour aborder l'étude des structures du discours quotidien. In: *LFr* 50: 7-19.

Groeben, Norbert/Scheele, Brigitte (1981): Strategien uneigentlich-kontrastiven Meinens: Kategorien des Dementis im ironischen Sprechakt. In: *DSp* 9: 1-24.

Gsell, Otto (1979): Beobachtungen an einem 'kranken' Modus - zur Vitalität des Konjunktivs im modernen Französisch. In: G. Ernst/A. Steffenelli, Hg.: *Sprache und Mensch in der Romania*. Heinrich Kuen zum 80. Geburtstag, Wiesbaden: 94-109.

Gülich, Elisabeth (1970): *Makrosyntax der Gliederungssignale im gesprochenen Französisch*, München.

Gülich, Elisabeth (1978a): "Was sein muß, muß sein." Überlegungen zum Gemeinplatz und seiner Verwendung, (Antrittsvorlesung an der Fakultät für Linguistik und Literaturwissenschaft der Universität Bielefeld am 4. Feb. 1977) *Bielefelder Papiere zur Linguistik* Nr. 7.

Gülich, Elisabeth (1978b): Redewiedergabe im Französischen. Beschreibungsmöglichkeiten im Rahmen einer Sprechakttheorie. In: Meyer-Hermann 1978b: 49-101.

Gülich, Elisabeth/Raible, Wolfgang (1972): Textsorten als linguistisches Problem. In: E. Gülich/W. Raible, Hg.: *Textsorten*. Differenzierungskriterien aus linguistischer Sicht, FfM: 1-5.

Gülich, Elisabeth/Raible, Wolfgang (1973): Textsorten-Probleme. In: *Linguistische Probleme der Textanalyse*. Jahrbuch des Instituts für deutsche Sprache 1973, Düsseldorf 1975: 144-197.

Gülich, Elisabeth/Raible, Wolfgang (1977): *Linguistische Textmodelle*. Grundlagen und Möglichkeiten, München.

Habermas, Jürgen (1971): Vorbereitende Bemerkungen zu einer Theorie der kommunikativen Kompetenz. In: J. Habermas/N. Luhmann: *Theorien der Gesellschaft oder Sozialtechnologie - Was leistet die Systemforschung?*, FfM: 101-141.

Habermas, Jürgen (1976): Was heißt Universalpragmatik? In: K. O. Apel, Hg.: *Sprachpragmatik und Philosophie*, FfM: 174-272.

Hablützel, Ernst (1965): *Der Ausdruck des Zukünftigen im Französischen*, Winterthur.

Halliday, Michael Alexander Kirkwood (1974): The Place of 'Functional Sentence Perspective' in the System of Linguistic Description. In: Daneš 1974: 43-53.

Harmer, L. C. (1965): Le déclin du subjonctif dans le français moderne. In: *Linguistique et philologie romanes*. Xᵉ congrès international ... (Straßburg 1962), Actes, Bd. II, Paris: 491-500.

Harris, Martin (1971): The History of the Conditional Complex from Latin to Spanish: Some Structural Considerations. In: *ArchL* II: 25-33.

Harris, Martin (1974): The Subjunctive Mood as a Changing Category in Romance. In: J. M. Anderson/C. Jones, Hg.: *Historical Linguistics II: Theory and Description in Phonology*, Amsterdam usw.: 169-188.

Harris, Martin (1978a): *The Evolution of French Syntax: A Comparative Approach*, London usw.

Harris, Martin (1978b): The Inter-Relationship between Phonological and Grammatical Change. In: J. Fisiak, Hg.: *Recent Developments in Historical Phonology*, The Hague usw.: 159-172.

Harris, Martin (1981): On the Conditional as a Mood in French. In: *FoLH* II/1: 55-69.

Heger, Klaus (1963): *Die Bezeichnung temporal-deiktischer Begriffskategorien im französischen und spanischen Konjugationssystem*, Tübingen.

Heger, Klaus (1976): *Monem, Wort, Satz und Text*, Tübingen.

Heger, Klaus (1977): Modalität und Modus. In: *ZRPh* 93: 1-16.

Heger, Klaus (1979): Modalität und Modus II. In: *ZRPh* 95: 382-397.

Heger, Klaus (1981): Außersprachlichkeit - Außereinzelsprachlichkeit - Übereinzelsprachlichkeit. In: *Logos Semantikos*. Studia linguistica in honorem Eugenio Coseriu, Vol. II: Sprachtheorie und Sprachphilosophie, Hg. H. Weydt, Berlin usw.: 67-76.

Heger, Klaus (1983a): Zum Verhältnis von Semantik und Noematik. In: Stimm/Raible 1983: 40-44.

Heger, Klaus (1983b): Modalité et modèles actantiels. In: David/Kleiber 1983: 65-73.

Heger, Klaus (1985): *Flexionsformen, Vokabeln und Wortarten*, Heidelberg.

Heger, Klaus/Mudersbach, Klaus (1984): *Aktantenmodelle*. Aufgabenstellung und Aufbauregeln, Heidelberg.

Heidolph, Karl Erich/Flämig, Walter/Motsch, Wolfgang usw. (1981): *Grundzüge einer deutschen Grammatik*, Berlin.

Hennum, Liv (1983): Quelques problèmes concernant la construction devoir + infinitif. In: *Actes du VIIIe congrès des Romanistes scandinaves* (Odense: 17-21 août 1981), Odense: 143-151.

Henschelmann, Käthe (1977): *Kausalität im Satz und im Text*. Semantisch-vergleichende Studien zum Französischen und Deutschen, Heidelberg.

Henseler, Heinz (1976): Die Theorie des Narzißmus. In: *Die Psychologie des 20. Jahrhunderts*, Bd. II: Freud und die Folgen (1), Hg. D. Eicke, Zürich: 459-476.

Hilty, Gerold (1965): Tempus, Aspekt, Modus. In: *VR* 24: 269-301.

Hilty, Gerold (1974): *Langue française*, Zürich.

Hintikka, Jaakko (1970a): Knowledge, Belief, and Logical Consequence. Zit. nach dem Abdruck in: Hintikka 1975: 179-191.

Hintikka, Jaakko (1970b): The Semantics of Modal Notions and the Indeterminacy of Ontology. Zit. nach dem Abdruck in: Hintikka 1975: 26-42.

Hintikka, Jaakko (1975): *The Intentions of Intentionality and Other New Models for Modalities*, Dordrecht.

Hjelmquist, Erland/Gidlund, Åke (1984): *Planned Ideas vs. Expressed Ideas in Conversation*. In: *JPrag* 8: 329-343.

Hjelmslev, Louis (1974): *Prolegomena zu einer Sprachtheorie*, München.

Holmes, Janet (1984): Hedging your Bets and Sitting on the Fence: Some Evidence for Hedges as Support Structures. In: *Te Reo* 27: 47-62.

Holtus, Günter (1980): 'Français parlé' und 'Italiano parlato': Notizen zur Untersuchung gesprochener Sprache in der Romanistik. In: H. Stimm, Hg.: *Zur Geschichte des gesprochenen Französisch und zur Sprachlenkung im Gegenwartsfranzösischen* (Beiträge des Saarbrücker Linguistentags 1979), Wiesbaden: 47-57.

Hooper, Joan B. (1975): On Assertive Predicates. In: *Syntax and Semantics* 4, Hg. J. P. Kimball, New York usw.: 91-124.

Hüllen, Werner (1985): Überlegungen zur Personen-Deixis, Zeit-Deixis und Orts-Deixis im Text. In: Hüllen/Schulze 1985: 53-62.

Hüllen, Werner/Schulze, Rainer, Hg. (1985): *Tempus, Zeit und Text*, Heidelberg.

Hundsnurscher, Franz (1980): Syntax. In: H. P. Althaus/H. Henne/H. E. Wiegand, Hg.: *Lexikon der germanistischen Linguistik (LGL)*, Tübingen ²1980: 211-242.

Hunnius, Klaus (1987): Der Konjunktiv in der Diskussion. In: *NS* 86: 48-62.

Husserl, Edmund (1913): *Logische Untersuchungen* II/1. Untersuchungen zur Phänomenologie und Theorie der Erkenntnis, umgearbeitet ²1913, unveränderter Nachdruck Tübingen ⁶1980.

Imbs, Paul (1953): *Le subjonctif en français moderne*. Essai de grammaire descriptive, Mayence.

Imbs, Paul (1960): *L'emploi des temps verbaux en français moderne*. Essai de grammaire descriptive, Paris.

Jakobson, Roman (1956): Zwei Seiten der Sprache und zwei Typen aphatischer Störungen. In: Jakobson 1974: 117-141.

Jakobson, Roman (1957): Shifters, Verbal Categories, and the Russian Verb. In: R. Jakobson: *Selected Writings II: Word and Language*, The Hague usw. 1971: 130-147.

Jakobson, Roman (1960): Linguistics and Poetics. In: T. A. Sebeok, Hg.: *Style in Language*, New York usw.: 350-377.

Jakobson, Roman (1974): *Aufsätze zur Linguistik und Poetik*, Hg. W. Raible, München; FfM usw. 1979.

Jakobson, Roman (1974a): Zur Notwendigkeit einer sachlichen und terminologischen Unterscheidung. In: Jakobson 1974: 279-280.

Jakobson, Roman (1974b): Verschieber, Verbkategorien und das russische Verb. In: R. Jakobson: *Form und Sinn*. Sprachwissenschaftliche Betrachtungen, München: 35-54 (englisches Original: Jakobson 1957).

Jongeboer, Hendrik A. (1985): *Im Irrgarten der Modalität*. Ein Kapitel aus der deutschen Grammatik, Groningen.

Jud, Jakob, Hg. (1940): *Sprach- und Sachatlas Italiens und der Südschweiz (A.I.S.)*, Bd. VIII, Zofingen.

Kalepky, Theodor (1927): Die Modi des französischen Verbs. In: *ZFSL* 50: 450-463.

Kalinowski, Georges (1976): Un aperçu élémentaire des modalités déontiques. In: Darrault 1976: 10-18.

Kallmeyer, Werner (1978): Fokuswechsel und Fokussierungen als Aktivitäten der Gesprächskonstitution. In: Meyer-Hermann 1978b: 191-241.

Kallmeyer, Werner/Schütze, Fritz (1975): Konversationsmaximen/Interaktionspostulate. In: Kleines Lexikon der Linguistik, *Linguistik und Didaktik* 21: 81-84.

Kallmeyer, Werner/Schütze, Fritz (1976): Konversationsanalyse. In: *Studium Linguistik* 1: 1-28.

Kalverkämper, Hartwig (1981): *Orientierung zur Textlinguistik*, Tübingen.

Kamlah, Wilhelm/Lorenzen, Paul (1977): Wahrheit und Wirklichkeit. "Wahr" und "falsch" (die interpersonale Verifizierung). In: Skirbekk 1977: 483-495.

Kamp, Hans/Rohrer, Christian (1983): Tense in Texts. In: R. Bäuerle/Ch. Schwarze/A. von Stechow, Hg.: *Meaning, Use, and Interpretation of Language*, Berlin/New York: 250-269.

Katz, Jerold J./Postal, Paul M. (1964): *An Integrated Theory of Linguistic Descriptions*, Cambridge [2]1965.

Kiparsky, Paul (1968): Tense and Mood in Indo-European Syntax. In: *FL* 4: 30-57.

Kiparsky, Paul/Kiparsky, Carol (1970): Fact. In: M. Bierwisch/K. E. Heidolph, Hg.: *Progress in Linguistics*, The Hague usw. 1970: 143-173.

Klare, Johannes (1978): Modalität und mode subjonctif im Französischen. Zur Theorie und Methodologie der Grammatikforschung. In: *ZPhon* 31: 583-589.

Klare, Johannes (1980): Problèmes de la modalité linguistique en français moderne. In: *BRPh* 19: 315-321.

Klein, Philip W. (1977): Semantic Factors in Spanish Mood. In: *Glossa* 11: 3-19.

Koch, Peter (1986): Sprechsprache im Französischen. In: *ZFSL* 96: 113-154.

Koch, Peter/Oesterreicher, Wulf (1985): Sprache der Nähe - Sprache der Distanz. Mündlichkeit und Schriftlichkeit im Spannungsfeld von Sprachtheorie und Sprachgeschichte. In: *RJb* 36: 15-43.

Kolstrup, Søren (1983): Les temps du passé du français oral. Le passé composé, l'imparfait et le présent historique dans les narrations. In: *Actes du VIIIe congrès des Romanistes scandinaves* (Odense: 17-21 août 1981), Odense: 191-200.

König, Ekkehard (1985): Fokussierung und temporale Skalen: Zur Bewertung von Zeitpunkten und Zeitintervallen im Englischen. In: Hüllen/Schulze 1985: 157-170.

Kratzer, Angelika (1981): The Notional Category of Modality. In: H.-J. Eikmeyer/H. Rieser, Hg.: *Words, Worlds, and Contexts*. New Approaches in Word Semantics, Berlin: 38-74.

Kress, G. R. (1977): Tense as Modality. In: *University of East Anglia Papers in Linguistics* 5: 40-52.

Kürschner, Wilfried (1987): Modus zwischen Verb und Satz. In: Meibauer 1987: 114-124.

Kutschera, Franz von (1975): *Sprachphilosophie*, München[2].

Lac, Christine (1983): The French Subjunctive in Semantics. In: F. Ingeman, Hg.: *1982 Mid-America Linguistics Conference Papers*, Kansas: 105-112.

Lakoff, Robin (1969): Some Reasons Why There Can't Be any Some-Any Rule. In: *Lg* 45: 608-615.

Lakoff, Robin (1970): Tense and its Relation to Participants. In: *LG* 46: 838-849.

Lanly, A. (1957): Proposition hypothétique et conditionnel. In: *FM* 25: 101-120.

Lanly, A. (1958): "Nous avons à parler" maintenant du futur. In: *FM* 26: 16-46.

Larochette, Joe (1980): *Le langage et la réalité II*. L'emploi des formes de l'indicatif en français, München.

Le Bidois, Georges et Robert (1971): *Syntaxe du français moderne*. Ses fondements historiques et psychologiques, tome II, Paris[2].

Lenerz, Jürgen (1986): Tempus und Pragmatik - oder: Was man mit Grice so alles machen kann. In: *LBer* 102: 136-154.

Leont'ev, Aleksej Alekseevič (1975): *Psycholinguistische Einheiten und die Erzeugung sprachlicher Äußerungen*, Berlin (russ. Original 1969).

Lerch, Eugen (1919a): *Die Bedeutung der Modi im Französischen*, Leipzig.

Lerch, Eugen (1919b): *Die Verwendung des romanischen Futurums als Ausdruck eines sittlichen Sollens*, Leipzig.

223

Lerch, Eugen (1919c): Die zwei Arten des französischen Konjunktivs. In: *NS* 27: 147-154.

Lerch, Eugen (1919d): Der Konjunktiv des psychologischen Subjekts im Französischen. In: *NS* 27: 338-344.

Lerch, Eugen (1928): Zum Konjunktiv des psychologischen Subjekts. In: *NS* 36: 81-104.

Lerch, Eugen (1930): Das Problem des französischen Konjunktivs. (Ein Wort zur Verständigung). In: *GRM* 18: 135-144.

Letnes, Ole (1986): Modalisierung inferentieller 'müssen'-Sätze. In: *NphM* 87: 510-522.

Lévi-Strauss, Claude (1967): Der Strukturbegriff in der Ethnologie. In: C. Lévi-Strauss: *Strukturale Anthropologie 1*, FfM, ²1981: 299-346.

Lindqvist, Christina (1979): *L'emploi temporel dans la complétive au subjonctif introduite par un temps du passé en français contemporain*, Uppsala.

Lorian, Alexandre (1966): *L'ordre des propositions dans la phrase française contemporaine*. La cause, Paris.

Lüdicke, Annemarie (1982): Zum Ausfall der Verneinungspartikel 'ne' im gesprochenen Französisch. In: *ZRPh* 98: 43-58.

Ludwig, Ralph (1986): Mündlichkeit und Schriftlichkeit. Felder der Forschung und Ansätze zu einer Merkmalsystematik im Französischen. In: *RJb* 37.

Ludwig, Ralph (1987): *Korpus: Texte des gesprochenen Französisch*. Tübingen.

Luján, Marta/Hensey, Fritz, Hg. (1976): *Current Studies in Romance Linguistics*, Washington D. C.

Lyons, John (1977): *Semantics*, vol. 1+2, Cambridge.

Marcos Marín, Francisco (1979): Observaciones sobre las construcciones condicionales en la historia de la lengua española. In: *NRFH* 28: 86-105.

Martin, Robert (1981): Potentiel et irréel. Esquisse d'une analyse sémantico-logique. In: *Logos semantikos*. Studia linguistica in honorem Eugenio Coseriu, Vol. IV: Grammatik, Hg. Ch. Rohrer, Berlin usw.: 417-428.

Martin, Robert (1983): Subjonctif et vérité. In: David/Kleiber 1983: 117-127.

Martin, Robert/Nef, Frédéric (1981): Temps linguistique et temps logique. In: *Langages* 64: 7-27.

Martinet, André (1970): *Eléments de linguistique générale*, Paris.

Martinet, André (1977): Some Basic Principles of Functional Linguistics. In: *Linguistique* 13: 7-14.

Martinet, André (1979): *Grammaire fonctionnelle du français*, Paris.

Martins Ferreira, Paulo (1983): Überlegungen zum Konjunktiv in den romanischen Sprachen - mit besonderer Berücksichtigung des Portugiesischen. In: J. Schmidt-Radefeldt, Hg.: *Portugiesische Sprachwissenschaft*, Tübingen: 159-199.

Mathesius, Vilém (1929): Zur Satzperspektive im modernen Englisch. In: *ASNS* 84: 202-210.

Meibauer, Jörg, Hg. (1987): Satzmodus zwischen Grammatik und Pragmatik. Referate anläßlich der 8. Jahrestagung der Deutschen Gesellschaft für Sprachwissenschaft (Heidelberg 1986), Tübingen.

Meibauer, Jörg (1987a): Probleme einer Theorie des Satzmodus. In: Meibauer 1987: 1-21.

Meisel, Jürgen M. (1985): Les phases initiales du développement de notions temporelles, aspectuelles et de modes d'action. Etude basée sur le langage d'enfants bilingues français-allemand. In: *Lingua* 66: 321-374.

Menanteau, Didier (1986): Le mode verbal, classe grammaticale? In: *Linguistique* 22: 69-80.

224

Meunier, André (1974): Modalités et communication. In: *LFr* 21: 8-25.

Meunier, André (1985): De l'usage des modaux dans un débat radiophonique. In: *LFr* 65: 103-118.

Meyer-Hermann, Reinhard (1976): Metakommunikation. In: Kleines Lexikon der Linguistik, *Linguistik und Didaktik* 22: 83-86.

Meyer-Hermann, Reinhard (1978a): Aspekte der Analyse metakommunikativer Interaktionen. In: Meyer-Hermann 1978b: 103-142.

Meyer-Hermann, Reinhard, Hg. (1978b): *Sprechen - Handeln - Interaktion*. Ergebnisse aus Bielefelder Forschungsprojekten zu Texttheorie, Sprechakttheorie und Konversationsanalyse, Tübingen.

Mikame, Hirofumi (1986): Die Einstellung des Sprechers zur Komplementsatz-Proposition und diesbezügliche syntaktische Phänomene bei Komplementsätzen mit 'daß'. In: *DSp* 14: 323-337.

Moeschler, Jacques/De Spengler, Nina (1983): La concession ou la réfutation interdite. Approche argumentative et conversationelle. In: *Cahiers de linguistique française* 4.

Molendijk, Arie (1985): Point référentiel et imparfait. In: *LFr* 67: 78-94.

Müller, Bodo (1964): Das lateinische Futurum und die romanischen Ausdrucksweisen für das futurische Geschehen. In: *RF* 76: 44-97.

Müller, Bodo (1969): Futur und Virtualität. In: *ZRPh* 85: 416-427.

Müller, Bodo (1970): Die Probleme des romanischen Futurs. In: *ZRPh* 86: 401-426.

Nathan, Geoffrey S./Winters Epro, Margaret (1984): Negative Polarity and the Romance Subjunctive. In: P. Baldi, Hg.: *Papers from the XII*[th] *Linguistic Symposium on Romance Languages*, Amsterdam/Philadelphia: 517-529.

Nef, Frédéric (1976): De dicto, de re, formule de Barcan et sémantique des mondes possibles. In: Darrault 1976: 28-38.

Nilsson-Ehle, Hans (1943): Le conditionnel "futur du passé" et la périphrase devait + infinitif. In: *SNPh* XVI: 50-88.

Nølke, Henning (1985): Le subjonctif. Fragments d'une théorie énonciative. In: *Langages* 80: 55-70.

Nordahl, Helge (1969): *Les systèmes du subjonctif corrélatif*. Etude sur l'emploi des modes dans la subordonnée complétive en français moderne. Bergen usw.

Nussbaumer, Markus/Sitta, Horst (1986): Neuere Arbeiten zur Negation im Deutschen. In: *DSp* 14: 58-84.

Ochs, Elinor (1979): Planned and Unplanned Discourse. In: *Syntax and Semantics*, Vol. 12: Discourse and Syntax, Hg. T. Givón, New York usw.: 51-80.

Öhlschläger, Günther (1984): Modalität im Deutschen. In: *ZGL* 12: 229-246.

Parret, Herman (1976): La pragmatique des modalités. In: Darrault 1976: 47-63.

Petöfi, Janós S./Franck, Dorothea, Hg. (1973): *Präsuppositionen in Philosophie und Linguistik*, FfM.

Pike, Kenneth Lee (1967): *Language in Relation to a Unified Theory of the Structure of Human Behavior*, second, revised edition, The Hague usw.

Pike, Kenneth Lee (1974): Discourse Analysis and Tagmeme Matrices. In: R. M. Brend, Hg.: *Advances in Tagmemics*, Amsterdam usw.: 285-305.

Plank, Frans (1986): Über den Personenwechsel und den anderer deiktischer Kategorien in der wiedergegebenen Rede. In: *ZGL* 14: 284-308.

Posner, Rebecca (1965): Romance Imperfect and Conditional Endings - a Further Contribution. In: *SNPh* 37: 3-10.

Pottier, Bernard (1976): Sur la formulation des modalités en linguistique. In: Darrault 1976: 39-46.

Raible, Wolfgang (1977): Argumentationen als allokutionäre Sprechakte? Bemerkungen zur These von Michael Schecker. In: Schecker 1977: 139-148.

Raible, Wolfgang (1979): Zum Textbegriff und zur Textlinguistik. In: J. S. Petöfi, Hg.: *Text vs. Sentence*. Basic Questions of Text Linguistics, first part, Hamburg: 63-73.

Raible, Wolfgang (1980a): Edmund Husserl, die Universalienforschung und die Regularität des Irregulären. In: *Wege zur Universalienforschung*. Sprachwissenschaftliche Beiträge zum 60. Geburtstag von Hansjakob Seiler, Hg. G. Brettschneider/Chr. Lehmann, Tübingen: 42-50.

Raible, Wolfgang (1980b): Regel und Ausnahme in der Sprache. In: *RF* 92: 199-222.

Raible, Wolfgang (1983a): Knowing and Believing - and Syntax. In: H. Parret, Hg.: *On Believing*. Epistemological and Semiotic Approaches. *De la croyance*. Approches épistémologiques et sémiotiques, Berlin usw.: 274-291.

Raible, Wolfgang (1983b): Zur Einleitung (von Stimm/Raible 1983). In: Stimm/Raible 1983: 1-24.

Raible, Wolfgang (1987a): Sprachliche Höflichkeit - Realisierungsformen im Deutschen und Französischen. In: *ZFSL* 97.

Raible, Wolfgang (1987b): *Junktion. Eine Dimension der Sprache zwischen Aggregation und Integration*. Erscheint in: Sitzungsberichte der Heidelberger Akademie der Wissenschaften.

Récanati, François (1982): Déclaratif / non déclaratif. In: *Langages* 67: 23-31.

Regula, Moritz (1928): Zum Konjunktivproblem. In: *ZFSL* 51: 118-125.

Regula, Moritz (1958): Encore le problème du subjonctif (contributions aux théories de P. Imbs). In: *ZRPh* 74: 259-275.

Regula, Moritz (1962): Kann die der französischen Sprachlehre von H. W. Klein und F. Strohmeyer zugrunde gelegte "deskriptive Methode" als wissenschaftlich bezeichnet werden? (Beiträge zur syntaktischen Forschung). In: *ZFSL* 72: 87-95.

Reichenbach, Hans (1977): *Gesammelte Werke Bd. 1: Der Aufstieg der wissenschaftlichen Philosophie*, Hg. A. Kamlah/M. Reichenbach, Braunschweig.

Reichenbach, Hans (1977a): Der Lösungsversuch des Empirismus: sein Erfolg und sein Versagen. In: Reichenbach 1977: 170-192.

Reichenbach, Hans (1977b): Unser Wissen von der Zukunft. In: Reichenbach 1977: 338-360.

Rentsch, Hartmut (1981): *Determinatoren für den Modusgebrauch im Neufranzösischen aus generativer Sicht*, FfM usw.

Rivero, María-Luisa (1976): Toward a Grammar of Knowledge in Spanish. In: Luján/Hensey 1976: 246-254.

Rohlfs, Gerhard (1922): Das romanische habeo-Futurum und Konditionalis. In: *Archivum Romanicum 6*: 105-154.

Rohrer, Christian (1976): Materiale Implikation, strikte Implikation und kontrafaktive Bedingungssätze. In: *LBer* 43: 12-22.

Rohrer, Christian (1983): Quelques remarques sur l'analyse des propositions conditionnelles. In: David/Kleiber: 129-144.

Ronsjö, Einar (1966): Le mode du verbe dans les propositions complétives introduites par 'le fait que'. In: *MSpråk* 60: 305-319.

Rothe, Wolfgang (1967): *Strukturen des Konjunktivs im Französischen*, Tübingen.

Roulet, Eddy (1980): Modalité et illocution. Pouvoir et devoir dans les actes de permission et de requête. In: *Communications* 32: 216-239.

Rudolph, Elisabeth (1979): Zur Klassifizierung von Partikeln. In: Weydt 1979: 139-151.

Russell, Bertrand (1977): Wahrheit und Falschheit. In: Skirbekk 1977: 63-72.

Sacks, Harvey/Schegloff, Emanuel A./Jefferson, Gail (1974): A Simplest Systematics for the Organization of Turn-Taking for Conversation. In: *Lg* 50: 696-735.

Sand, Jørgen U. (1983): Le subjonctif en français oral. In: *Actes du VIIIe congrès des Romanistes scandinaves* (Odense: 17-21 août 1981), Odense: 303-313.

Sandfeld, Kristian (1965): *Syntaxe du français contemporain*. Tome II: Les propositions subordonnées, Genève.

Schecker, Michael, Hg. (1977): *Theorie der Argumentation*, Tübingen.

Schecker, Michael (1987): Gegenwart und Vergangenheit: zu den Vergangenheitstempora des Standarddeutschen. In: *DSp* 15: 209-225.

Schegloff, Emanuel A. (1968): Sequencing in Conversational Openings. In: *American Anthropologist* 70: 1075-1095.

Schifres, Alain (1983): Dites-moi tu... In: *Le Nouvel Observateur*, vendredi 12 août 1983: 40 f.

Schlieben-Lange, Brigitte (1971): *Okzitanische und katalanische Verbprobleme*. Ein Beitrag zur funktionellen synchronischen Untersuchung des Verbalsystems der beiden Sprachen (Tempus und Aspekt), Tübingen.

Schmandt-Besserat, Denise (1978): The Earliest Precursor of Writing. In: *Scientific American* 6: 38-47.

Schmitt Jensen, Jørgen (1970): *Subjonctif et hypotaxe en italien*. Une esquisse de la syntaxe du subjonctif dans les propositions subordonnées en italien contemporain, Odense.

Schulze, Rainer (1985): A Selective Bibliography of Recent Writings of the English Tense and Aspect System. In: Hüllen/Schulze 1985: 11-38.

Schütz, Alfred (1953): Wissenschaftliche Interpretation und Alltagsverständnis menschlichen Handelns. In: Schütz 1971: 3-54 (englisches Original 1953).

Schütz, Alfred (1971): *Gesammelte Aufsätze 1: Das Problem der sozialen Wirklichkeit*, Den Haag.

Schütz, Alfred (1971a): Einige Grundbegriffe der Phänomenologie. In: Schütz 1971: 113-135.

Schütz, Alfred (1971b): Husserls Bedeutung für die Sozialwissenschaften. In: Schütz 1971: 162-173.

Schwitalla, Johannes (1976): Dialogsteuerung. Vorschläge zur Untersuchung. In: F. J. Berens/K.-H. Jäger/ G. Schank/J. Schwitalla: *Projekt Dialogstrukturen*, München: 73-104.

Schwitalla, Johannes (1979): Metakommunikation als Mittel der Dialogorganisation und der Beziehungsdefinition. In: Dittmann 1979: 111-143.

Searle, John (1971): *Sprechakte*. Ein sprachphilosophischer Essay, FfM (englisches Original 1969).

Searle, John (1975): Indirect Speech Acts. In: Cole/Morgan 1975: 59-82.

Seiler, Hansjakob (1978): Determination: A Functional Dimension for Interlanguage Comparison. In: H. Seiler, Hg.: *Language Universals*. Papers from the conference held at Gummersbach/Cologne, Germany, October 3-8, 1976, Tübingen: 301-328.

Settekorn, Wolfgang (1977): Minimale Argumentationsformen - Untersuchungen zu Abtönungen im Deutschen und Französischen. In: Schecker 1977: 391-415.

Sgall, Petr (1982): Wortfolge und Fokus im Deutschen. In: W. Abraham, Hg.: *Satzglieder im Deutschen: Vorschläge zur syntaktischen, semantischen und pragmatischen Fundierung*, Tübingen: 59-74.

Skirbekk, Gunnar, Hg. (1977): *Wahrheitstheorien*. Eine Auswahl aus den Diskussionen über Wahrheit im 20. Jahrhundert, FfM, ²1980.

Smith, N. V. (1981): Consistency, Markedness and Language Change: On the Notion 'Consistent Language'. In: *JL* 17: 39-54.

Söll, Ludwig (1968): Synthetisches und analytisches Futur im modernen Spanischen. In: *RF* 80: 239-248.

Söll, Ludwig (1969): Zur Konkurrenz von 'futur simple' und 'futur proche' im modernen Französisch. In: *VR* 28: 274-284.

Söll, Ludwig (1980): *Gesprochenes und geschriebenes Französisch*, revidierte und erweiterte Auflage, bearbeitet von F. J. Hausmann, Berlin².

Sommerfeld, Karl-Ernst (1973): Satzsemantik und Modalität. In: *ZPhon* 26: 284-296.

Sperber, Wolfgang (1985): Durch Tempusformen des Indikativs wiedergegebene Handlungen und ihre Beziehungen zur Wirklichkeit. In: *Linguistische Arbeitsberichte* 47: 75-82.

Spitzer, Leo (1918): Über das Futurum 'cantare habeo'. In: L. Spitzer: *Aufsätze zur romanischen Syntax und Stilistik*, Halle a. S.: 173-180.

Steger, Hugo (1976): Sprechintentionen, Ms. Freiburg, vervielfältigt (in spanischer Version erschienen: Intenciones verbales. In: *Lexis* II/2, 1978: 137-163).

Stegmüller, Wolfgang (1976): *Hauptströmungen der Gegenwartsphilosophie*, Bd. 1, Stuttgart.

Stempel, Wolf-Dieter (1980): Alltagsfiktion. In: K. Ehlich, Hg.: *Erzählen im Alltag*, FfM: 385-402.

Stimm, Helmut/Raible, Wolfgang, Hg. (1983): *Zur Semantik des Französischen*. Beiträge zum Regensburger Romanistentag, Wiesbaden.

Strawson, Peter F. (1950): On Referring. Zit. nach dem Abdruck in: Petöfi/Franck 1973: 193-220.

Strawson, Peter F. (1977): Wahrheit. In: Skirbekk 1977: 246-275 (englisches Original 1950).

Sundell, Lars Göran (1985): *La coordination des propositions conditionnelles en français contemporain*, Uppsala.

Taglicht, Josef (1984): *Message and Emphasis*. On Focus and Scope in English, London/New York.

Takagaki, Toshihiro (1984): Subjunctive as the marker of subordination. In: *Hispania* 67: 248-256.

Takahaši, Terukazu (1984): Über den subjektiven Gebrauch des Modalverbs 'brauchen'. In: *Sprachw* 9: 20-22.

Tannen, Deborah (1984): *Conversational Style: Analyzing Talk among Friends*, Norwood - New Jersey.

Terrell, Tracy D. (1976): Assertion and Presupposition in Spanish Complements. In: Luján/Hensey 1976: 221-245.

Terrell, Tracy D./Hooper, Joan B. (1974): A Semantically Based Analysis of Mood in Spanish. In: *Hispania* 57: 484-494.

228

Tesnière, Lucien (1966): *Eléments de syntaxe structurale*, édition revue et corrigée, Paris[2], 3e tirage 1976.

Togeby, Knud (1966): La hiérarchie des emplois du subjonctif. In: K. Togeby: Immanence et structure, *RRom*, numéro spécial 2, 1968: 195-199.

Togeby, Knud (1982): *Grammaire française II: Les formes personnelles du verbe*, Kopenhagen.

Trabant, Jürgen (1983): Gehören die Interjektionen zur Sprache? In: Weydt 1983: 69-85.

Trubetzkoy, Nikolaj Sergeevič (1958): *Grundzüge der Phonologie*, Göttingen, [6]1977.

Ultan, Russell (1978): The Nature of Future Tenses. In: J. Greenberg, Hg.: *Universals of Human Language*, IV: Word Structure, Stanford: 83-123.

Ulvestad, Bjarne (1984): Doppelmodalisierung. In: *Studia Linguistica et Philologica*. Festschrift für Klaus Matzel zum sechzigsten Geburtstag, Hg. H.-W. Eroms/B. Gajek/H. Kolb, Heidelberg: 375-384.

Urmson, J. O. (1952): Parenthetical Verbs. Zit. nach dem Abdruck in: A. Flew, Hg.: *Essays in Conceptual Analysis*, New York 1966: 192-212.

Vachek, Josef (1939): Zum Problem der geschriebenen Sprache. Zit. nach dem Abdruck in: J. Scharnhorst/ E. Ising, Hg.: *Grundlagen der Sprachkultur*. Beiträge der Prager Linguistik zur Sprachtheorie und Sprachpflege, Teil 1, Berlin (DDR) 1976: 229-239.

Vachek, Josef (1948): Written Language and Printed Language. Zit. nach dem Abdruck in: J. Vachek, Hg.: *A Prague School Reader in Linguistics*, Bloomington [2]1966: 453-460.

Vet, Co (1985): Univers de discours et univers d'énonciation: Les temps du passé et du futur. In: *LFr* 67: 38-58.

Vogel, Bodo (1979): Zur pragmatischen Funktion von Adversativ- und Konzessivsätzen in Dialogen. In: Weydt 1979: 95-106.

Watts, Richard J. (1984): An Analysis of Epistemic Possibility and Probability. In: *ES* 65: 129-140.

Watzlawick, Paul/Beavin, Janet H./Jackson, Don D. (1969): *Menschliche Kommunikation*. Formen, Störungen, Paradoxien. Bern usw., [4]1974 (englisches Original 1967).

Weingarten, Elmar/Sack, Fritz (1976): Ethnomethodologie. Die methodische Konstruktion der Realität. In: E. Weingarten/F. Sack/J. Schenkein: *Ethnomethodologie*. Beiträge zu einer Soziologie des Alltagshandelns, FfM, [2]1979: 7-26.

Weinrich, Harald (1971): *Tempus*. Besprochene und erzählte Welt, Stuttgart usw. [1]1964, neubearbeitet [2]1971, [3]1977.

Weinrich, Harald (1976): Von der Alltäglichkeit der Metasprache. In: H. Weinrich: *Sprache in Texten*, Stuttgart: 90-112.

Weinrich, Harald (1982): *Textgrammatik der französischen Sprache*, Stuttgart.

Weinrich, Harald (1986): *Lügt man im Deutschen, wenn man höflich ist?* Mannheim/Wien/Zürich.

Weydt, Harald (1969): *Abtönungspartikel*. Die deutschen Modalwörter und ihre französischen Entsprechungen, Bad Homburg.

Weydt, Harald, Hg. (1979): *Die Partikeln der deutschen Sprache*, Berlin usw.

Weydt, Harald, Hg. (1983): *Partikeln und Interaktion*, Tübingen.

Wildenhahn, Bernhard (1983): Zum linguistischen Modalitätsbegriff und zum Modalitätsausdruck im modernen Französisch. In: *WZUB* 32: 327-332.

Wildenhahn, Bernhard (1986): Zum Verhältnis von Modalität, Voluntativität und Nezessität. In: *BRPh* 25: 63-71.

Wüest, Jakob (1982): Semantisch-syntaktische Probleme der Modussetzung im Französischen. In: *ZFSL* 90: 225-247.

Wunderli, Peter (1969): Die Bedeutungsgrundlagen der romanischen Futurbildungen. In: *ZRPh* 85: 385-415.

Wunderli, Peter (1970a): Virtualität, Aktualisierung und die Futurperiphrasen. In: *ZRPh* 86: 386-400.

Wunderli, Peter (1970b): Nochmals zur Aktualisierung und den Futurperiphrasen. In: *ZRPh* 86: 427-448.

Wunderli, Peter (1970c): *Die Teilaktualisierung des Verbalgeschehens (Subjonctif) im Mittelfranzösischen*. Eine syntaktisch-stilistische Studie, Tübingen.

Wunderli, Peter (1976): Der französische Konjunktiv als Modus der Teilaktualisierung. Zuerst in: *VR* 28/ 1969: 91-101; zit. nach der überarbeiteten und erweiterten Fassung in: P. Wunderli: *Modus und Tempus*. Beiträge zur synchronischen und diachronischen Morphosyntax der romanischen Sprachen, Tübingen: 1-27.

Wunderlich, Dieter (1976): *Studien zur Sprechakttheorie*, FfM.

Wunderlich, Dieter (1979): Was ist das für ein Sprechakt? In: G. Grewendorf, Hg.: Sprechakttheorie und Semantik, FfM: 275-324.

Wunderlich, Dieter (1983): Modalisierte Sprechakte. In: G. Brünner/A. Redder: *Studien zur Verwendung der Modalverben*, Tübingen: 226-245.

Yamanashi, Masa-Aki (1975): Where Do Conditional Expressions Qualify?: Functional Variability between Logical and Ordinary Language Conditionals. In: R. W. Fasold/R. W. Shuy, Hg.: *Analyzing Variation in Language*, Washington, D. C.: 228-240.

Yvon, H. (1952): Faut-il distinguer deux conditionnels dans le verbe français? In: *FM* 20: 249-265.

Zifonun, Gisela (1982): Satzadverbien und mögliche Umstände - ein Versuch über die propositionale Bedeutung und Sprechaktfunktion von 'vielleicht' und 'sicher'. In: *DSp* 10: 33-52.

Zillig, Werner (1979): Zur Frage der Wahrheitsfähigkeit bewertender Äußerungen in Alltagsgesprächen. In: Dittmann 1979: 94-110.

Zuber, Ryszard (1976): Conditionnelle: sémantique ou pragmatique? In: J. David/R. Martin, Hg.: *Modèles logiques et niveaux d'analyse linguistique*, Metz/Paris: 103-112.

Die Grundlagen zu diesem Band liefert:

Ralph Ludwig

Korpus: Texte des gesprochenen Französisch

Materialien I

(ScriptOralia Band 8)

Dieses Korpus beinhaltet Transkriptionen von Gesprächsabschnitten aus den Textsorten 'Familiäres Gespräch', 'Mediendiskussion' (Interviews und Streitgespräche zwischen Politikern und Journalisten) und 'Universitärer Diskurs' (vor allem Dozentenvorträge in einem literaturwissenschaftlichen Seminar). Der versuchte Schnitt durch das gesprochene Gegenwartsfranzösisch orientiert sich an dem Parameter 'Mündlichkeit-Schriftlichkeit': Am einen Pol steht eine informelle, von den Faktoren der Mündlichkeit geprägte Sprache; die Gegenseite bildet ein Französisch, das zwar noch mündlich vorgebracht wird, dabei aber schriftsprachliche Züge trägt. Das Transkriptionssystem benutzt Partiturschreibweise (gleichzeitige Äußerungen verschiedener Gesprächspartner werden als solche erfaßt) und literarische Umschrift; phonisch besondere Elemente werden lautschriftlich wiedergegeben.